Dalai Lama

Das Herz der Religionen

W0176963

Das Buch

Kein Frieden unter den Menschen ohne Frieden zwischen den Religionen. Wo ansetzen? Die Vielzahl der Religionen ist ein Faktum. Gibt es grundsätzliche Unverträglichkeiten? Oder Gemeinsamkeit, gar eine tiefere Seelenverwandtschaft zwischen ihnen? Dazu ein spannend und lebendig geschriebener, sehr persönlicher Erlebnisbericht des Dalai Lama: Er erzählt, wie er im Lauf seines Lebens die unterschiedlichen Weltreligionen kennen und berichtet, was er an ihnen schätzen gelernt hat, welche Menschen ihm wichtig wurden und was für ihn das Herz interreligiöser Beziehung ist. Der Dalai Lama setzt nicht auf Dogmen. Sondern auf den Weg des Herzens und auf die gemeinsame Praxis: „Alle Religionen enthalten die Botschaft von Liebe, Mitgefühl und universaler Geschwisterschaft. Auf der Grundlage dieser Tugenden lehren alle Vergebung, Geduld, Genügsamkeit, Einfachheit des Lebens und Selbstdisziplin."

Es geht also nicht um eine Einheitsreligion. Sondern darum, wie Menschen ganz unterschiedlicher Kulturen, Philosophien, Mentalitäten, Begabungen, Interessen und Sensibilitäten unterschiedliche Formen finden - und sich im Herzen begegnen können. Wesentliche Inhalte und wegweisende Anstöße. Ein Kompass für Angehörige aller Glaubensrichtungen.

Der Autor

Tenzin Gyatso, 14. Dalai Lama, geb. 1935, geistliches Oberhaupt der Tibeter, nicht nur der bedeutendste Repräsentant des Buddhismus, sondern weltweit unumstritten einer der großen Repräsentanten der Weisheit. Träger des Friedensobelpreises. Bei Herder Spektrum zuletzt: So einfach ist das Glück.

Dalai Lama

Das Herz der Religionen

Gemeinsamkeiten entdecken und verstehen

Aus dem amerikanischen Englisch
von Bernardin Schellenberger

HERDER

FREIBURG · BASEL · WIEN

Herder Spektrum Band 6292

MIX
Papier aus verantwor-
tungsvollen Quellen
FSC® C083411
www.fsc.org

Lizenz Verlag Herder, deutsche Erstausgabe 2012
Titel der Originalausgabe: His Holiness the Dalai Lama,
Toward a True Kinship of Faiths: How the World's Religions
can come together. Doubleday Religion. NewYork, London, Toronto,
Sydney, Auckland. © 2010 by His Holiness the Dalai Lama.

Umschlagkonzeption: Agentur RME Roland Eschlbeck
Umschlaggestaltung: Verlag Herder
Umschlagmotiv: © Christophe Petit Tesson/Photoshot

Satz: Barbara Herrmann

Herstellung: CPI – Clausen & Bosse, Leck

Printed in Germany

978-3-451-06292-6

INHALT

Vor fünfzig Jahren marschierte ich als vierundzwanzigjähriger junger Mann mit einem Gewehr über der Schulter aus dem Norbu-Lingka-Palast in Lhasa, der Hauptstadt von Tibet, heraus. Ich war als Leibwächter verkleidet, trug eine *chuba*, die traditionelle Kleidung der gewöhnlichen Leute in China, und hatte meine Brille abgelegt. Anschließend floh ich mit einer kleinen Gruppe aus der Stadt und begann meinen langen Weg in die Freiheit und das Exil in Indien. Die politischen Umstände, die mich damals ins Exil trieben, dauern bis heute an, weshalb ich nie mehr heimkehren konnte.

Seit dieser Nacht des 17. März 1959 hat sich unsere Welt derart verändert, dass sie kaum mehr wiederzuerkennen ist – jedenfalls mehr, als sich das ein tibetischer Mönch, der nie außerhalb Asiens gewesen war, irgendwie hätte vorstellen können. Etliche der heutigen ganz geläufigen Alltagsbegriffe hat es damals noch gar nicht gegeben: Internet, E-Mail, Digitalkamera, Genom, AIDS, Globalisierung, iPod. Die Welt, in der wir heute leben, ist wirklich global. Kein Land kann sich dem Einfluss der technologischen Neuerungen entziehen, den Umweltschäden, den globalisierten Wirtschafts- und Bankensystemen, der Kommunikation in Echtzeit und dem World Wide Web. Zudem hat der rasante Austausch von Ideen und Menschen – seien es Touristen oder Flüchtlinge – zwischen den vielen Kulturen der Welt einen Kontakt und eine Nähe hergestellt, wie es sie noch nie zuvor gegeben hat. Die Auswirkungen dessen, was in einem Teil der Welt passiert, sind rasch überall zu spüren. Dagegen ist man nirgendwo immun. Deshalb stehen wir heute, im Zeitalter der Nuklearwaffen, des internationalen Terrorismus, der Finanz- und der ökologischen Krisen, viel dringender als in der Vergangenheit vor der Herausforderung, schlicht und einfach friedlich miteinander zu koexistieren.

Diese Herausforderung, friedlich miteinander zu leben, stellt meiner Überzeugung nach im 21. Jahrhundert die größte gemeinsame Aufgabe der Menschheit dar. Einer der größten modernen Visionäre Indiens, Rabindranath Tagore, sah diese Probleme bereits im Jahre 1930 ganz klar und deutlich. Er schrieb in seinen *Hibbert Lectures*:

„Die Rassen der Menschheit werden sich nie mehr in die Festungen ihrer mit hohen Mauern umgebenen Exklusivität zurückziehen können. Heute sind sie einander ausgesetzt, physisch und intellektuell. Die festen Schalen, die ihnen innerhalb ihrer je eigenen abgeschlossenen Bereiche rundum Sicherheit boten, sind zerbrochen und lassen sich mittels keines künstlichen Prozesses je wieder instandsetzen. So müssen wir diese Tatsache akzeptieren, auch wenn wir uns mit unserem Denken noch nicht ganz an diese völlig andere, so unausweichlich öffentliche Umwelt gewöhnt haben und selbst wenn wir uns aufgrund ihrer auf all die Gefahren einstellen müssen, die die weitere Expansion der Freiheit des Lebens mit sich bringt."
(*The Religion of Man*, S. 141f.).

Dieses Empfinden ist vollkommen treffsicher gewesen. Aber der Druck, unter dem wir jetzt stehen, ist viel größer als zu dem Zeitpunkt, zu dem Tagore das schrieb.

Die Konfrontation mit anderen Kulturen und Denkvorstellungen hat zu Stresserscheinungen geführt. Globale Ereignisse wie die Wirtschaftskrise, die zum Teil anderswo ihren Ursprung hatten, haben sich rasant überall auf die persönliche Welt der Menschen ausgewirkt. Da ist es kein Wunder, dass manche von einem „clash of civilizations", einem „Zusammenprall der Kulturen" oder „Kampf der Kulturen" gesprochen haben. Ich persönlich halte diese Redeweise für verwirrend und wenig hilfreich, denn sie dient nur dazu, die Neigung zur Zwietracht zu verstärken. Es geht auch anders. Denn es könnte ja auch sein, dass der zunehmende Druck der Globalisierung die Menschheit in eine andere Richtung drängt, nämlich zu einer tieferen Sicht, durch welche die Völker, Kulturen und Einzelnen so weit kommen, dass sie auf der Ebene ihrer grundlegenden gemeinsamen Menschennatur zusammenfinden. Wenn wir Menschen uns alle dort treffen, können wir die globale Natur der Probleme, vor denen wir stehen, erkennen, uns ihnen in gemeinsamer Verantwortung stellen und dadurch bestätigen, dass die gesamte Menschheitsfamilie eins ist. Falls wir das nicht schaffen, setzen wir nichts weniger als das Überleben unserer Spezies aufs Spiel.

Auf einem Gebiet war es in der Menschheitsgeschichte schon immer äußerst problematisch, friedlich miteinander auszukommen: auf dem der Beziehungen der Weltreligionen zueinander. Aber selbst wenn die Konflikte, zu denen es in der Vergangenheit wegen religiöser Unterschiede gekommen ist, oft gewaltig und bedauerlich waren, bedrohten sie trotzdem noch nicht die Zukunft des Planeten oder das Überleben der Menschheit insgesamt. In der heutigen globalisierten Welt, wo Extremisten den Zugang zu ungeheuren technischen Möglichkeiten haben und sich die gewaltige emotionale Macht der Religion zunutze machen können, würde dagegen ein Funke genügen, um ein Pulverfass von wahrhaft entsetzlichem Ausmaß zum Explodieren zu bringen. Deswegen besteht die große Herausforderung für die Gläubigen heute darin, aufrichtig den vollen Wert von anderen Glaubenstraditionen als der ihrigen anzuerkennen. Mit anderen Worten: Sie kommen nicht darum herum, sich zum Geist des religiösen Pluralismus zu bekennen. Die Grenzlinie zwischen dem Exklusivismus – der Auffassung, die eigene Religion sei die einzig legitime Glaubensvorstellung – und dem Fundamentalismus ist gefährlich schmal; und die Grenzlinie zwischen Fundamentalismus und Extremismus ist noch schmaler. Somit ist es an der Zeit, dass sich alle, die einer der großen Weltreligionen angehören, die Frage stellen: „Wie sieht meine innere Einstellung zu den Anhängern anderer Glaubensrichtungen aus?" Wir Gläubige können uns nicht mehr den Luxus jener Art von Toleranz leisten, die anderen Religionen keine volle Hochachtung zukommen lässt. In der heutigen globalisierten Welt kann man nach dem 11. September 2001 nicht mehr die Auffassung vertreten, es sei Privatsache, wenn man weiterhin persönlich ein bigottes religiöses Exklusivdenken pflegt, und es gehe niemand anderen etwas an.

Ich ziehe daraus die Lehre, dass eine der unerlässlichen Vorbedingungen für echten Frieden in der Welt die Verständigung und die Harmonie zwischen den Weltreligionen ist.

Im Laufe der Jahre sind mir die drei Hauptthemen bewusst geworden, für die ich mich in meinem Leben einsetze; sie ließen sich vielleicht sogar als Aufträge bezeichnen. Erstens setze ich mich als Mensch für die Förderung dessen ein, was ich für die Grundwerte des Menschseins halte, nämlich vor allem das Mitgefühl (*compassion*), das in meinen Augen die Grundlage für das Glücklichsein der Menschen ist. Wenn wir diese Anlage zum Mitgefühl in uns fördern und aus dieser uns angeborenen Fähigkeit heraus handeln, ist das der Schlüssel dazu, uns unseren elementaren Wunsch nach Glück zu erfüllen. Es besteht ein tief innerlicher Zusammenhang zwischen Liebe und Mitgefühl einerseits und zwischen Mitgefühl und Glück andererseits. Für uns alle, Reiche wie Arme, Gebildete wie Ungebildete, religiös oder nicht religiös Orientierte gleich welcher Nation, ist das Mitgefühl unerlässlich. Die Anlage dazu ist uns angeboren; sie gehört zum Geburtsrecht jedes Menschen auf der Welt. Wir sind ab unserem ersten Tag in diesem Leben ganz und gar abhängig von der Liebe unserer Mutter oder eines anderen Menschen, der sich um uns kümmert. Diese kostbare Eigenschaft des Mitgefühls müssen wir in uns fördern und praktizieren, wenn wir als Spezies uns ernsthaft um die Schaffung einer Welt bemühen wollen, in der wir uns sorgfältiger umeinander kümmern und glücklicher werden.

Zweitens setze ich mich als religiöser Mensch für die Förderung der Verständigung und Harmonie zwischen den Religionen ein. In dem vorliegenden Buch, das ich ganz besonders gern geschrieben habe, geht es mir darum, in erster Linie zu diesem Anliegen etwas beizutragen. Und drittens schließlich setze ich mich als Tibeter und Dalai Lama für eine glückliche und zufriedenstellende Lösung der traurigen Krise Tibets und seines Volkes ein. Dieses dritte Anliegen habe ich in meiner Eigenschaft als Dalai Lama geerbt, die anderen beiden Anliegen dagegen habe ich bewusst und aus freien Stücken gewählt, und ich werde sie bis zu meinem letzten Atemzug verfolgen.

Trotz des weltweiten gewaltigen Fortschritts auf materiellem Gebiet bleibt das Leiden. Von den Plagen, die seit Jahrtausenden unser Elend als Menschen ausmachen – etwa Habgier, Wut, Hass und Neid –, werden wir Menschen auch heute noch heimgesucht. Sollte es nicht binnen kurzer Zeit zu einer radikalen Veränderung der menschlichen Natur kommen, werden uns diese Übel auch noch viele künftige Jahrhunderte hindurch quälen. Die Lehren jeder der großen Weltreligionen waren auf ihre je einmalige Weise eine spirituelle Quelle dafür, den Auswirkungen dieser Übel die Stirn zu bieten, und sie sind es auch weiterhin. Aus diesem Grund bleibt die Religion relevant und wird in der menschlichen Gesellschaft auf voraussehbare Zukunft hin weiter eine wichtige Rolle spielen. Die Religionen haben nämlich auf einzigartige Weise den Fluss des Mitgefühls und großartige Akte des Altruismus genährt, und das hat sich im Leben von Millionen von Menschen positiv ausgewirkt. Deswegen müssen sowohl vom Anliegen des Friedens in der Welt her als auch um der Förderung des hilfreichen Potenzials der Religion in der Welt willen die verschiedenen Glaubenstraditionen ein Verhältnis zueinander finden, das von gegenseitiger Akzeptanz und echtem Respekt füreinander geprägt ist.

In diesem Buch wird der Versuch unternommen, den Raum abzustecken, in dessen Rahmen es möglich sein sollte, jenen Dialog zu schaffen, der zu einer echten Verständigung zwischen den Religionen führen könnte. Wenn ich mir die Welt von heute ansehe, fallen mir gefährliche Kräfte der Polarisierung in die Augen. So gibt es zum Beispiel innerhalb der Religionen gefährliche Trends, andere Glaubensrichtungen schlechtzumachen. Hinzu kommt die zunehmende Polarisierung zwischen den Gläubigen und denen ohne religiöse Überzeugung. Solche Einstellungen verschärfen nur die gegenseitigen Verdächtigungen und das Misstrauen gegeneinander. Meiner Überzeugung nach sind jedoch alle, die einen Exklusivismus vertreten, grundsätzlich fehlgeleitet bezüglich der Vorstellung davon, worauf eine religiöse Spiritualität im Tiefsten beruht. Die Aufgabe aller Menschen, die sich um spirituelle Vervollkommnung bemühen – nicht nur der führenden Persönlichkeiten in den Weltreligionen, sondern auch jedes einzelnen Gläubigen –, ist es, den grundlegenden Wert des Mitgefühls zu betonen. Dieses Mitgefühl ist im Herzen der menschlichen Natur angelegt und ist auch der Kern der ethischen Lehren aller großen Weltreligionen. Von daher können wir tatsächlich eine tiefe Anerkennung des Werts anderer Glaubensrichtungen entwickeln und dann auf dieser Grundlage aufrichtige Hochachtung füreinander pflegen.

Als ich 1959 als Flüchtling nach Indien kam, wusste ich von anderen Religionen als der meinigen erst sehr wenig. Im Laufe der letzten fünfzig Jahre habe ich jedoch einen beträchtlichen Teil meiner Zeit und Aufmerksamkeit darauf verwendet, über meinen eigenen Buddhismus hinaus etliches über die großen Weltreligionen zu lernen und zu durchdenken. Das war für mich ungemein erhebend, denn es hat mich in der Ansicht bestätigt, dass der Geist des Menschen über ein außerordentlich reiches Vermögen verfügt, Visionen vom Ideal der Vollkommenheit zu entwickeln und die grundlegenden Daseinsfragen genauer zu erörtern. Auf metaphysischer Ebene stehen alle großen Religionen vor den gleichen ewigen Fragen: „Wer bin ich? Woher komme ich? Wohin gelange ich nach meinem Tod?" Und auf der Ebene der guten Lebensführung stoßen alle Glaubenstraditionen auf das Mitgefühl als Leitprinzip. Sie verwenden dafür unterschiedliche Begriffe, gebrauchen unterschiedliche Bilder und legen unterschiedliche Konzepte zugrunde. Dabei ist ihnen jedoch weit mehr gemeinsam, als sie trennt. Ihre Verschiedenheit liefert das Potenzial für einen ungemein bereichernden, aus einer wunderbaren Vielfalt von Erfahrung und Einsicht schöpfenden Dialog.

In dem vorliegenden Buch wird versucht, die Gemeinsamkeiten genauer herauszuarbeiten und zugleich ein Modell dafür zu entwickeln, wie sich die Unterschiede zwischen den Religionen wirklich wertschätzen lassen, ohne dass sie zur Quelle von Konflikten werden müssen. Wenn man eine echte, auf Verständnis beruhende Harmonie zwischen den Religionen herstellen will, ist die Bedingung dafür *nicht*, dass man die Vorstellung akzeptiert, alle Religionen seien im Grunde gleich oder führten zum gleichen Ziel. Jedoch behaupte ich, dass ihre ganz unterschiedlichen metaphysischen Lehren in jedem Fall die wirklich inspirierende Grundlage für ein ausgezeichnetes, im Mitgefühl verankertes ethisches System liefern. Ich bin überzeugt davon, dass ein aufrichtiger Gläubiger bezüglich anderer Religionen als der seinen auf integre Weise pluralistisch eingestellt sein kann, ohne damit das

Wesentliche der Lehraussagen seiner eigenen Glaubenstradition verleugnen zu müssen.

Selbst wenn die Unterschiede zwischen den Lehren der großen Weltreligionen zum Teil recht groß sein mögen, hat mich meine intensive Beschäftigung mit ihnen zur Überzeugung gebracht, dass es zwischen ihnen allen ein verblüffendes Maß an Verständigungsmöglichkeit gibt, sobald es um das tatsächliche, praktische religiöse Leben und das Streben nach einem spirituellen Ziel geht. So betonen zum Beispiel alle großen Religionen vor allem das Mitgefühl als fundamentalen spirituellen Wert. Deswegen ist es für mich keine Frage, dass das Mitgefühl ein Herzstück aller Religionen ist. Sie handeln davon entweder in den Anweisungen für ein gutes Leben in ihren Schriften oder sie empfehlen es in dem Lebensideal, das sie bewundern und verbreiten, oder es leuchtet im beispielhaften Leben vieler der bemerkenswerten Persönlichkeiten der verschiedenen Glaubenstraditionen in Vergangenheit und Gegenwart auf. (Einigen solchen Persönlichkeiten zu begegnen hatte ich das Privileg.) Wenn das stimmt, steht für die Weltreligionen ein gewaltiges Potenzial bereit, auf das sie zurückgreifen können, um in dem Anliegen zusammenzukommen, alle Menschen sollten sich um das Gute bemühen. Dennoch ist das eine ungeheuer schwierige Aufgabe. Die Religionsgeschichte scheint übervoll zu sein mit Zwietracht, gegenseitigem Misstrauen und ideologischen Konflikten, die in Bigotterie, Exklusivismus und der Ansicht wurzeln, dass der eigene Glaube der einzig gerechtfertigte sei. Ich bin der Überzeugung, dass die Ursachen dieser Geschichte der Zerstrittenheit jeder vertretbaren Grundlage entbehren. Wir stehen vor der Herausforderung – die ich für die am dringendsten anstehende halte –, diese Geschichte endlich hinter uns zu lassen und zu einem harmonischen, im Mitgefühl wurzelnden Verständnis füreinander zu finden.

Dieses Buch befasst sich zwar mit den großen Weltreligionen, aber die Geschichte, von der es handelt, ist diejenige eines einzigen Menschen und seines persönlichen Engagements. Ich habe nicht die Illusion, dass das hier Gebotene der Gesamtheit jeder anderen Religion gerecht werden könnte, ja nicht einmal, dass es hier gelingt, die wesentlichen Lehren einer jeden von ihnen genau so zu erfassen, wie sie innerhalb der jeweiligen Tradition selbst verstanden werden. Dennoch hoffe ich aufrichtig, dass die hier erzählte Geschichte – die Geschichte der Reise eines buddhistischen Mönchs in die Weltreligionen hinein – andere ermutigen, ja vielleicht sogar inspirieren kann, sich gründlicher auf andere Traditionen als die eigene einzulassen.

Ich möchte mich bei den unzähligen Menschen aus allen Traditionen bedanken, die mir ihre Zeit geschenkt und mir geholfen haben, die großen Lehren der Welt tiefer schätzen zu lernen. Mir wurde das gewaltige Privileg und die seltene Gelegenheit gewährt, tief in die wunderbare Welt anderer Glaubenstraditionen einzutauchen. Das reicht von meinen persönlichen Gesprächen mit den religiösen Meistern Indiens wie etwa dem Jain-Lehrer Acharya Tulsi bis hin zum intensiven Austausch mit Christen wie dem Trappistenmönch Thomas Merton. (Um meine Leser nicht mit allzu vielen Namen zu belasten, möchte ich hier darauf verzichten, die Namen der Vielzahl von religiösen Lehrern und Praktizierenden einzeln aufzulisten, denen ich im Laufe so vieler Jahre begegnen durfte. Aber ich weiß mich ihnen allen zu tiefem persönlichem Dank für ihre Zeit und Weisheit und ihr Mitgefühl verpflichtet.)

Ich hege eine grenzenlose Hochachtung vor meinem eigenen buddhistischen Glauben. Jedoch hat mir die Möglichkeit, ihn im Kontext seiner Bruder- und Schwesterreligionen zu sehen, die Sicht auf die Größe und das Ausmaß dessen erlaubt, was ich aus tiefster Überzeugung als die erhabensten Aspirationen des menschlichen Geistes ansehe. Meine Dankbarkeit gilt auch meinen beiden Lektoren Dr. Thupten Jinpa, der inzwischen seit einem Vierteljahrhundert mein hauptsächlicher Übersetzer ist, und seinem Kollegen Dr. Jas' Elsner. Sie haben mir geholfen, meine Gedanken so prägnant wie möglich auf Englisch auszudrücken, und waren mir insbesondere eine große Hilfe dabei, Zitate aus den wichtigsten Schriften der Welt auszusuchen und zu überprüfen. Im Verlauf des Schreibens haben mich meine Lektoren und auch Mitglieder meines eigenen persönlichen Stabs zudem angeregt, die Implikationen und Konsequenzen einiger der anspruchsvolleren Aspekte meiner Gedanken gründlicher zu durchdenken. Auch möchte ich all denen danken, die das Manuskript gelesen und kommentiert haben.

Möge dieses Buch dem Entstehen eines echten gegenseitigen Verständnisses der großen Weltreligionen untereinander nützen und in uns allen die tiefe Ehrfurcht voreinander fördern.

DANK

Die Herausgeber möchten den folgenden Einzelpersonen ihren aufrichtigen Dank dafür aussprechen, dass sie das Manuskript entweder ganz oder teilweise durchgelesen und hilfreiche kritische Kommentare dazu beigesteuert haben: Robert Chodos, Ngari Rinpoché Tenzin Chogyal, Geshe Dorjé Damdul, Richard Finn, Silvia Frenk, K. C. Branscomb Kelley, Bilal Kushner, Sophie Boyer Langri, Geshe Lhakdor Lobsang Jordan, Rajiv Mehrotra, Sarah Shaw und last but not least Tenzin Geyche Tethong, der über vier Jahrzehnte lang Seiner Heiligkeit dem Dalai Lama als Privatsekretär gedient hat.

Kapitel 1

Heraus aus der Komfortzone

1956: Die erste Öffnung

Während ich in Tibet heranwuchs und vor allem seitdem ich im Alter von fünfzehn Jahren ernsthaft und eifrig das Denken und die Praxis des klassischen Buddhismus zu studieren begann, lebte ich mit dem Gefühl, meine eigene buddhistische Religion sei die beste. Ich war der Meinung, es könne einfach keine andere Glaubenstradition geben, die hinsichtlich ihrer Tiefe, ihrer Subtilität und ihrer inspirierenden Kraft an den Buddhismus heranreichen könne; andere Religionen könnten bestenfalls „so einigermaßen" etwas taugen. Im Rückblick ist mir diese Naivität peinlich. Aber das war die Auffassung eines heranwachsenden, ganz in seine eigene überkommene religiöse Tradition eingetauchten Jungen. Ich war mir durchaus vage der Existenz einer großen Weltreligion namens Christentum bewusst, die das Leben ihres Erlösers Jesus Christus als den Weg zum Heil vorstellt. Als Kind hatte ich sogar erzählen hören, dass einige christliche Priester im 17. Jahrhundert in Westtibet eine Missionsniederlassung eröffnet hätten. Zudem hatte es bis in die neuere Zeit hinein in der Hauptstadt Lhasa eine kleine Gemeinde tibetischer Muslime gegeben, die mehr als vier Jahrhunderte bestanden hatte. Was die Hindus und Jains anging, die Anhänger der anderen beiden größeren in Indien entstandenen Religionen, so war ich der Überzeugung, dass die philosophischen Argumente, die sich in der klassischen buddhistischen Kritik ihrer Lehrmeinungen finden, eindeutig erwiesen hätten, wie weit überlegen ihnen seit Jahrhunderten der buddhistische Glaube sei.

Es braucht nicht eigens gesagt zu werden, dass ich mir eine derartige Naivität nur so lange bewahren konnte, wie ich von jedem wirklichen Kontakt mit den anderen Religionen der Welt isoliert und abgeschnitten blieb. In meiner Kindheit bekam ich einmal einen flüchtigen direkten Kontakt mit einem echten Hindu. Das war ein *sadhu*, ein indischer heiliger Mann, der mit verfilztem Haar und weißen Aschezeichen auf der Stirn im Potala-Palast erschien und rief: „Dalai Lama, Dalai Lama!", weil er mich anscheinend sprechen wollte. Natürlich sprach er kein Tibetisch, und niemand in der Umgebung verstand auch nur ein bisschen Hindi. Es kam zu einem ziemlichen Aufruhr, als meine Diener, Leibwächter und alle möglichen Zuschauer ihn zurückzuhalten versuchten! Niemand hatte eine Vorstellung davon, wer oder was er war oder von welchem religiösen Hintergrund er herkam. Meinen ersten richtigen Kontakt mit dem Hinduismus bekam ich erst, als ich 1956 die Möglichkeit hatte, zum ersten Mal Indien zu besuchen. Bis dahin war das einzige andere Land, in dem ich gewesen war, China, das damals ganz vom Kommunismus beherrscht war.

Offiziell nach Indien eingeladen hatte mich der Kronprinz von Sikkim in seiner Eigenschaft als Vorsitzender der Maha-Bodhi-Gesellschaft sowie des von der indischen Regierung eingerichteten Sonderkomitees, das den 2500. Jahrestag von Buddhas Tod, dem sogenannten *pari-*

nirvana, organisieren sollte. Bei diesem historischen Besuch in Indien schloss sich mir auch mein spiritueller Amtsbruder, der Pantschen Lama, an (der später im Gefolge der kommunistischen Besetzung Tibets viel erleiden musste, aber bis zu seinem vorzeitigen Tod im Jahre 1986 sehr viel für das tibetische Volk getan hat). Damals weilte ich über drei Monate lang in Indien und hatte in dieser Zeit die Ehre, viele Menschen aus allen Lebensbereichen sowie mit dem unterschiedlichsten religiösen Hintergrund kennenzulernen. Der indische Präsident Rajendra Prasad führte mit mir bei mehreren Gelegenheiten tiefgründige Gespräche. Dieser erste Präsident Indiens war nicht nur ein bekannter Rechtswissenschaftler, sondern auch ein tief religiöser Mensch, der das historische Vermächtnis Indiens als Geburtsstätte einiger der großen Weltreligionen sehr ernst nahm. Seine Demut und tiefe Menschlichkeit gaben mir das Gefühl, beim Beisammensein mit ihm in der Gegenwart eines wahrhaft spirituellen Menschen zu sein, eines Mannes, das sich ganz dem Ideal eines selbstlosen, dienenden Lebens verschrieben hatte. Vizepräsident Indiens war damals Radha Krishan, ein bekannter Fachmann für indische Philosophie und Religion. Wenn man sich mit ihm unterhielt, war das so, als weilte man bei einem intellektuellen Fest. Die Tatsache, dass ich die persönliche Bekanntschaft des Präsidenten und des Vizepräsidenten Indiens sowie seines ersten Premierministers Pandit Jawarlahal Nehru machte, gab mir das Gefühl, irgendwie dem großen Mahatma Gandhi nahe zu sein, den wir Tibeter damals „Gandhi Maharadscha" zu nennen pflegten, „den großen König Gandhi".

Eine weitere Begegnung prägte sich meinem Gedächtnis nachhaltig ein. Das war, als mich überraschend ein äl-

terer Jain-Meister mit seinem Begleiter, einem Mönch, besuchte. Ich entsinne mich noch gut, wie mich die Askese
dieser beiden Jain-Mönche verblüffte. Später erfuhr ich,
dass es zu ihrem alltäglichen Lebensstil gehörte, immer
nur auf harten Unterlagen zu sitzen statt auf weichen Kis-
sen. Da sie in einem offiziellen Gästehaus weilten, gab es
praktisch kein Möbel ohne weichen Sitzbezug. So setzten
sich die Mönche eben auf den Kaffeetisch. Wir hatten ein
ausführliches Gespräch über die Ähnlichkeiten zwischen
dem Buddhismus und dem Jainismus, die die Historiker
oft als Zwillingsreligionen bezeichnen. Hier machte ich
zum ersten Mal die Erfahrung, es mit einem echten Praktizierenden des Jainismus zu tun zu haben, und seine Darlegung seines Glaubens wies wenig Ähnlichkeit mit der
Weise auf, wie die Vorstellungen der Jain in den wissenschaftlichen Texten und Widerlegungen dargestellt wurden, die ich in meiner Jugend studiert hatte.

Nach den offiziellen Feiern von Buddhas *parinirvana*
hatte ich Gelegenheit, zu den alten heiligen Stätten des
Buddhismus zu pilgern, vor allem nach Bodh Gaya, wo
der Buddha die Erleuchtung erlangt hatte, nach Lumbini,
wo er zur Welt gekommen war, und nach Sarnath bei Va-
rasani, wo er seine erste Predigt über die Vier Edlen Wahrheiten gehalten hatte. Im Angesicht des heiligen Stupas in
Bodh Gaya und beim Stehen vor dem Bodhi-Baum, der
von genau dem Baum abstammt, unter dem der Buddha
vor über 2500 Jahren die Erleuchtung erfuhr, war ich zu
Tränen gerührt. Diese heilige Stätte wird von Buddhisten
auf der ganzen Welt in Ehren gehalten – in Tibet war es
sogar Brauch, Miniaturmodelle des Stupas von Bodh
Gaya anzufertigen und als Andachtsgegenstände zu verwenden. In meiner ersten, bald nach Antritt meines Exils

in Indien verfassten Autobiografie beschrieb ich meine Gefühle beim ersten Anblick der Bodh Gaya so:

„Von meiner frühen Jugend an hatte ich an diesen Besuch gedacht und von ihm geträumt. Jetzt stand ich in der Gegenwart des heiligen Geistes, der an dieser heiligen Stätte Mahaparinirvana, das höchste Nirvana, erlangt und für die gesamte Menschheit den Weg zur Erlösung gefunden hatte. Als ich so dastand, erfüllte ein Gefühl religiöser Inbrunst mein Herz. Und ich war erschüttert vom Wissen um die göttliche Kraft in uns allen und von ihrem erfahrenen Wirken."

Während meiner Pilgerschaft zu den buddhistischen Stätten in Zentralindien hatte ich das Glück, Zeuge eines wahrhaft historischen Ereignisses zu werden. In Rajgir – wo der traditionellen Überzeugung nach die den Praktizierenden des Mahayana-Buddhismus so teuren Schriften der *Vollkommenheit der Weisheit* erstmals gelehrt worden sein sollen – fand in einem farbenprächtigen Zelt eine große Zeremonie statt. Premierminister Nehru war gekommen, um in aller Form ein Geschenk an das indische Volk entgegenzunehmen, das der damalige chinesische Premier Tschu En Lai persönlich überbrachte. Man hatte mir gesagt, dass es sich dabei um eine heilige buddhistische Reliquie handle, die im 7. Jahrhundert von Indien nach China gebracht worden sei, vermutlich von dem berühmten chinesischen Pilger Xuan Tsang; jetzt sollte sie wieder an ihre ursprüngliche Stätte zurückgebracht werden. Ich fühlte mich zutiefst geehrt, bei dieser Zeremonie dabei zu sein, die von der Art war, die wir Tibeter als *tashipa*, „glücklichen Anlass", bezeichnen. Nehru war zur damaligen Zeit unruhig, weil die tibetischen Beamten, die mich nach Indien begleiteten, sich nicht einig waren.

Eine Gruppe schlug vor, ich solle in Indien bleiben, bis sich die politische Situation innerhalb Tibets beruhigt habe, während die andere Gruppe mich drängte, nach Tibet zurückzugehen und mit den kommunistischen Behörden in Peking zu verhandeln.

Während dieser Rundreise durch Indien sah ich auch die berühmten Elefantenhöhlen, eine für die hinduistische Tradition historisch bedeutsame Stätte direkt vor der Küste von Mumbai (Bombay). Dieser Höhlenkomplex voller Tempel aus ungefähr dem 9. Jahrhundert unserer Zeitrechnung enthält viele wunderschöne aus dem Felsen gehauene Abbildungen wichtiger Gottheiten aus dem hinduistischen Pantheon. Das zentrale Bild ist ein sechs Meter hoher dreiköpfiger Shiva, dessen drei Gesichter, wie ich erfuhr, die Gottheit in ihren drei unterschiedlichen, aber miteinander verbundenen Formen darstellen: Das rechte Gesicht mit einem sehr sinnlichen Ausdruck stellt Shiva als den Schöpfer der Welt dar, das linke mit dem Ausdruck von Wut stellt ihn als den Zerstörer dar, und das mittlere Gesicht mit einem sanften Ausdruck symbolisiert Shiva als den Erhalter des Universums.

Für mich als tibetischen Buddhisten und Anhänger einer Tradition, die sich mit großem Stolz auf ihre ununterbrochene, vom alten indischen Kloster Nalanda mit seinem einmaligen religiösen und philosophischen Erbe ausgehende Stammlinie beruft, war es äußerst denkwürdig und bewegend, leibhaftig Nalanda selbst besuchen zu können. Von hier stammten die meisten der großen Meister, deren Werke bis heute in den Ausbildungsstätten der tibetischen Klöster intensiv studiert werden, und auch ich habe mich als junger Mönch in die Werke vieler von ihnen vertieft. Einer der Gründer des Buddhismus in Tibet,

Shantarakshita, lebte im 9. Jahrhundert, war ein bekannter Philosoph aus Nalanda und gab den Anstoß zu einer wichtigen buddhistischen Schule, der *Yogacara Madhyamaka*. Shantarakshitas klassisches Werk *Tatvasamgraha* (*Kurzer Abriss der Epistemologie*) steht bis heute sowohl in Indien als auch in Tibet als philosophisches Meisterwerk hoch in Ehren. Auch war es wunderbar, dass ich die Möglichkeit hatte, Nagarjunakonda in Südindien die Ehre zu erweisen, einer Mönchsniederlassung, die eng mit dem großen buddhistischen Meister Nagarjuna aus dem 2. Jahrhundert verbunden ist, den die tibetische Tradition als den „Zweiten Buddha" bezeichnet. In den 1980er Jahren wurde die damalige Stelle des Kloster überflutet, da in der Nähe dieser Stätte ein großer Staudamm zur Stromgewinnung gebaut worden war. Für mich persönlich war es sehr bedeutungsvoll, dass ich noch genau an der Stelle umhergehen konnte, an der Nagarjuna einst gelebt hatte, ehe sie vom Wasser bedeckt wurde. Nagarjuna bleibt für mich bis heute eine der tiefsten Quellen spiritueller Inspiration und philosophischer Einsicht.

Wenn ich auf diese Reise von 1956 zurückblicke, kommt mir auch wieder der starke Eindruck, den ich bei meinem Besuch bei der Theosophischen Gesellschaft in Chenai (damals Madras) hatte. Ich bekam damals zum ersten Mal mit Menschen und mit einer Bewegung zu tun, die den Versuch unternahmen, die Weisheit der spirituellen Traditionen der Welt und auch die Naturwissenschaft zu einer Gesamtschau zu vereinen. Ich spürte bei ihren Mitgliedern eine gewaltige Offenheit für die großen Weltreligionen und eine echte pluralistische Einstellung. All das hatte zur Folge, dass ich bei meiner Rückkehr nach Tibet im Jahre 1957, nach über drei Monaten Aufenthalt in einem Land, das für einen jungen tibetischen Mönch äußerst staunenswert ist, innerlich verändert war. Ich konnte nicht mehr mit dem Komfort eines Exklusivdenkens leben, das es für selbstverständlich hält, dass der Buddhismus die einzig wahre Religion ist. Als mich dann 1959 tragische politische Umstände zwangen, ins Exil nach Indien zu gehen und dort als Flüchtling zu leben, eröffnete sich mir paradoxerweise die Freiheit, meine persönliche Reise ins genauere Verstehen der weltweiten Glaubenstraditionen intensiver fortzuführen und mich weiterhin mit ihnen zu beschäftigen.

Tragischerweise waren es die politischen Umstände, die mich zwangen, mich aus der physischen Komfortzone meiner eigenen Heimat Tibet herauszubegeben und mich der Großartigkeit von Indiens eindrucksvollen Religionen auszusetzen. Das brachte mich dazu, auch aus meiner mentalen Komfortzone herauszutreten, in der mein eigener Buddhismus für mich die einzige wahre Religion gewesen war und andere Glaubenstraditionen bestenfalls ein schwacher Abklatsch davon hatten sein können. So ist es oft: Wir kommen erst dann der Realität näher, wenn wir mit tragischen Umständen und Leiden konfrontiert werden, denn das lässt falschen Tatsachen und dem Wunschdenken nur noch wenig Raum. So waren die Umstände, als ich 1959 in Indien meine zweite Heimat fand und mithalf, die Grundlagen dafür zu schaffen, dass meine so zahlreichen tibetischen Landsleute, die als Flüchtlinge nach Indien, Nepal und Bhutan gekommen waren, ein neues Leben beginnen konnten. Diese neue Situation brachte mir auf der ganz persönlichen Ebene – in meiner Eigenschaft als Flüchtling und Gast Indiens während einer der düstersten Phasen der langen Geschichte

Tibets – ein Maß an Freiheit, das ich mir in meinem bisherigen Leben als Oberhaupt eines Landes, das gegen einen sich ständig verschlimmernden Verlust seiner Freiheit anzukämpfen hatte, nie hätte vorstellen können. Dieses neue Leben ermöglichte mir, das zu sein, was für mich ein „einfacher buddhistischer Mönch" ist, weil ich nämlich jetzt alle die engen zeremoniellen Einschränkungen ablegen konnte, die ein allgegenwärtiger Aspekt des Lebens des Dalai Lama gewesen waren. Ich hatte alle diese Zeremonien ohnehin nie richtig gemocht, und so war ich froh, dass sie verschwanden. Aber das Kostbarste, was mir dieses Leben im Exil brachte, war die Möglichkeit, jetzt so vielen verschiedenen Menschen mit unterschiedlichstem Hintergrund begegnen zu können, vor allem auch ganz gewöhnlichen Menschen.

Jemand aus dem Westen klopft an die Tür

Eine bemerkenswerte Persönlichkeit, die während der ersten zehn Jahre meines Exils meinen Weg kreuzte, war ein christlicher Mönch, der bei mir einen nachhaltigen Eindruck hinterließ. Bis zum heutigen Tag erinnere ich mich ganz lebhaft an meine Begegnung mit ihm: Es war Thomas Merton. Er besuchte mich im November 1968 in meiner Residenz in Dharamsala in Nordindien. Merton, ein Trappistenmönch, trug eine weiße Kutte mit Kapuze und einem breiten Ledergürtel um die Hüften. Zudem hatte er große braune Schuhe an, was in Dharamsala ziemlich fehl am Platz wirkte. Dem äußeren Erscheinungsbild nach konnte nichts stärker wirken als der Kontrast zwischen unserer Kleidung. Ich trug als tibetischer buddhistischer Mönch kastanienbraune Gewänder mit einem goldgelben Streifen an meinem armlosen Oberteil. Unser Mönchsgewand besteht aus zwei Teilen. Das Unterkleid fällt in etliche Falten, damit man darunter die Beine beim Gehen leichter bewegen kann, und wird mit einer Schärpe um die Hüften gebunden. Als Oberteil dient eine ärmellose Weste, um die man locker wie einen Schal ein kastanienbraunes Stück Tuch so legt, dass es den linken Arm bedeckt und den rechten freilässt. So gab es unserem äußeren Erscheinungsbild nach zwischen uns kaum eine Ähnlichkeit, außer in unserer Frisur – in meinem Fall einem rasierten Kopf und in Mertons Fall einer Art von natürlicher Kahlheit.

Mertons Besuch kam genau zum richtigen Zeitpunkt. Ich hatte meine anfängliche Aufgabe gerade gelöst, nämlich mich um die Ansiedlung der Tausenden von Tibetern zu kümmern, die nach meiner Flucht vorwiegend nach Indien geflohen waren. Auch die andere vordringlichste Aufgabe meiner Gemeinschaft, nämlich tibetische Schulen für unsere Flüchtlingkinder einzurichten, war gerade dank der Zuvorkommenheit der indischen Regierung erfüllt. So war es möglich, dass der Zeitraum ab Mitte der 1960er Jahre bis zum Ende dieses Jahrzehnts für mich persönlich eine wunderbare Zeit der kritischen Reflexion, spirituellen Kontemplation und Meditationspraxis werden konnte. Ich konnte mich insbesondere auch wieder intensiv mit den großen Texten beschäftigen, die ich in Tibet studiert hatte, und mich in eine Reihe von neuen Lehren und Praktiken vertiefen. Auch hatte ich die Möglichkeit, zuweilen ganze Wochen – oder gelegentlich sogar einen oder zwei Monate – lang meine Meditationspraxis und philosophische Reflexion zu vertiefen. Meine zwei Tutoren waren bei mir in Dharamsala, und ebenso auch mehrere andere große tibetische Meister, die mir bei Bedarf mit ihrem weisen Rat zur Verfügung standen. So verbrachte ich viele Stunden mit der Einübung ins universale Mitgefühl und auch mit der Vertiefung meines Verständnisses und meiner Erfahrung der Leerheit – die in der Tradition von Nalanda als die letzte Wirklichkeit gilt. Als Thomas Merton mich besuchen kam, war ich imstande, mich mit ihm in einer Reihe von Gesprächen tief auszutauschen, und zwar aufgrund einiger persönlicher spiritueller Erfahrung meinerseits.

Merton war ein robuster Mensch, sowohl in körperlicher Hinsicht – er war grobknochig und untersetzt gebaut – als auch im spirituellen Sinn. Ich sah in ihm einen Mönch, der sich tief um die Welt sorgte, leidenschaftlich daran glaubte, dass die Spiritualität mit ihrer Kraft die Welt heilen könne, und intensiv auf dem Weg der spirituellen Suche war. Er setzte sich für den interreligiösen Dialog ein und konnte sich tief in das Denken anderer Glaubenstraditionen einfühlen, also im Fall seiner Gespräche mit mir in den Buddhismus, sodass er sozusagen den tatsächlichen Geschmack der Lehren, die eine andere Tradition vertritt, zu verkosten imstande war. Die Art, wie Merton sich bezüglich des Buddhismus engagierte, hatte für mich etwas regelrecht Inspirierendes an sich, denn sie zeigte seinen großen Mut, andere Traditionen als seine eigene gründlich zu erkunden. Bei unseren Gesprächen warf er mir hie und da einen tief durchdringenden Blick zu, was mir zeigte, wie er mit voller Achtsamkeit und Präsenz bei unserem Gespräch war.

Es besteht kein Zweifel, dass mir meine Begegnung mit Thomas Merton die Augen für den Reichtum und die Tiefe des christlichen Glaubens öffnete. Später kam ich darauf, dass es zwischen unseren Lebensweisen verblüffende Ähnlichkeiten gab. Mertons Tag begann in seinem Kloster um 2.30 Uhr morgens, während der meine um 3.30 Uhr beginnt. Auch er verbrachte allmorgendlich mehrere Stunden im kontemplativen Gebet und Schweigen und nahm schon ganz früh sein Frühstück zu sich, so wie das auch bei mir der Fall ist. Merton war ein großer und äußerst kenntnisreicher Befürworter des interreligiösen Dialogs und blieb dabei trotzdem seinem eigenen christlichen Glauben treu. Zudem setzte er sich für eine Harmonie zwischen den Anhängern der großen Weltreligionen ein, deren Grundlage ein tieferes Verständnis der spirituellen Lehren eines jeden von ihnen sein sollte. Natürlich führte er als Mönch auch genau wie ich ein Leben des Zölibats und des Dienstes für die anderen.

Das Entscheidende, was ich von ihm gelernt habe, war seine tiefe Klarheit bezüglich eines Punktes, über den ich seither oft nachgedacht habe und bei dem ich mit ihm zutiefst einig bin. Merton sagte mir – und schrieb das auch später in seinem *Asiatischen Tagebuch* –, dass wir als Gemeinschaft der Praktizierenden in den Weltreligionen „ein (schon lange fälliges) Stadium der religiösen Reife erreicht haben, in dem es jemandem möglich sein könnte, seiner christlichen und westlichen monastischen Bindung vollkommen treu zu bleiben und dennoch beispielsweise von der buddhistischen Disziplin und Erfahrung in der Tiefe etwas zu lernen". Genau das Gleiche gilt auch für die buddhistische Seite. Diese Vorstellung teile ich voll und ganz: Der echte interreligiöse Dialog muss ganz wesentlich von dieser Überzeugung ausgehen.

Als Thomas Merton nur wenige Wochen nach unserer Begegnung im Alter von 53 Jahren in Thailand auf tragische Weise durch einen Unfall starb, verlor die Welt einen wahrhaft spirituellen Menschen, der vieles zu bieten hatte, zumal auf dem kritischen Gebiet der interreligiösen Verständigung und Harmonie und auch der Verständigung zwischen den Sichtweisen der Gläubigen und der sie umgebenden säkularen Welt. Auf persönlicher Ebene verlor ich einen Freund, einen wichtigen Verbündeten bei der Förderung des interreligiösen Dialogs und einen Mentor.

Fast zwanzig Jahre danach fand ich endlich die Gelegenheit, Thomas Mertons Kloster zu besuchen, die Abtei Gethsemani in Kentucky. Es war tief bewegend, zu sehen, wo er gelebt hatte, vor allem seine Zelle, die ziemlich kahl und streng war und das Ideal eines wahren Mönchs widerspiegelte, der sich dem Schweigen, der inneren Ruhe und dem Erwachen verschrieben hatte. Angesichts der Einfachheit seines Lebens kommt mir ein tibetischer Spruch in den Sinn: „Bezüglich seiner selbst wenig Bedürfnisse und wenig Vorhaben; bezüglich anderer viele Bedürfnisse und viele Vorhaben." Seit damals habe ich Gethsemani noch einmal anlässlich einer Folge von Dialogen zwischen christlichen und buddhistischen Mönchen besucht, an denen Mönche aus verschiedenen christlichen Mönchsorden und auch tibetische Mönche teilnahmen.

Später, als ich mich genauer mit der Geschichte Tibets beschäftigte, erfuhr ich, dass der tibetische Buddhismus dem Christentum schon im 17. Jahrhundert begegnet war. Das damalige Königreich Guge in Westtibet hatte es einer in Goa ansässigen Gemeinde gestattet, in Tsaparang eine Mission zu eröffnen, und dort wurde 1626 der Grundstein für die erste christliche Kirche in Tibet gelegt. Einer der Priester, die zu Anfang des 18. Jahrhunderts als Missionare nach Tibet kamen, war der italienische Jesuit Ippolito Desideri. Pater Desideri brachte es bemerkenswerterweise fertig, fast zwölf Jahre in Zentraltibet zu verbringen, die meiste Zeit davon in der Hauptstadt Lhasa. Er war von der Komplexität des buddhistischen Denkens und der buddhistischen Praxis fasziniert und beherrschte nicht nur die tibetische Sprache, sondern studierte auch etliche Schlüsseltexte des Buddhismus gründlich, die in den Ausbildungsklöstern den Kern des akademischen Lehrplans darstellen. Es ist überliefert, Desideri habe Freundschaften mit vielen Mönchen der am Rand der Hauptstadt Lhasa liegenden großen Mönchsuniversität Sera gepflegt und stundenlange Debatten und Diskussionen mit ihnen geführt.

Ich fand heraus, dass Desideri während seines Aufenthalts in Lhasa einen langen Text auf Tibetisch verfasst hat. Er verwendete für sein Buch die Grundform vieler gelehrter Werke des tibetischen Buddhismus, die standardmäßig ein Schlüsselthema im Rahmen von drei Hauptüberschriften behandeln: 1. Widerlegung des Standpunkts anderer, 2. Darlegung des eigenen Standpunkts und 3. Widerlegung von Einwänden, die von anderen gegen den eigenen Standpunkt erhoben werden. Desideris Werk enthielt seine

Kritik der zentralen buddhistischen Theorien über Karma, Wiedergeburt und Leerheit. Zudem verwendete er bemerkenswerterweise die buddhistische philosophische Begrifflichkeit und Redeweise, um die christliche Lehre von der Dreifaltigkeit darzulegen, und ging auf mögliche Einwände vom buddhistischen philosophischen Standpunkt aus ein. Desideris Originaltext, den er von Hand auf Tibetisch verfasste, ist, wie man mir sagte, bis heute in der Vatikanischen Bibliothek erhalten geblieben. Obwohl Desideri ursprünglich als Missionar kam und die Absicht hatte, die Tibeter zum Christentum zu bekehren, regte ihn seine intensive Beschäftigung mit der tibetischen Kultur dazu an, ein bemerkenswertes sehr frühes Dokument des interreligiösen Dialogs zu verfassen. Nach Aussage eines tibetischen Fachmanns, der Desideris (noch unveröffentlichten) Text gelesen hat, beginnt dieses Werk mit einem eindrucksvollen Plädoyer für den Wert vergleichender Religionsstudien. So hat man mir zum Beispiel erzählt, dass Desideri die Meinung vertrete, wenn man eine Konvergenz zwischen der eigenen Tradition und einer anderen finde, könne dies als indirekte Bestätigung beider Traditionen dienen. Er gebrauche das Bild eines Baumes, der von verschiedenen Wasserquellen genährt wird: von Regenwasser, einem Fluss usw. – wobei der Baum für die Seele des Menschen steht und das Wasser für die verschiedenen spirituellen Traditionen, die sie erhalten und nähren können. Ich hoffe, man macht sich eines Tages an die Übersetzung und das sorgfältige Studium dieses wichtigen Dokuments, damit es einer breiteren Öffentlichkeit zugänglich wird. In späteren Jahren legte ich bei einer Reise nach Italien Wert darauf, das Kloster zu besuchen, aus dem Desideri ursprünglich gekommen war.

Desideri ließ sich intensiv auf die Philosophie und Praxis des Buddhismus ein, und das zu einer Zeit, in der der Begriff des interreligiösen Dialogs – zumal mit einer großen asiatischen Religion – noch, um es vorsichtig zu sagen, fremd war. So war er auf diesem Gebiet wahrhaftig ein bemerkenswerter Pionier. Ich sehe in ihm einen frühen Vorläufer von Thomas Merton.

Von meinen tibetischen Vorgängern dürfte vermutlich der Mönch, der die engste Begegnung mit den abrahamitischen Religionen hatte, Palden Yeshe gewesen sein, der sechste Pantschen Lama, einer der hervorragendsten spirituellen Führer des 18. Jahrhunderts in Tibet. Palden Yeshes Mutter stammte aus Ladakh in Nordindien, und daher sprach er fließend Hindi. Es wird überliefert, er habe gern und regelmäßig mit Gelehrten und Praktizierenden anderer Glaubensrichtungen lange Gespräche über Religion und Philosophie geführt. Tatsächlich unterstützte sein Hof im Kloster Tashi Lhunpo eine Gemeinschaft, die sich aus einer beträchtlichen Anzahl religiöser Lehrer verschiedener Glaubensrichtungen zusammensetzte – Hindus, Muslimen und Christen –, und zu seinen unmittelbaren Beamten gehörten auch einige Hindus und Muslime. Der sechste Pantschen Lama knüpfte zudem eine lang anhaltende Freundschaft mit dem britischen Offizier George Bogle, über den er Gelegenheit hatte, etliches über die moderne wissenschaftliche und technische Welt zu erfahren. Bogle soll auf die persönliche Bitte des Pantschen Lama hin eine Auswahl naturwissenschaftlicher Instrumente, darunter ein Teleskop, nach Tashi Lhunpo gebracht haben. Es ist schade, dass das wache Interesse des Pantschen Lama für die Gelehrten und Praktizierenden anderer Glaubenstraditionen auf ihn ganz persönlich beschränkt blieb und sich auf die tibetische Gesellschaft nicht weiter auswirkte. Es wäre wunderbar gewesen, wenn Palden Yeshe sich entschlossen hätte, seine persönlichen Ansichten über die Konvergenz und Divergenz zwischen dem Buddhismus und den anderen großen Traditionen der Welt, insbesondere den abrahamitischen Religionen, schriftlich festzuhalten.

Es gibt jedoch ein ergreifendes Vermächtnis, das auf die Beschäftigung des Pantschen Lama mit dem Islam zurückgeht. Ein kurzer Text, der einem Muslim namens Palu Ju zugeschrieben wird, erschien auf Tibetisch, wurde bei den einfachen Menschen in Tibet ungemein beliebt und ist das auch heute noch. Dieser „Rat eines alten Muslims" ist in Versform in einer volkstümlichen Sprache verfasst und beginnt mit einem Gruß, der die folgenden Zeilen enthält:

> *In der tibetischen Sprache bist du bekannt als Konchok*
> *Rinpoche (der Kostbare Juwel),*
> *In meiner Sprache bist du bekannt als Qudha (Allah),*
> *dir huldige ich.*

In diesem Gedicht wird das Wesentliche der dem Buddhismus und Islam gemeinsamen ethischen Lehren in schlichter Sprache ineinander verwoben. Es ist die Rede von der Notwendigkeit, zwischen dem eigenen Wohlbefinden in diesem Leben und im viel wichtigeren jenseitigen Leben zu unterscheiden. Im Text heißt es, das Wesen der spirituellen Praxis bestehe darin, eine Grundlage für das Glück aller Menschen zu schaffen; es wird gezeigt, wie das Bedachtsein auf das Wohl anderer ein wichtiges ethisches Gebot ist und wie der Dienst für andere das Herz der Religion ausmacht. Viele haben vermutet, der Verfasser dieses Werks sei der sechste Pantschen Lama selbst gewesen oder einer der gelehrten Mönche, die seinem innersten Kreis nahestanden. Auf jeden Fall ist es derart beliebt, dass sogar des Lesens und Schreibens unkundige Tibeter Zeilen daraus auswendig können. Ich entsinne mich, wie einige der Kehrmeister im Potala-Palast, die in meiner Kindheit meine Spielfreunde waren, Zeilen daraus auswendig aufsagten. Besonders beliebt war das Zitat, das praktisch ein tibetisches Sprichwort geworden ist:

Ich, Muselman Palu, habe gesagt, was meines Herzens Rat ist;
Ob du darauf hörst oder nicht, hängt von deiner Einstellung ab.

Als im 13. Jahrhundert der tibetische Lama Phakpa Hauptpriester am Yuan-Hof des Mongolen Kublai Khan war, muss er zweifellos religiösen Vertretern anderer Traditionen begegnet sein, darunter auch der abrahamitischen. Die nestorianischen Christen blieben in Zentralasien Jahrhunderte hindurch aktiv, und Katholiken wie Marco Polo weilten an Kublais Hof. Viele zentralasiatische Gemeinden hatten bis gegen Ende des 12. Jahrhunderts den Islam als ihren vorherrschenden Glauben angenommen. Und als Kublai Khan China eroberte, gab es im Land ein breites Spektrum einheimischer religiöser Traditionen, und zwar nicht nur den Konfuzianismus und den Daoismus, sondern auch den Buddhismus. So muss Phakpa Lama im Gebiet von Kublai Khan den Lehren und Praktiken vieler Weltreligionen ausgesetzt gewesen sein. Leider gilt auch hier, dass wir über keinen Bericht auf Tibetisch über Phakpa Lamas Verhalten gegenüber den anderen Religionen verfügen und auch über keinen Text, der Phakpas Ansichten über andere Glaubenstraditionen wiedergibt. Wenn jetzt aus diesem Zeitraum noch weitere Literatur in anderen Sprachen ans Licht kommt, gewinnen wir vielleicht noch einige weitere Einblicke in die Komplexität der gegenseitigen Beziehungen zwischen den verschiedenen Religionen im Yuan-China.

Was literarische Darstellungen über die Vorstellungen anderer Religionen angeht, verfügt die tibetische Tradition über eine lange Geschichte des Studiums sogenannter „Doxografien" (*druptha*), das heißt von Erörterungen der philosophischen Lehrsätze aller größeren klassischen indischen Schulen, sowohl der buddhistischen wie der nicht-buddhistischen. Ich entsinne mich, wie ich als junger Mann den Text von Üpa Losel aus dem frühen 12. Jahrhundert gelesen habe, in dem ziemlich ausführlich die Ansichten vieler nicht-buddhistischer indischer Sekten vorgestellt werden. Das ausführlichste dieser tibetischen doxografischen Werke hat im 17. Jahrhundert Jamyang Shepa verfasst. Es ist weithin bekannt geworden unter dem Namen „Große Abhandlung über philosophische Systeme" (*Druptha Chenmo*), und auch ich hatte es in meiner Jugend studiert.

In dieser Literaturgattung findet sich auch der bemerkenswerte Text „Der Kristallspiegel der philosophischen Systeme", eine vergleichende Geschichte der asiatischen Religionen und Philosophien von dem tibetischen Autor Thuken Chökyi Nyima aus dem 18. Jahrhundert. Thuken beschäftigt sich in diesem Buch mit dem Ursprung und den Grundlehren der auf dem asiatischen Kontinent entstandenen Traditionen. Das Buch enthält drei Teile. Der erste Teil handelt von den Religionen und Philosophien des klassischen Indien. Zunächst stellt Thuken die vedischen Traditionen vor – die fünf klassischen brahmanischen Schulen des alten Indien ebenso wie den Jainismus – und bringt dann eine klare Darstellung der vier hauptsächlichen klassischen Schulen des indischen Buddhismus. Im zweiten Teil stellt er ziemlich ausführlich den Ursprung und die Entwicklung der wichtigsten tibetischen Schulen dar, darunter auch die der buddhistischen Bön-Tradition. Der dritte und letzte Teil enthält eine kurze Vorstellung der Geschichte und Eigenart der Religionen Chinas, vor allem des Daoismus und des Konfuzianismus sowie des chinesischen Mahayana-Buddhismus. Bei seiner Beschreibung der Entwicklung des Konfuzianismus in China vermerkt Thuken die Tatsache, dass die Anhänger des Konfuzianismus dazu neigen, ihre Tradition statt als Religion eher als ethische Lehre anzusehen. Er bestätigt, dass viele der typischerweise für die Religionen Asiens wichtigen religiösen Themen im Konfuzianismus nicht vorkommen – wie etwa Knechtschaft und Erlösung, Leben nach dem Tod oder Karma – und dass sich die zentralen Lehren der Grundtexte des Konfuzianismus, wie etwa der *Gespräche* des Konfuzius (5. Jh. vor unserer Zeitrechnung) und des *Meng Tsu* („Buchs von Mencius", 3. Jh. v. u. Z."), am besten so verstehen lassen, dass sie eine systematische humanistische Ethik bieten. Angesichts der weitreichenden Wirkung der konfuzianischen Lehren – in spiritueller, kultureller und politischer Hinsicht – in China und anderen ostasiatischen Gesellschaften betrachtet Thuken Konfuzius und Mencius als große spirituelle Lehrer.

Für mich ist einer der anziehendsten Aspekte des Konfuzianismus, dass er die Meinung vertritt, die Menschennatur sei grundsätzlich gut. Mencius geht bemerkenswerterweise sogar so weit, zu sagen: weil der Mensch von Natur aus gut sei, sei die Liebe eine angeborene moralische Qualität. Mencius sah das wie die Buddhisten so, das sich diese Qualität der Liebe durch Praxis kultivieren und verstärken lasse. Er betonte, die Praxis der Liebe müsse in der eigenen Familie anfangen, was ein Echo der Lehre des Buddha über *maitri* (liebevolle Güte) ist. Buddha gab die Anweisung, man solle die liebevolle Güte auf die Weise üben, dass man sich zunächst auf einen geliebten Menschen konzentriere und dieses Gefühl dann stufenweise auf einen immer weiteren Kreis von Lebewesen einschließlich des eigenen Feindes ausweite.

Die andere große altchinesische Tradition, die Thuken vorstellt, ist der Daoismus. Das chinesische Wort *Dao* (oder *Tao*) bedeutet „Pfad" oder „Weg", und die daoistischen ethischen Lehren betonen die sogenannten „drei Juwelen des Dao": Mitgefühl, Mäßigung und Demut. Laut dieser Tradition ist dieses Dao oder der „Weg" die Eine Wahrheit, die sowohl der Anfang aller Dinge als auch der Weg ist, auf dem alle Dinge ihrem Lauf folgen. Im Daoismus betont man sehr stark die Spontaneität und das Handeln im Einklang mit der Natur. Thuken räumt ein, dass er die großen Texte des Daoismus nicht gelesen habe, aber er erwähnt beide großen Lehrmeister des Daoismus, Laotse und Tschuangtse. Er zitiert sogar Tschuangtses berühmte Rätselfrage, ob er ein Mensch sei, der träume, ein Schmetterling zu sein, oder ein Schmetterling, der träume, ein Mensch zu sein. Ferner spricht Thuken auch von der Vergöttlichung Laotses und von der daoistischen Tradition, die diesem Lehrer etwa einundachtzig Inkarnationen zuschreibt, ähnlich wie bei den Inkarnationen des hinduistischen Gottes Vishnu. Thuken war aus der Provinz Amdo gebürtig, wo auch ich zur Welt gekommen bin, ganz nahe am chinesischen Mutterland, und er war ein Lieblingsschüler des großen Meisters Cankya Rolpai Dorjé, eines persönlichen Freundes des Qing-Kaisers Quanlong. Thukens Abhandlung über die Religionen Chinas beruhte auf persönlichen Kontakten mit Praktizierenden der jeweiligen Traditionen. Ich brauche nicht eigens zu sagen, dass es für mich eine Quelle großen Staunens war, als ich in frühem Alter auf Tibetisch von diesen großen chinesischen Traditionen las.

Im Rückblick sehe ich, dass meine entscheidende Lernerfahrung darin bestand, davon abzukommen, auf kleinkarierte und exklusivistische Weise meinen Glauben als den fraglos besten anzusehen. Eine derartige Ansicht ist bei jemandem verständlich, dessen Erfahrung mangelhaft ist und der nichts anderes kennengelernt hat. Sie mag sogar insofern lobenswert sein, als sie einen tiefen Respekt vor der eigenen Tradition zum Ausdruck bringt, aber sie hat Züge der Selbstgefälligkeit an sich und sogar eine Art von Arroganz, die auf Unwissenheit beruht. Wenn man zu einer pluralistischen Einstellung kommt und den Austausch mit anderen Religionen sucht, muss das keineswegs heißen, dass man der Bindung an den eigenen Glauben untreu wird, aber es bereichert das Verständnis und die Praxis der eigenen Religion ungemein, wie schon Desideri meinte. Bei der Begegnung mit anderen Religionen kann man gemeinsame Züge erkennen und zugleich den Sinn für die Eigenart der eigenen Tradition schärfen, indem man im Kontrast deren spezifische und unterscheidende Eigenschaften deutlicher sieht. Zudem bekommt man größeren Respekt vor der außerordentlichen Bandbreite und Vielfalt der spirituellen Wege, die die völlig außerhalb der eigenen Tradition lebende Menschheit entwickelt hat. Im vorliegenden Buch wird die Geschichte erzählt, wie meine eigene Reise in ein gegenseitiges Verstehen zwischen den Religionen, die 1956 begann, sich im Laufe von mehr als einem halben Jahrhundert entfaltete und mich in den Anfang eines neuen Jahrtausends führte.

Kapitel 2

DAS LEBEN IN EINER PLURALITÄT VON GLAUBENSVORSTELLUNGEN

Indien, das Geburtsland großer Religionen

Indien wurde 1959 meine zweite Heimat. Ich habe den Großteil meines Lebens als Erwachsener in diesem großen Subkontinent verbracht, von dem wir Tibeter in der Geschichte als dem „Land der Edlen" gesprochen haben. Indien flößt mir immer noch Ehrfurcht ein, zumal wenn ich über seine lange Kultur- und Religionsgeschichte nachdenke. Es ist eine der wenigen Gegenden auf der Erde, in der große Städte, die vor den Beginn der uns bekannten Geschichte zurückreichen, wie etwa Pataliputra (Patna) und Varanasi (Benares) immer noch als quicklebendige Gemeinwesen blühen. Es ist ein Land, in dem Millionen durch Jahrtausende hindurch die heiligen Zeilen aus den Veden gesungen haben und wo die großen Flüsse wie der Ganges, der Yamuna und der Kaveri immer noch verehrt werden. In jeder größeren Metropole Indiens kann man Menschen aller Glaubensrichtungen ihren Tätigkeiten nachgehen und gemeinsam arbeiten, studieren und essen sehen. In fast jedem Bezirk einer indischen Stadt gibt es farbenprächtig mit Götterfiguren verzierte hinduistische Tempel, saubere und strenge jainistische Tempel, Moscheen mit hoch aufragenden Minaretten und Kirchen mit Glocken. Indien ist das Land so großer Leuchten des menschlichen Geistes aus neuerer Zeit wie Mahatma Gandhi, Rabindranath Tagore und Vinoba Bhave. Jedes Mal, wenn ich von einer Überseereise zurückkehre, fühle ich mich hier wieder daheim und empfinde sozusagen wieder das Angeschlossenwerden an eine alte, reife Seele.

Wenn ich mich frage, was genau es ist, bei dem ich mich daheim fühle, denke ich: Es ist die außerordentliche Toleranz und willkommen heißende Natur Indiens. Indien hat nicht nur die Geburt von vier der großen Weltreligionen erlebt – des Hinduismus, Buddhismus, Jainismus und Sikhismus –, sondern auch vielen anderen Religionen Heimat gewährt. Aber auch der Islam hat mit seiner Philosophie, seiner religiösen Praxis und seiner künstlerischen Kreativität in Indien eine außerordentliche Blüte erlebt – ja Indien beherbergt nach Indonesien die zweitgrößte islamische Bevölkerungsgruppe der Welt. Auch der Zoroastrismus, ursprünglich die große Religion des alten Persien, fand in Indien eine zweite Heimat, und auch das Judentum und das Christentum blühten hier auf.

Für die Buddhisten reicht nichts in Indiens großem historischem Erbe an die Tatsache heran, dass in ihm unser geliebter Buddhadharma zur Welt kam, der „Weg des Erleuchteten". In Kapilvastu wurde vor über 2500 Jahren der Buddha geboren. Und in Bodh Gaya im Königreich Magadha erlangte er unter dem Bodhi-Baum die volle Erleuchtung. In Sarnath bei Varanasi hielt er seine erste öffentliche Predigt, die als „das erste Drehen am Rad des Dharma" bekannt ist. So sind also viele Orte Indiens eng mit dem Leben Buddhas verbunden: die Stätten, wo er eine Mönchsgemeinschaft gründete, die Orte, wohin er sich während der Regenzeit zurückzuziehen pflegte, und die Stelle, an der er endgültig ins Nirvana einging. Sie alle sind für gläubige Buddhisten von großer Bedeutung, und sie alle liegen in Zentralindien. Ich entsinne mich noch lebhaft des Augenblicks, als ich 1956 vor dem heiligen Stupa in Sarnath stand. Vor diesem Stupa in den Ruinen des Klosters, das die alten buddhistischen Schriften als den „Wildpark" bezeichnen, kamen mir die Tränen in die Augen, so ergriff es mich, dass hier, genau an dieser Stelle, der Erwachte seine erste öffentliche Lehrpredigt über die Vier Edlen Wahrheiten gehalten hatte. Nachdem der Buddha tiefe persönliche Einsicht in die fundamentale Natur des menschlichen Daseins erlangt hatte, ermöglichte er es anderen, an seiner Erleuchtung teilzuhaben, indem er den Weg lehrte. Er erklärte, das Leiden sei unsere Realität; es werde vom Karma und den leidbringenden Emotionen und Geistestrübungen verursacht; es gebe eine Möglichkeit zur Beendigung des Leidens; und es existiere ein Weg, der zu diesem Aufhören führe.

Zentral für das, was dem Buddha aufging, war, dass man klar sieht, wie alles, was wir tun oder denken, die psychologische Realität erschafft, in der wir leben, also unser Glücks- oder Trauergefühl, und dies dann das Muster unserer Handlungen und Gedanken hervorbringt. Mit den Worten der Anfangsverse des *Dhammapada* gesagt:

Vorausgehend dem Geist sind mentale Zustände, beherrscht vom Geist, gemacht vom Geist.
Wenn du mit verderbtem Geist sprichst oder handelst, folgt dir Leid wie das Rad dem Fuß des Ochsen.
Vorausgehend dem Geist sind mentale Zustände,

beherrscht vom Geist, gemacht vom Geist.
Wenn du mit klarem Geist sprichst oder handelst,
folgt dir Glück wie ein Schatten, der nicht weicht.
(*Dhammapada* 1,1–2)

Das bedeutet, dass wir es selbst in der Hand haben, unser eigenes Glück zu bewerkstelligen und unser eigenes Leiden zu überwinden. Wie die Lehren anderer großer Traditionen sind auch diejenigen des Buddha auf die eine oder andere Weise auf das Erlangen dieses Ziels hin angelegt. Laut dem Buddha besteht der Weg zur Erlösung darin, dass der einzelne Mensch seinen Geist zähmt und die seinem Herzen innewohnenden Qualitäten vervollkommnet. Deswegen sagt er:

Du bist dein eigener Meister.
Wer sonst kann dein Meister sein?
Der Weise, der sein eigener Meister geworden ist,
wird seine Ziele verwirklichen.
(*Udanavarga* 23,10)

Die Einsicht des Buddha, dass ein Großteil unseres Leidens von unseren ungebändigten Bewusstseinszuständen herrühre, die von geistigen Trübungen wie Gier, Abneigung und Selbsttäuschung verursacht seien, und dass der Weg zur Freiheit in uns selbst liege, hat sich der spirituellen Landschaft Indiens sehr nachhaltig eingeprägt. Bereits zu seinen Lebzeiten hielten sich viele Menschen an die Botschaft Buddhas, dass das Wesen des spirituellen Wegs darin bestehe, auf sich selbst zu vertrauen und die Notwendigkeit zu erkennen, dass man seinen Geist und sein Herz zähmt. Zur Zeit, als der Buddha im Alter von einundachtzig Jahren hinüberging, hatte sich seine als der *sangha* bekannte Gemeinschaft in Zentralindien bereits weit verbreitet. Weniger als zweihundert Jahre nach seinem Tod übernahm der große Herrscher Ashoka, der große Teile Indiens erobert hatte, den *dharma* Buddhas und verkündete das Wesentliche der ethischen Lehren des Buddha bis in die entlegensten Winkel seines Reiches, zu denen auch das heutige Pakistan und Afghanistan gehörten. Einige der Steinsäulen, in die Ashokas Edikte gemeißelt wurden, sind heute noch in bemerkenswert gutem Zustand in verschiedenen Museen zu sehen, zum Beispiel eine besonders schöne in Sarnath, die wegen ihrer glatten Marmoroberfläche und ihres Kapitells aus vier Löwen berühmt ist. Im Laufe der Zeit verbreitete sich der Buddhismus über den gesamten indischen Subkontinent von Ghandara im Norden (das das heutige Afghanistan und Teile Pakistans umfasste) bis zur Insel Sri Lanka vor der südlichsten Spitze von Indien und von Kamarupa im Osten (dem heutigen Assam) bis in die westlichen Regionen des heutigen Rajasthan und Maharashtra. Grob gesprochen entstanden innerhalb des Buddhismus zwei große Strömungen, die sich anhand der Ursprachen, in denen ihre Schriften überliefert wurden, als die Pali- und die Sanskrit-Tradition bezeichnen lassen. Die erstere fand ihre Blüte in Sri Lanka, Burma, Thailand und anderen Ländern Südostasiens, während die Sanskrit-Tradition sich nördlich in Zentralasien und China längs der Seidenstraße bis nach Tibet und nach Osten bis Korea, Japan, Indonesien und Vietnam ausbreitete.

Die Tatsache, dass die griechischen Baktrier (die Nachfahren der Soldaten Alexanders des Großen) den

Buddhismus übernahmen, führte zur großartigen Blüte einer Tradition buddhistischer Kunst mit stark griechisch-hellenistischem Einschlag, die vor allem im Gandhara-Stil buddhistischer Abbildungen ihren Ausdruck fand. In Lahore in Pakistan, gar nicht so weit von meiner Residenz in Dharamsala entfernt, gibt es eine bemerkenswerte Gandhara-Statue des Buddha als Asket, dem die Rippen am mageren Körper stark hervortreten. Ich habe an meinem persönlichen Schrein eine Fotografie dieser Darstellung angebracht, die mir vor Augen halten soll, wie sehr es darauf ankommt, sein Bemühen ganz und unabgelenkt darauf zu richten, den Weg zur vollen Erleuchtung zu gehen. Auch wenn der Buddha selbst schließlich die extreme Askese abgelehnt hat, ist das für mich die inspirierendste Buddha-Darstellung, weil sie uns eindrucksvoll daran erinnert, dass auf einem spirituellen Weg Mühsale unvermeidlich sind.

Mit der Gründung größerer Klöster und Bildungszentren wie Taxila (bekannt als Takshashila) im heutigen Pakistan sowie Naranda, Ottantapuri und Vikramashila in Zentralindien setzte eine Ära kreativen philosophischen und intellektuellen Studiums fast jedes Aspekts des menschlichen Daseins ein. Vom Studium der Logik und Epistemologie bis hin zu den esoterischen Aspekten der Astronomie, von der Medizin bis zu den subtilen Funktionsweisen des menschlichen Geistes diskutierten, verfeinerten und beschrieben die Gelehrten in diesen Studienzentren ihre Einsichten in Werken von hervorragender und bleibender Qualität. Das Denken und die Schriften von Meistern wie Nagarjuna (2. Jh.), Asanga (4. Jh.), Vasubandhu (4. Jh.), Dharmakirti (7. Jh.), Candrakirti (7. Jh.) und Shantideva (spätes 7. bis 8. Jh.) behalten für diejenigen, die den buddhistischen Glauben ernsthaft durchdenken und praktizieren, bis zum heutigen Tag ihre Bedeutung.

Wir Tibeter erbten dieses reiche philosophische Vermächtnis des indischen Buddhismus, besonders der Tradition, die in Nalanda gepflegt wurde – dem in Xuan Tsangs Reiseschriften so gut beschriebenen Kloster –, als der Buddhismus im 7. Jahrhundert in unserem Land seine erste Blüte erlebte. Die Tradition von Nalanda macht den Kern meiner eigenen philosophischen, intellektuellen und religiösen Weltsicht aus. Tatsächlich aber ist Tibet weit über das Vermächtnis des Buddhismus hinaus kulturell dem klassischen Indien zu großer Dankbarkeit verpflichtet, denn der Einfluss der indischen Zivilisation auf die klassische tibetische Kultur ist bedeutend: Er reicht von der Sanskrit-Poesie bis zu Wissenschaften wie der Astronomie und Medizin und von der Architektur bis zu den Kunstformen. Sogar die tibetische Schrift beruht auf einer alten indischen Schriftform, die im 7. Jahrhundert während der Gupta-Dynastie, zu deren Zeit der Buddhismus zum ersten Mal von Indien nach Tibet kam, in Gebrauch war. Als ich in einem Museum in Patna zum ersten Mal einige der Gupta-Inschriften sah, konnte ich zu meiner Überraschung viele der Buchstaben so lesen, als wären sie tibetisch.

Der Jainismus: die Zwillingsreligion des Buddhismus

Ungefähr um die gleiche Zeit wie der Buddhismus entstand in Indien als anderer wichtiger spiritueller Weg der Jainismus. Das Wort *jaina* bedeutet wörtlich „Nachfolger der *jinas* (Eroberer)". Der Lehrer, der im formellen Sinne den Jainismus gründete, war Mahavira, ein Zeitgenosse des Buddha. Nach der eigenen Tradition der Jains wird Mahavira heute als der letzte Jina in einer Linie von 24 besonderen Wesen angesehen, sodass Mahavira wie der Buddha vorgestellt wird: Beide Lehrer werden im Schneidersitz in einer meditativen Haltung abgebildet, von beiden gehen kronenförmige Strahlen aus, die man auf Sanskrit *ushnisha* nennt, und beide sitzen auf einem Lotus. Ein ikonografischer Unterschied besteht darin, dass Mahavira auf seinem Herzen ein kleines Zeichen trägt, das wie ein kleiner Lotus aussieht.

Auf der Ebene der Lehre und Philosophie haben der Jainismus und der Buddhismus viele Grundvorstellungen mit anderen klassischen indischen Schulen gemeinsam. Dazu gehören die Begriffe des Karmas, der Wiedergeburt, des unerleuchteten Daseins (im Sinne des *samsara*) und dessen Überschreitung in Gestalt der Freiheit (*moksha*). Was jedoch den Jainismus und Buddhismus von den anderen klassischen indischen Traditionen unterscheidet, ist der Umstand, dass sie die priesterliche Autorität der Brahmanen ebenso ablehnen wie die Schriftautorität der Veden, einer Reihe alter Schriften, die die Hindus tief verehren. Auf philosophischer Ebene kennt der Jainismus genau wie der Buddhismus nicht den Begriff eines transzendenten Wesens als Schöpfer aller Dinge. Das Universum hat keinen Anfang und kein Ende. Anders gesagt, im Jainismus gibt es keinen Gottesbegriff, und er ist insofern ebenso wie der Buddhismus eine nicht-theistische Religion. Aber im Gegensatz zum Buddhismus kennt der Jainismus den Begriff des Selbst als eines ewigen Prinzips, das sowohl der Identität der Person zugrunde liegt als auch die Kontinuität ein und derselben Person durch viele Lebenszeiten hindurch gewährleistet.

Ich bewundere den Jainismus insbesondere deswegen, weil er außerordentlich stark die Notwendigkeit betont, alle Formen des Lebens zu achten, und seinen Anhängern die strikte ethische Anweisung einschärft, kein Lebewesen zu töten. Der fromme Jain ist nicht nur strenger Vegetarier, sondern er vermeidet es auch, irgendwelches Gemüse zu essen, das unter der Erde wächst, wie etwa Zwiebeln, weil es unvermeidlicherweise das Töten vieler Insekten mit sich bringt, wenn man es aus dem Boden holt. Die Mönchsgemeinschaft der Jain ist in ihrer Observanz des Nichttötens sogar noch strenger. Jain-Mönche tragen oft ein Stück Tuch vor dem Mund, damit sie beim Ausatmen mit der warmen Luft nicht versehentlich Organismen töten, die das nackte Auge gar nicht sieht!

Der Jainismus unterteilt sich in die zwei Hauptzweige Digambara und Svetambara, wobei die Anhänger des ersteren (der hauptsächlich in Südindien stark vertreten ist) einen strikter asketischen Lebensstil haben. Die Mönche dieser Tradition bleiben nackt – der Name „Digambara" bedeutet wörtlich „in Himmel gekleidet" – und vermeiden jede Tätigkeit, die Karma schaffen und zu weiterer Anhänglichkeit führen könnte. Bei einem wichtigen religiösen Ereignis der jainistischen Gemeinschaft saß ich einmal neben einem Digambara-Asketen, der vollkommen nackt war. Mich bewegte sehr der Anblick dieser totalen Auslieferung, dieses Muts und dieser Radikalität der asketischen Hingabe an seinen Lebensstil, und ich stellte mir die Frage, was es mich kosten würde, die Vorurteile meiner eigenen Gewohnheiten zu durchbrechen und fähig zu werden, nackt zu leben wie er. Ich erwies ihm demütig meine Ehrerbietung und berührte mit meiner Stirn seine Knie. Die Anhänger der Svetambara-Richtung tragen als Kleidung nahtloses weißes Tuch. Die Hingabe mancher dieser Jain-Mönche bei ihrem Bemühen um die Reinigung ihrer Seele flößt tiefe Bewunderung ein: Sie sind ein Vorbild für jeden gläubigen Menschen, der an das Ideal wahrer spiritueller Freiheit glaubt.

Wie bereits erwähnt, begegnete ich einem Praktizierenden der Jain persönlich zum ersten Mal 1956 bei meinem Besuch in Indien. Auf dieser Rundreise hatte ich die Ehre, einem der größten Jain-Lehrer des 20. Jahrhunderts zu begegnen, nämlich Acharya Tulsi, den genauer kennenzulernen ich dann während der Jahre meines Exils das Privileg hatte. Acharya war ein wahrhaft großer Mann, ein Mahatma (eine „große Seele"), wie man auf Hindi sagen würde. Auf Acharyas freundliche Einladung hin besuchte ich sein Kloster in Rajasthan, um einige Zeit in diesem zutiefst spirituellen Zentrum zu verbringen. Im Laufe unserer Gespräche kam ich zu der Einsicht, dass ich in diesem großen Wesen einer verwandten Seele begegnete. Er war ein leidenschaftlicher Verfechter der Gewaltfreiheit, dieses wichtigen Wertes, der allen alten indischen spirituellen Traditionen gemeinsam ist und auf Sanskrit *ahimsa* heißt, und er glaubte zutiefst daran, dass ein dauerhafter Weltfriede nur auf dem Weg über die Verbreitung der Gewaltfreiheit zu erreichen sei. Acharya glaubte auch, dass es jetzt, wo das menschliche Wissen auf dem Gebiet der Naturwissenschaften gewaltige Fortschritte macht, äußerst wichtig sei, einen intensiven Dialog zwischen Naturwissenschaft und Spiritualität zu führen, damit beide auf möglichst positive Weise der Menschheit dienen können. Er sagte einmal in Rajasthan in Indien auf einer Weltkonferenz über Frieden und Gewaltlosigkeit, an der auch ich teilnahm: „Frieden wie Krieg haben ihren Ursprung in den Köpfen der Menschen", und er betonte die Notwendigkeit, größere Aufmerksamkeit auf die Transformation der menschlichen Psyche zu verwenden.

Persönlich lebte Acharya das Leben eines Jain-Asketen. Er mied allen materiellen Komfort. Als Jain-Mönch nahm er das Gelübde, ein Wanderer zu sein, sehr ernst und unternahm barfuß viele weite Fußreisen durch Indien. Aber im öffentlichen Leben war Acharya voll in der Welt engagiert, vor allem auf dem Weg über sein Engagement für soziale Gerechtigkeit. Ganz besonders beeindruckte mich, wie er betonte, das Wesen der *Dharma*-Praxis bestehe in der Läuterung des eigenen Charakters, während die rituellen Aspekte der Praxis zweitrangig seien. Diese Überzeugung habe ich dann auch oft gegenüber meinen Mit-Buddhisten vertreten. Ich merkte, dass wir auch die Ansicht teilten, dass die Praxis der Religion nicht nur dazu gedacht sei, im Jenseits glücklich zu werden, sondern auch dazu dienen solle, schon in diesem Leben auf echte Weise glücklich zu werden.

Eine andere großartige Gestalt in der Geschichte des Jainismus im 20. Jahrhundert war Acharya Sushil Kumar, dem ich bei zahlreichen Gelegenheiten begegnete. Sushil Kumar, den seine Bewunderer liebevoll als „Guruji" („verehrter Lehrer") bezeichnen, war noch viel stärker als sein Zeitgenosse Acharya Tulsi ganz aktiv in der Welt im Einsatz. Später erfuhr ich, dass es in der Jain-Gemeinschaft sogar zu einem Aufstand gekommen war, als er 1975 erstmals eine Auslandsreise unternommen hatte. Der Grund dafür war, dass sich Jain-Mönche im Allgemeinen streng an die Praxis halten, nur zu Fuß zu reisen. Guruji war ein großer Befürworter des interreligiösen Dialogs und leitete 1993 in Chicago eine Sitzung der Konferenz des Weltparlaments der Religionen, an der auch ich teilnahm. Ich entsinne mich, dass unsere abschließende öffentliche Versammlung am Abend des letzten Tages draußen in einem Park stattfand und daran mehr als fünfunddreißigtausend Chicagoer teilnahmen. Das war wunderbar ermutigend, denn es zeigte das große Interesse, das sogar das gewöhnliche Publikum für die Harmonie zwischen den Religionen aufbringt. Eine der bemerkenswertesten Gesten des Guruji war, dass er dem wachsenden Chor ablehnender Stimmen vor dem Besuch des verstorbenen Papstes Johannes Paul II. in Indien energisch widersprach. Er erinnerte das indische Volk an sein historisches Vermächtnis, die Geburtsstätte einer Vielzahl von Religionen zu sein, und rief es auf, den Papst mit offenen Armen aufzunehmen.

Wie der Buddhismus erklärt auch der Jainismus den Ursprung der Welt nicht mit der Vorstellung eines Schöpfergottes. Für die Weltsicht beider Religionen ist das Kausalitätsgesetz einschließlich der Karma-Theorie (Karma heißt wörtlich „Handlung") von grundlegender Bedeutung, denn es liefert den Erklärungsrahmen für das Verständnis des Ursprungs aller Dinge. Den Mechanismus, wie das Karma funktioniert, verstehen die beiden Traditionen auf unterschiedliche Weise. Grob gesprochen meint der Jainismus: Wenn ein karmischer Akt gesetzt wird – sei es verbal, physisch oder mental –, dann führt das dazu, dass sich feinstoffliche Teilchen an die Seele anheften. Wenn diese Partikel zunehmen, ziehen sie die Seele mit ihrem Gewicht nieder und bewirken, dass das

betreffende Individuum in einem Kreislauf von Wiedergeburten ständig wiedergeboren wird. Die Buddhisten
dagegen erklären diesen Mechanismus auf ganz andere
Weise – oder eigentlich gibt es bei ihnen ein ganzes Spektrum von Ansichten, die nicht alle untereinander kom-
patibel sind. So meinen zum Beispiel die großen Meister
von Nalanda: Wenn ein spezifischer karmischer Akt gesetzt worden sei, sei der Akt selbst zwar sofort zu Ende.
Aber das Ereignis hinterlasse im Bewusstsein des Indivi-
duums einen Eindruck, den es mit sich trage, bis er aus-
reife, weil er durch störende mentale Zustände aktiviert
werde, etwa durch Anhänglichkeit und ein Sich-Klam-
mern an andauerndes Existieren. Es braucht nicht eigens
gesagt zu werden, dass diese Ansicht im Laufe der Jahrhunderte stark verfeinert wurde.

Der Sikhismus: Aufhebung der Dichotomie
von Hinduismus und Islam

Eine – nach indischen Maßstäben – bemerkenswert neue
religiöse Bewegung auf indischem Boden war der Sikhismus, der im 16. Jahrhundert entstanden ist. Der erste Lehrer in dieser Tradition war der in einem Dorf bei Lahore
im heutigen Pakistan geborene Guru Nanak (1469–1539).
Guru Nanak war von Jugend an für seinen zutiefst mitfühlenden Charakter bekannt. Es wird erzählt, dass er immer
wieder die Handelsware, mit der ihn sein Vater losge-
schickt hatte, damit er sie verkaufte, irgendeinem Bettler
schenkte, den er zufällig auf der Straße traf. In der Ära
von Guru Nanak entstand in Indien eine ganze Anzahl
synkretistischer religiöser Bewegungen, die unter der Füh-

rung von Persönlichkeiten wie dem kurze Zeit vor ihm lebenden muslimischen Weber Kabir (1398–1448) und dem kurze Zeit vor seinem Tod geborenen Hindu Brahmin Eknath (1533–1599) standen. Diese Lehrer vertraten, Allah, Brahma, Vishnu und andere Gottheiten seien letztlich identisch und würden eben sprachlich mit unterschiedlichen Namen und Begriffen gekennzeichnet. Sie sprachen sich gegen Kastenunterschiede aus und waren der Auffassung, kleinere Unterschiede zwischen den Ritualen seien unbedeutend. Worauf alles ankomme, sei, dass unsere uns angeborene reine Natur erwache. Kabir, einer der größten Dichter auf Hindi, hat diesen Punkt in einem Gedicht wunderschön zum Ausdruck gebracht:

O Diener, wo suchst du Mich?
Siehe! Ich bin bei dir.
Ich bin weder im Tempel noch in der Moschee: Ich bin weder in der Kaaba noch auf dem Kailash.
Weder bin ich in Riten noch in Zeremonien, noch im Yoga oder in der Entsagung.
Wenn du ein wahrer Sucher bist, sollst du Mich sehen: Du sollst mir in einem Augenblick der Zeit begegnen.
Kabir sagt: „O Sadhu! Gott ist der Atem alles Atems."
(Lieder Kabirs 1,13 nach der Übersetzung von Rabindranath Tagore)

Obwohl Guru Nanak ein Anhänger Kabirs war, studierte er zu Füßen vieler hinduistischer Meister die heiligen Veden und ging auf Pilgerfahrt nach Mekka. Als Guru Nanak im Alter von einunddreißig Jahren eines Tages in einem Fluss badete, verschwand er auf geheimnisvolle Weise. Bei seinem Wiedererscheinen drei Tage später verkündete er,

Gott sei weder Hindu noch Muslim, und er selbst wolle Gottes Weg folgen. Er kombinierte das Wesentliche der beiden großen Religionen Hinduismus und Islam, die er kennengelernt hatte, miteinander, und daraus entstand eine neue Lehre, die als Sikhismus bekannt wurde.

Indiens Mogulkaiser, der große Akbar (er herrschte von 1556–1605), bewunderte diese neue Religion zutiefst und stellte für ihre Ansiedlung Land zur Verfügung. Damit wurde der Grund für jene Ortschaft gelegt, die später als die Stadt Amritsar bekannt wurde (wörtlich: „Meer der Unsterblichkeit"), in der man den berühmten Goldenen Tempel erbaute. Ich nahm an den Feierlichkeiten zum vierhundertsten Jahrestag der Redaktion der heiligen Schrift der Sikhs *Adi Granth* teil, die am Goldenen Tempel stattfanden. Die Sikhs erweisen dieser Schrift tiefe Ehrfurcht und sehen in ihr ihren eigentlichen Guru. Die Geschichte, wie der zehnte Guru, Gopind Singh, verkündete, nach ihm werde die heilige Schrift *Adi Granth* der Guru der Sikhs sein, erinnert stark an eine ergreifende Geschichte aus meiner eigenen Tradition. Als im 11. Jahrhundert der große tibetische Meister Dromtönpa im Sterben lag, wobei sein Kopf auf dem Schoß seines Schülers Potowa ruhte, fielen die Tränen Potowas auf das Gesicht des Meisters. Drom blickte auf und fragte ihn: „Warum weinst du?" Potowa gab zur Antwort: „Du bist mein Guru. Wo werde ich jetzt Belehrung finden?" Darauf erwiderte Drom: „Hab keine Angst. Nimm dir die Schriften zum Guru. Du wirst die Belehrung dort finden."

Ich besuchte den Goldenen Tempel zum ersten Mal 1956 bei meinem ersten Besuch in Indien. Mir wurde dabei die Ehre zuteil, persönlich Freundschaft mit dem bekannten Sikh-Lehrer Sant Fateh Singh zu schließen. Weil er in Punjab lebte, das nicht allzu weit entfernt von meiner eigenen Residenz in Dharamsala ist, konnten wir uns bei einigen Gelegenheiten wiedertreffen. Fateh Singh erklärte mir auf sehr liebenswürdige Weise die Geschichte des Sikh-Volkes und erzählte mir die Geschichte von Guru Nanak und dem Bau des Goldenen Tempels. Er lud mich ein, an einer formellen Zeremonie des Lesens aus dem heiligen *Adi Granth* teilzunehmen und Hymnen mitzusingen, die die Sikhs *bajans* nennen und die sie traditionellerweise mit einem Musikinstrument begleiten, das einem Harmonium ähnelt. Das Ausmaß, in dem die frommen Sikhs diese heilige Schrift verehren, ist sehr bewegend.

In ihrem Tempel, den sie als Guruduwara bezeichnen, gibt es eine erhöhte Plattform mit einem Baldachin darüber. Für die Zeit der Gebete wird die in Seidenbrokat eingehüllte heilige Schrift herbeigetragen und unter dem Baldachin auf ein kleines Pult gelegt. Hierauf liest ein Meister aus der Schrift, und neben ihr wedelt jemand mit einem weißen Fächer. Die meiste Zeit wird der Text singend vorgetragen und dabei mit Musik begleitet. So war es für mich eine wunderbare Befriedigung, als ich 1992 von der Punjab-Universität in Patiala eingeladen wurde, offiziell die englische Übersetzung dieser heiligen Schrift zu enthüllen, als diese damals formell zum Gebrauch eingeführt wurde. Genau wie viele Menschen anderer Glaubensrichtungen hatte ich jetzt die Möglichkeit, diese heilige Schrift zu lesen und mich von ihrer spirituellen Weisheit bereichern zu lassen.

Einer der bewundernswertesten Aspekte der religiösen Praxis der Sikhs ist die Betonung des Dienens, das besonders den Armen gilt. Ich war schon in einer ganzen Anzahl von Sikh-Gurudwaras, darunter auch dem berühmten in Delhi. In den meisten dieser Sikh-Tempel gibt es offene Küchen, in denen der Tempel jedem zufällig Vorbeikommenden eine freie Mahlzeit anbietet. Historisch wird sich dieser Brauch wohl aus der Notwendigkeit entwickelt haben, in mitfühlender Dienstbereitschaft den Bedürftigen Gastfreundschaft zu gewähren, etwa den Obdachlosen, den Armen usw. Man hat mir erzählt, die meisten Sikhs, selbst die beruflich Vielbeschäftigten in den Städten, hätten die Gewohnheit, regelmäßig in diesen offenen Küchen Dienst zu tun und beim Austeilen des Essens an andere mitzuhelfen. Im *Adi Granth* gibt es dazu den wunderschönen Vers:

„Ohne selbstlosen Dienst werden keine Ziele erreicht;
das Dienen ist die reinste Form des Handelns."
(Guru Nadak Dev)

Indien als Gastland anderer Weltreligionen

Von den abrahamitischen Religionen war vermutlich das Christentum die erste, die auf dem indischen Subkontinent erschien, was überraschenderweise wenig bekannt ist. Nach Angabe einiger Historiker erschien der heilige Thomas, einer der direkten Jünger Jesu, im 1. Jahrhundert an der Küste von Kerala bei Cochin und gründete in verschiedenen Teilen dieses südindischen Königreiches Kirchen. Ich habe tatsächlich die Kirche besucht, in der das Grab des heiligen Thomas verehrt wird. Kerala erlebte auch die Ankunft einer der ersten Judengemeinden in Indien, deren Mitglieder mit dem Schiff kamen und in

Cochin Asyl suchten. In Kerala gibt es immer noch eine alte jüdische Synagoge mit einer kleinen Gemeinde praktizierender Juden, die die Nachfahren dieser frühen Einwanderer sind. Ich hatte Gelegenheit, sie zu besuchen. Als Drittes kam der Islam, anfangs durch die Steppenbewohner Zentralasiens, deren Erben später in Indien die Mogul-Dynastie errichteten. Auch die Ankunft von zwei weiteren Religionen hinterließ bleibende Spuren in der spirituellen und religiösen Landschaft Indiens. Das waren der Zoroastrismus, eine der ältesten monotheistischen Religionen, und eine neue religiöse Bewegung aus dem 19. Jahrhundert, der Baha'i-Glaube.

Im Zoroastrismus, der mehr als tausend Jahre vor Beginn unserer Zeitrechnung entstanden ist, wurde die monotheistische Vorstellung eines einzigen ungeschaffenen Gottes entwickelt, der der Ursprung von allem ist. Heute lebt eine der größten zoroastrischen Gemeinschaften in der indischen Großstadt Mumbai. Eine Praxis, die wir Tibeter mit den Zoroastrern gemeinsam haben, ist der Brauch, die Toten so beizusetzen, dass sie den Geiern als Nahrung dienen. Die Mitglieder dieser indischen Gemeinschaft werden oft auch als Parsen bezeichnet und setzen sich äußerst aktiv in sozialen Diensten und bei Werken der Nächstenliebe ein, vor allem indem sie Krankenhäuser und Schulen für die Armen unterhalten. Angesichts des Umstands, dass sie schon lange von ihrem religiösen Heimatland getrennt sind, und der Tatsache, dass sie nach wie vor eine ziemlich kleine Gemeinschaft sind – nur etwas mehr als hunderttausend –, finde ich es ungemein bewundernswert, wie sich die Parsen ihre religiöse und kulturelle Identität bewahrt haben und zudem einen sehr signifikanten Beitrag zur indischen Gesellschaft insgesamt leisten.

Auch der Baha'i-Glaube ist in Indien in beträchtlichem Maße vertreten. Er ist genau wie der Zoroastrismus ebenfalls im heutigen Iran entstanden. Gegründet wurde dieser höchst synkretistische Glaube in der Mitte des 19. Jahrhunderts von Bahá'u'lláh. Er besagt, es gebe nur einen Gott, alle Weltreligionen stammten von diesem einen Gott, und für die Menschheit sei die Zeit gekommen, das Einssein aller Religionen zu erkennen. Ich selbst bin zwar nicht für den religiösen Synkretismus oder das Verschmelzen verschiedener Glaubensvorstellungen, aber ich hege große Bewunderung für die Hingabe, mit der die Baha'is sich für den Weltfrieden einsetzen. Sie legen besonderen Wert darauf, religiöse, kulturelle, rassische und geschlechtsbezogene Vorurteile zu überwinden, und vertreten die Meinung, dass es in unserer Zeit ganz dringend notwendig sei, in der Welt echten Frieden zu schaffen. Folglich sind die Baha'is vor allem in Friedensbewegungen aktiv und wirken besonders auf Jugendliche sehr anziehend. Sie sind auch deutlich sichtbar bei fast allen interreligiösen Veranstaltungen präsent.

Ich hatte die Ehre, den wunderschönen Baha'i-Tempel in Neu-Delhi, der die Form eines Lotus mit vielen Blütenblättern hat, besuchen und darin beten zu können. Dieser Tempel gehört heute zu den architektonischen Wahrzeichen der indischen Hauptstadt. Und bei meinem ersten Besuch im Nahen Osten im Jahre 1993 konnte ich dem Grab von Bahá'u'lláh die Ehre erweisen, das ich in dem großartigen Heiligtum auf dem Berg Karmel in der israelischen Hafenstadt Haifa aufsuchte.

Eine der großartigen Tatsachen der Geschichte Indiens mit seinen vielen Religionen ist die, dass es dort durch Jahrtausende hindurch fast nie zu ausdrücklichen Religionskriegen gekommen ist. Indiens erster Kaiser Ashoka nahm nach seiner berühmten Eroberung von Kalinga den Buddhismus als seinen persönlichen Glauben an, sorgte jedoch dafür, dass der Staat als solcher gänzlich tolerant gegenüber den drei damaligen Religionen Indiens blieb, nämlich Buddhismus, Hinduismus und Jainismus. Zu seinem Hofstaat sowie zu seinen unmittelbaren Ministern gehörten Anhänger aller drei Religionen. Das Vermächtnis der beispielhaften Toleranz Indiens für die religiöse Vielfalt findet sich kurz und knapp zusammengefasst in Ashokas zwölftem „Felsenedikt", das vor Beginn unserer Zeitrechnung erlassen wurde:

„Der Geliebte der Götter (d. h. der König) hält Geschenke oder Ehre nicht für so wichtig wie die gedeihliche Entfaltung der wesentlichen Lehre aller Sekten. Dieses Gedeihen der wesentlichen Lehre nimmt viele Formen an, aber seine Grundlage ist die Beherrschung der eigenen Redeweise, sodass man nicht bei unpassenden Gelegenheiten seine eigene Sekte überhebt oder die eines anderen herabsetzt oder das bei bestimmten Gelegenheiten zumindest auf milde Weise tut. Bei jeder Gelegenheit sollte man die Sekte eines anderen Menschen ehren, denn indem man das tut, steigert man den Einfluss seiner eigenen Sekte und kommt in den Genuss derjenigen des anderen. Tut man jedoch das Gegenteil, so mindert man den Einfluss der eigenen Sekte und beeinträchtigt diejenige des anderen. Und wer immer

aus lauter Verehrung für seine eigene Sekte oder in der Absicht, sie in besonders günstiges Licht zu stellen, seine eigene Sekte rühmt oder diejenige eines anderen herabsetzt, fügt damit seiner eigenen Sekte umso ernsthafteren Schaden zu. Daher wird Eintracht empfohlen, damit die Menschen gegenseitig ihre Grundsätze kennenlernen ..."
(Aus: Romila Tharpar, *Asoka and the Decline of the Mauryas*, Appendix V.)

Das ganze Mittelalter hindurch achteten fast alle Herrscher – welcher der aufeinanderfolgenden Dynastien sie auch angehörten und über welches der zahlreichen einzelnen Königreiche, die es auf dem indischen Subkontinent gab, sie auch herrschten – die Glaubensüberzeugungen der im Land ansässigen drei Religionen, also des Hinduismus, Jainismus und Buddhismus. Dabei wurde nicht nur die Tatsache als selbstverständlich hingenommen, dass es diese drei großen Religionen gab, sondern es fand auch tatsächlich zwischen diesen Traditionen ein durchaus gesunder intellektueller Wettbewerb statt, und man pflegte respektvolle gegenseitige Beziehungen. Zwischen den Denkern der drei Traditionen gab es großartige Diskussionen, bei denen jeder die Standpunkte der anderen kritisierte und auch jeder seine eigenen Ansichten im Licht der Kritik der anderen verfeinerte. Zuweilen gingen diese Diskussionen über ihr ursprüngliches Ziel hinaus, sodass es dann um mehr als nur die Verfechtung spezifischer philosophischer Standpunkte ging. So wird zum Beispiel erzählt, dass gelegentlich in Anwesenheit des herrschenden Königs formelle öffentliche Diskussionen veranstaltet wurden, an deren Ende der Anführer der Verliererpartei mit seinen unmittelbaren Schülern sich der

Tradition der Gewinnerseite anschloss. Oder von dem berühmten buddhistischen Kloster Nalanda ist beispielsweise überliefert, es habe jeden seiner vier Haupteingänge von einem debattenerfahrenen Mönch bewachen lassen. Falls ein Andersdenkender zum Kloster kam, musste er zuerst seine Würdigkeit unter Beweis stellen, indem er mit dem gelehrten Mönch diskutierte, der den betreffenden Eingang bewachte, ehe er eingelassen wurde. Das Ergebnis dieser Tradition philosophischen Diskutierens zwischen den Religionen war nicht nur die gegenseitige Bereicherung aller drei, sondern auch das Aufblühen einer reichen philosophischen Kultur, die nicht von der spirituellen Suche abgespalten war.

Im ganz weltlichen Bereich war in Indien seit über zweitausend Jahren der Umstand, dass man Seite an Seite mit einer Familie oder einem Menschen mit einer anderen Religion lebte, eine Alltagsrealität, während das heute in vielen Regionen der Welt ein ganz neues Phänomen ist. Diese Tatsache, dass die Familie nebenan nicht der gleichen Religion angehörte wie man selbst, wurde nie als Bedrohung der eigenen Sicherheit oder als Infragestellung des Wertes der eigenen Glaubenstradition empfunden. Insgesamt gab es bei den Anhängern der drei großen Religionen nicht den Antrieb, andere zu bekehren, oder den Drang, die eigene Tradition zur vorherrschenden Glaubensrichtung zu machen.

In diese Umwelt kam kurz nach dem 10. Jahrhundert der Islam. Anfangs machte Indien mit dem Islam in Form sporadischer Überfälle durch Horden zentralasiatischer Nomaden Bekanntschaft, denen es vor allem darum ging, die berühmten Reichtümer der indischen Tempel zu rauben. Aber im Laufe der Zeit fasste der Islam als bedeutende religiöse Gruppe in Indien Fuß, und zwar durch

Handelskontakte und dank des Auftretens der Mogul-
könige. Die erleuchteteren Mogulherrscher passten sich
der religiösen Kultur Indiens an und übernahmen das
schon lange bestehende Ethos des Pluralismus und der
Toleranz. Besonders bemerkenswert ist unter ihnen der
muslimische Kaiser Akbar (1542–1605), der wie Ashoka
eine Politik des erleuchteten religiösen Pluralismus be-
trieb. Er berief genau wie Ashoka Hindus und Jains in
wichtige Regierungsämter und schaffte einige der von
früheren muslimischen Herrschern eingeführten diskri-
minierenden politischen Maßnahmen ab, zum Beispiel
die Sondersteuer für Nicht-Muslime.

Als Indien 1947 seine Unabhängigkeit erlangte, war
man sich seines historischen Erbes des religiösen Pluralismus sowie des Vermächtnisses erleuchteter Herrscher wie
Ashoka und Akbar bewusst und wählte für das Land bewusst eine säkulare Verfassung. Mit „säkular" war in diesem Kontext keine Ablehnung der Religion gemeint, sondern ein Standpunkt mit gleicher Distanz zu allen
Glaubensformen, einschließlich derjenigen der Nichtglaubenden. Indiens säkulare Verfassung gestattet allen
religiösen Traditionen die gleiche Entfaltung. Mir ist bewusst, dass hier der Begriff „säkular" in einem anderen
Sinn als dem verwendet wird, wie er im Westen im öffentlichen Diskurs oft verstanden wird. Dort werden die
Begriffe „Säkularismus" und „säkularistisch" oft als Gegensatz von „Religion" und „religiös" verwendet und
nehmen den Geschmack der Ablehnung jeder religiösen
Sichtweise an. Aus praktischen Gründen werde ich den
Begriff „säkular" hier in diesem Buch künftig im letzteren
Sinn verwenden und nicht in demjenigen, den er in der
indischen Verfassung hat.

In der Geschichte Indiens ist es im ausgehenden 20. Jahrhundert zu tragischen gewalttätigen Zusammenstößen zwischen hinduistischen und muslimischen Bevölkerungsgruppen gekommen. Das ist eine tragische Entwicklung, deren tiefere Wurzeln und Ursachen höchst komplex sind, aber viel mit der Identitäten-Politik in einer nachkolonialen Situation zu tun haben. Selbst inmitten der schlimmsten Manifestationen dieser Gewalttätigkeit konnten wir am Beispiel von Mahatma Gandhi sehen, wie ein tief religiöser Mensch den Kräften der Spaltung die Stirn bieten kann. Gandhi übernahm in der Riesenstadt Kalkutta mit der Unterstützung von Maulana Azad und Abdul Gaffar Khan – zwei prominenten muslimischen Aktivisten, die sich für die Einheit von Hindus und Moslems einsetzten – eine Aufgabe, für die sonst Zehntausende von Soldaten hätten eingesetzt werden müssen, und versuchte während der tragischen Phase der Aufteilung des Subkontinents in Indien und Pakistan, den Frieden zwischen den beiden wichtigsten Religionsgemeinschaften Indiens, den Hindus und den Moslems, aufrechtzuerhalten.

Für mich ergibt sich aus der Geschichte Indiens die großartige Lektion, dass echter religiöser Pluralismus und Toleranz praktikabel sind und tatsächlich schon jahrhundertelang ein historisches Faktum waren. Das trifft auch auf andere Kontexte zu, wie etwa auf die reiche Blüte der jüdischen, christlichen und muslimischen Kultur im mittelalterlichen Spanien und Sizilien; aber nirgends hielt das so lange und in solcher Fülle wie im Beispiel Indien. Die Frage ist, was die Welt aus Asiens Beispiel lernen kann. Derzeit stehen wir vor dem wahrhaft beängstigenden Risiko, uns von der Offenheit für

Unterschiede und der Toleranz ihnen gegenüber ganz abzukehren.

Angesichts der heute zunehmend sich globalisierenden Welt mit ihren wirtschaftlichen Verflechtungen und ihren Herausforderungen auf dem Gebiet der Umwelt sowie des Umstands, dass die Menschen und Kulturen immer enger zusammenrücken, üben viele Faktoren einen Druck aus, der unsere Fähigkeit zum Akzeptieren anderer bis an ihre Grenzen treibt. Hier bleibt Indien tatsächlich ein Vorbild des Pluralismus und der Toleranz, vor allem auf religiösem Gebiet. Hier gibt es eine Gesellschaft, in der die Menschen trotz ihres tiefen Glaubens an ihre eigene religiöse Tradition nicht das Bedürfnis verspüren, andere, also die Anhänger anderer Glaubenstraditionen, zu bekehren und in ihre eigene religiöse Hürde zu holen. Das Beispiel Indiens und seiner langen Geschichte toleranter Koexistenz ist ein Leuchtzeichen für den Rest der Welt. Wenn man auf die weitere Welt zu sprechen kommt, sage ich oft, dass ich meine eigene Aufgabe darin sehe, ein bescheidener Botschafter von Indiens alten Lehren der *ahimsa* (Gewaltlosigkeit) und der Toleranz des religiösen Pluralismus zu sein.

Kapitel 3

AN DEN UFERN DES GANGES

Die größte religiöse Versammlung der Welt

Will man die anhaltende Kraft des Hinduismus verstehen, mit der er viele Jahrhunderte hindurch Millionen von Menschen inspiriert hat, so ist dafür ein guter Ansatzpunkt das große religiöse Treffen namens „große Kumbh Mela". Zu diesem Fest strömen alle zwölf Jahre Millionen frommer Hindus zusammen, um ihren Glauben am Zusammenfluss dreier heiliger Flüsse zu feiern: des Ganges, des Yamuna und des Sarasvati, wobei man von Letzterem glaubt, er sei vor über dreitausend Jahren versiegt. Die Menschen kommen aus allen Teilen Indiens, von den Hängen der Himalaya-Berge bis zum äußersten Süden, und sie stammen aus allen Bevölkerungsschichten, angefangen von asketischen *sadhus* (heiligen Männern) über Bauern aus kleinen Dörfern bis zu modernen gebildeten Menschen aus der Wirtschaft und gehobenen Bildungsschichten. Alle vereint ihre Hingabe, mit der sie das Heilige feiern.

Ich hatte zum ersten Mal 1977 das Privileg, an der großen Kumbh Mela teilnehmen zu dürfen. Später erfuhr ich, dass in diesem Jahr mehrere Millionen Menschen zu diesem Fest zusammengekommen waren. Für mich als Nicht-Hindu war es eine außergewöhnliche Ehre, als

Mitpilger zu diesem großen religiösen Treffen eingeladen zu werden. Es war atemberaubend, die ungeheure kollektive Frömmigkeit der Pilger zu sehen und zu spüren; zugleich war es eine Gelegenheit, eine Ahnung von der zeitlosen Dimension der uralten religiösen Kultur Indiens zu bekommen. Mich beschäftigte der Gedanke, dass seit unvordenklichen Zeiten, schon ehe in diesem großen Land Indien die uns überlieferte Geschichte begann, der Ganges derart ungemein viel spirituellen Trost, Frieden und Wohlfahrt gebracht hatte – und zugleich auch materiellen Unterhalt, nämlich indem er die Felder für Millionen von Menschen bewässerte. Auch ich erwies diesem Fluss meine tiefe Ehrfurcht und betete an seinen Ufern.

Die Ursprünge dieser erstaunlichen Massenpilgerfahrt wurzeln tief in Indiens uraltem spirituellem Erbe. Manche sagen, dieser Brauch reiche viertausend Jahre bis in die Zeit der alten Veden zurück, dieser heiligen Texte, die die frühesten Schriften der Hindus darstellen. Dass er uralt ist, ist über jeden Zweifel erhaben. Von dem chinesischen buddhistischen Pilger Xuan Tsang ist aus dem 7. Jahrhundert ein Augenzeugenbericht über die Kumbh-Mela-Feier überliefert. Die Pilger baden im Ganges, lauschen den Predigten heiliger Männer über die heiligen Schriften und erweisen den *sadhus* ihre Ehrerbietung, von denen manche extreme asketische Leistungen darbieten. All diese religiösen Aktivitäten sind Bestandteil der Pilgerfahrt und zielen darauf, die Seelen der Teilnehmer von negativem Karma zu läutern. Der Ganges, von dem die Inder zärtlich als der Ganga Mata („Mutter Ganges") sprechen, wird am meisten wegen seiner reinigenden Kraft verehrt. Ein frommer Hindu hat nicht nur den Wunsch, einmal in seinem Leben diesen Fluss physisch zu berühren und in ihm zu baden, sondern viele hoffen auch, dass ihr Leib an den Ufern des Flusses eingeäschert und ihre Asche in ihn gestreut wird.

Mit der Geschichte des mythischen Ursprungs des Ganges sind klassisch ausgebildete Tibeter gut vertraut, da sie in der poetischen Sanskrit-Literatur einen wichtigen Platz einnimmt. Laut dieser Legende wurde der Ganges von einem Nachfahren eines alten Herrschers des Königreichs Ayodhya namens Bhagiratha auf die Erde gebracht, um die Asche seiner Vorfahren läutern zu helfen, die versehentlich einen Weisen beleidigt hatten. Ich habe bei verschiedenen Gelegenheiten an der formellen Abendzeremonie namens *Ganga Arti* („Verehrung des Ganges") teilgenommen, die in der heiligen Stadt Varanasi allabendlich am Ufer des Flusses veranstaltet wird. Das Ritual besteht aus Riten, die von Brahmanenpriestern vollzogen werden. Dazu gehört auch ein breites Spektrum von Gaben, die man dem Ganges darbietet, sowie das Singen von Hymnen auf die Flussgöttin. Das Darbringen der Gaben – Blumen, Lampen, Weihrauch, Parfüm usw. – geht mit dem Läuten von Glocken und dem Blasen von Muschelhörnern und eleganten Gesten der Hände einher, die *mudras* heißen. Diese Riten und die Art und Weise, wie sie ausgeführt werden, gleichen auf verblüffende Weise meinen eigenen tibetischen buddhistischen Ritualen. In ihrer Gegenwart bekommt man ein Gefühl der Zeitlosigkeit. Als ich das erste Mal an dieser Zeremonie teilnahm, überkam mich bei dem Gedanken, dass es diese Feier der *Ganga Arti* an diesem gleichen Ufer schon rund dreitausend Jahre lang gibt, ein Gefühl heiliger Ehrfurcht. Es war mir eine große Ehre, als ich zusammen mit dem

Shankar Acharya von Puri am Vollzug dies Ritus teilnehmen, also die heilige Flamme erheben, den Weihrauch
darbringen und die Blumen besprengen durfte.

Bei meinem ersten Besuch der großen Kumbh Mela
begegnete ich einigen der großen spirituellen Führer des
Hinduismus, vor allem den Shankar Acharyas, den vier
Wächtern des hinduistischen Glaubens. Besonders gut
verstand ich mich mit dem Shankar Acharya von Kanci,
Seiner Heiligkeit Swami Dayendra, und ich hatte auch
spontan ein freundschaftliches Verhältnis zu dem Shankar Acharya von Puri, der viel jünger ist als ich und sich
stark für die Förderung der Harmonie und Verständigung zwischen den Religionen engagiert. Später hatte
ich Gelegenheit, den Aschram von Shankar Acharya Dayendra in Kanci in Südindien zu besuchen. Zwanzig Jahre
später, 2001, knapp ein Jahr nach dem Beginn des neuen
Jahrtausends, hatte ich die Ehre, wiederum an der großen
Kumbh Mela teilnehmen zu dürfen. Dieses Mal weilten
dort laut den Presseberichten rund siebzig Millionen Pilger. Während des ganzen Festes, das mit so vielen Menschen viele Tage lang dauerte, war die gesamte Verpfle-
gung vegetarisch, und nicht ein einziges Tier verlor sein
Leben, um Menschen zu ernähren!

Zusätzlich zu den Shankar Acharyas traf ich auch
zahlreiche Jagath-Gurus, bedeutende Lehrer des hinduistischen Glaubens aus verschiedenen Teilen des Landes.
Bei dieser Kumbh-Mela-Feier nahm ich nicht nur an
den Gebeten und Ritualen teil, sondern auch an einer
Konferenz über die Beziehungen zwischen den Religionen, bei der es auch um die Frage der Konversion im
neuen Jahrtausend ging und die zur Verabschiedung einer gemeinsamen Erklärung führte. Einer der Jagath-

Gurus nahm mich sogar an der Hand, sah mir tief in die Augen und äußerte seine persönliche Wertschätzung für meinen Einsatz bei der interreligiösen Verständigung. Diese Geste ermutigte mich ganz besonders.

Was ist der Hinduismus?

Die Religionswissenschaftler haben darauf hingewiesen, dass das Wort „Hinduismus" eine recht problematischer, erst in der neueren Zeit geprägter Begriff ist. Er umfasst ein weites und wunderbar vielfältiges religiöses Erbe, das auf dem indischen Subkontinent mindestens dreitausend Jahre weit zurückreicht. Jeder Begriff, mit dem man die Vielfalt der damit verbundenen Phänomene insgesamt zu umfassen versucht, stellt unvermeidlich eine starke Vereinfachung dar. In den klassischen buddhistischen und tibetischen Texten verwendet man für die Anhänger aller nichtbuddhistischen indischen Schulen einschließlich des Jainismus und der sechs philosophischen Schulen der vedischen Tradition den Gattungsbegriff *tirthika* oder dessen tibetische Entsprechung *mutekpa* (wörtlich: „jemand, der eine Überfahrt zur Freiheit offenhält"). Dies ist der Begriffsgebrauch, der mir in Tibet geläufig war. Aber nicht nur die von außen herkommende Wissenschaft verwendet das Wort „Hinduismus" als einfachen Sammelbegriff, sondern in jüngerer Zeit gebrauchen ihn auch die Fachleute und Praktizierenden in Indien selbst als allgemeine Selbstbeschreibung. Daher halte ich mich in diesem Buch hier an diese allgemein übliche Ausdrucksweise.

Will man sich näher auf den Hinduismus einlassen, so ist es hilfreich, nicht zu sehr von den Klischeevorstellungen auszugehen, die man üblicherweise von einer Religion hat. Im Hinduismus gibt es keinen eigentlichen Religionsstifter und auch keinen eng umschriebenen Kanon von Schriften, wie es die Bibel für die Juden und Christen und der Koran für die Muslime sind. Der Hinduismus ist wie der Buddhismus keine „Religion des Buches". Das soll nicht heißen, dass es keine Schriften gibt, die die Tradition als heilig ansieht. So verstehen zum Beispiel viele Hindus die alten Veden als direkte, nicht von Menschen vermittelte Äußerungen Gottes. Ähnlich gilt die berühmte *Bhagavadgita* als Sammlung göttlicher Worte Krishnas. Im Hinduismus gibt es viele Weise, aber keine historischen Gründergestalten wie bei seinen Geschwisterreligionen auf dem indischen Kontinent, nämlich beim Buddhismus und Jainismus. Und auch auf dem Gebiet der Lehre handelt es sich um einen wahrhaft pluralistischen Glauben, in dessen Rahmen in den verschiedenen Schulen zum Teil ganz gegensätzliche Vorstellungen von der letzten Wahrheit – dem Göttlichen – vertreten werden. So verstehen zum Beispiel manche die Gottheit im dualistischen Sinn, andere dagegen kategorisch nichtdualistisch. Auch in den Frömmigkeitsbezeugungen der Menschen gegenüber den Manifestationen der Gottheit gibt es ein breites Spektrum von Formen, wobei in jeder eine bestimmte Manifestation betont wird. So ist beispielsweise für viele Shiva das zentrale Objekt ihrer Anbetung, und er verkörpert für sie die Gottheit nicht nur in ihren Manifestationen als der *Schöpfer* und Erzeuger der Welt, sondern auch als der *Erhalter* und am Ende als der *Vernichter* von allem. Andere verstehen die drei Akte der Schöpfung, des Erhaltens und der Vernichtung des Universums als drei getrennte Manifestationen in Form von

Brahma, Vishnu und Shiva. Das Bemerkenswerte an dem, was man als hinduistische Theologie, also als rationalen Diskurs bezüglich der Gottheit, bezeichnen könnte, sind deren ungeheure Vielfalt und die ständigen Verweise auf den Geheimnischarakter des Daseins.

Im Hinduismus wird gelehrt, die Menschen seien in ihrem Leben auf eine Reihe von Zielen aus. Insgesamt seien wir Geschöpfe, die nach Lusterfüllung streben, und auf der basalen Ebene bleibe das Trachten nach der Erfüllung dieser Sehnsucht unsere Wesensnatur. Jedoch suchten wir auch weltlichen Erfolg in Form von Reichtum, Ruhm und Macht, und viele sind der Überzeugung, das stellten im Leben die hauptsächlichen Ziele dar. Der Hinduismus macht uns nun darauf aufmerksam, dass wir, solange wir uns nur auf einer dieser beiden Ebenen bewegen, bloß auf dem Weg des Begehrens bleiben. Das menschliche Leben sei aber auf Größeres angelegt als nur auf weltlichen Erfolg und Befriedigung der Sinne. Wenn wir in unserem Dasein das ganze Potenzial des menschlichen Lebens nutzen wollten, müssten wir über den Weg des Begehrens hinausgehen und jenseits davon den Weg der Entsagung einschlagen. Dieser wird als der *dharma* bezeichnet, der Weg der Wahrheit. Dahinter steht die Vorstellung, dass jeder nachdenkliche Mensch, der gründlich über den Sinn das Daseins nachsinnt, zu der Erkenntnis kommt, im Herzen des menschlichen Lebens stecke das Suchen nach der Wahrheit. Diese Suche nach der Wahrheit – das dritte Ziel – müsse für den Menschen zum andauernden Bestreben werden. Das Endziel sei die wahre Freiheit, *moksha*, die Freiheit auf der Ebene des Geistes. Das Erlangen der *moksha* stellt für den Hinduismus die Erfüllung des Zweckes des menschlichen Daseins dar. Wenn man sie erreicht, durchläuft man sozusagen den ganzen Kreis und gelangt dorthin, wo man die Enge des abgetrennten individuellen Daseins übersteigt und die Gesamtheit der Wirklichkeit verwirklicht hat, also in einen Zustand, in dem man mit der Wirklichkeit selbst eins wird. Von daher sind nach hinduistischer Vorstellung die vier Ziele des Lebens die Wunscherfüllung (*kama*), der weltliche Erfolg (*artha*), die Wahrheit (*dharma*) und die spirituelle Freiheit (*moksha*); die ersten beiden liegen auf dem Weg des Begehrens, die letzten beiden auf dem Weg der Entsagung.

Interessanterweise vertritt der Buddhismus eine ähnliche Sicht der vier Ziele des menschlichen Lebens. Sie werden jedoch auf eine etwas andere Weise vorgestellt. Hier spricht man von den sogenannten „vier Faktoren für die Vervollkommnung des Lebens". Sie werden im Rahmen von zweierlei Verknüpfungen von Ursache und Wirkung vorgestellt, deren erste das weltliche Bestreben betrifft und die andere das Transzendieren der Welt, was in etwa der Unterscheidung des Hinduismus zwischen dem Weg des Begehrens und dem Weg der Entsagung entspricht. So werden *Reichtum* oder weltlicher Erfolg und *Begehren* als die beiden Seiten eines Kausalnexus gesehen, bei dem der Reichtum die Ursache oder das Mittel ist und die Erfüllung des Begehrens die Wirkung oder die Frucht darstellt. Ähnlich ist der *dharma* die Ursache oder das Mittel, *moksha* oder die spirituelle Freiheit dagegen die Frucht. Das ist ein Beispiel dafür, wie eine spätere Tradition (in diesem Fall der Buddhismus) sich zahlreiche Elemente, also Ideen, Einsichten und Praktiken, einverleibt, die sie von der früheren Tradition (in diesem Fall dem Hinduismus) geerbt hat.

Da ich in Indien lebe, wurde mir das Privileg zuteil, zahlreiche religiöse Führungspersönlichkeiten und Praktizierende des Hinduismus kennenzulernen. Eine heute international äußerst aktive religiöse Gemeinschaft ist der Brahmakumari-Orden, dessen Zentrale in Mount Abu in Rajasthan liegt. Es handelt sich um einen Orden ehelos lebender Frauen, die sich in Weiß kleiden und sich einem Leben der spirituellen Praxis verschrieben haben. Da sie sich sehr stark für den Dialog und die Harmonie zwischen den Religionen einsetzen, hatte ich mit diesem Schwesternorden schon eine Menge Kontakte und war auch schon selbst in Mount Abu.

Von den religiösen Führern der Hindus war mir der verstorbene Swami Chinmayananda ein vertrauter Nachbar, da sein Aschram unweit von Dharamsala liegt. Ich besuchte seinen Aschram bei mehreren Gelegenheiten und verbrachte einige Zeit mit ihm. Von ihm, den Brahmakumaris und anderen Lehrern, darunter Swami Vasvani, dessen Aschram in Pune ich besucht habe, lernte ich viel über die heutige Praxis des hinduistischen Glaubens. Der Hinduismus legt verschiedene Wege der Annäherung an die letzte Wahrheit vor, welche aus hinduistisch-theologischer Sicht mit der Gottheit gleichgesetzt werden kann. Da gibt es zum Beispiel den „Weg des Wissens" (*jnana yoga*), der für den Weg zur Erlangung des Einswerdens mit Gott den Schwerpunkt auf die Erkenntnis legt. „Erkenntnis" sollte hier nicht im Sinn von intellektuellem, diskursivem Faktenwissen verstanden werden, sondern als Erkenntnis der eigenen Natur und Selbsterkenntnis im echten Sinn des Wortes. Ein Schlüsselelement dabei ist das Erlangen der Einsicht in die Wahrheit, dass das Empfinden, ein abgetrenntes, individuell seiendes Ich zu sein, eine Illusion ist und es unter der oberflächlichen Alltagsebene des Selbstseins ein wahres Selbst gibt. Dieses wird als *atman* bezeichnet, das der Gott im Inneren ist, und im Unterschied zu unserem zeitlichen, individuierten Selbst ist es ewig, eins und unabhängig. Der Suchende lässt dieses tiefe Wissen in sich selbst Wirklichkeit werden, indem er die Schriften genau kennenlernt, kritisch über die Wahrheit des *atman* nachdenkt und durch Meditation den Weg innerlich vollzieht. Im Sinne der *Upanishaden*, einer Sammlung früher hinduistischer Schriften, nahm der Ansatz, sich auf dem Weg über das Wissen der Erkenntnis der Natur des Selbst und auch Gottes anzunähern, in der hinduistischen Tradition eine vorrangige Stellung ein. Tatsächlich lassen sich die als die „sechs *darshanas*" bekannten klassischen hinduistischen Schulen der Philosophie – Samkhya und Yoga, Vaisheshika und Nyaya, Mimamsa und Vedanta – alle als Weiterentwicklung des *jnana yoga* verstehen. Infolge des gewaltigen Einflusses des Hindu-Weisen Shankara im 8. Jahrhundert setzten sich die Vedanta-Schule und ihre Auslegung der heiligen Schriften so weit durch, dass man sie heute als die bestimmende Richtung innerhalb der hinduistischen Theologie und Philosophie bezeichnen kann.

Einen anderen Weg zu Gott stellt der *bhakti yoga* dar, in dem man versucht, ihm durch einzig und allein auf ihn ausgerichtete Liebe und Verehrung nahezukommen.

Anders als auf dem Weg des Wissens schreibt man bei diesem Ansatz der Gottheit persönliche Eigenschaften zu, sodass der Fromme ein Gefühl der innigen Nähe zu Gott erfahren kann, beinahe nach Art einer tiefen Freundschaft. Hier entfaltet der Hinduismus mit seinen Mythen, seinem großen Götterpantheon und seinen Ritualen und Gesängen eine ungeheuer reiche Vielfalt. Ein echter Praktizierender des *bhakti* ist in der Lage, sein persönliches Ich total der Liebe Gottes zu verschreiben und dieser sein ganzes Wesen hinzugeben, sodass er im Akt tiefer Hingabe ganz von allein die Grenzen seines Ichs transzendiert. Diese leidenschaftliche Gottesliebe des Menschen findet oft in poetischer Form ihren Ausdruck. Eine der bekanntesten Dichterinnen in dieser Tradition war die Mystikerin Mirabai im 16. Jahrhundert, deren Liebe zu Krishna legendär ist:

O Freunde auf diesem Weg,
Meine Augen sind nicht mehr die meinen.
Eine Süße ist durch sie in mich eingeflossen,
hat mir das ganze Herz durchbohrt.
Wie lange stand ich im Haus dieses Leibs
und starrte hinaus auf die Straße?
Mein Geliebter ist ein eingelegtes Kraut,
er hat mich zum Leben geheilt.
Mira gehört Giridhara, Dem, Der alles erhebt,
und alle sagen, sie sei verrückt.
(Mirabai, *Ecstatic Poems* 2004, „Mirabai has finished with waiting")

Zur Praxis von *bhakti* kann unter anderem gehören, dass man unablässig Gottes Namen anruft – beliebt ist zum Beispiel *Jai Rama, Jai Rama* –, Hymnen singt und Lobpreisungen seines Herrn rezitiert. Diese Tradition des *bhakti* ist bis heute bei den Hindus in Indien ausgesprochen stark verbreitet geblieben.

Auf einem dritten Weg zu Gott, dem des *karma yoga*, wird das praktische Tun in der Form des Dienens betont. Hier kultiviert man die Wahrheit Gottes so, dass man sein Alltagsleben bewusst gestaltet und sich mit ganzem Herzen seinen Aufgaben widmet. Wenn man fähig ist, in alles das Bewusstsein der Gegenwart Gottes hineinzutragen – sei es das Aufziehen der Kinder, das Unterrichten in der Schule oder die Arbeit im Büro einer Firma –, kommt man dadurch der Wahrheit der Gottheit näher. Der springende Punkt dabei ist, dass man sich so auf seine Arbeit einlässt, dass man die Sorgen seiner engen Ich-Zentrierung hinter sich lässt.

Schließlich gibt es noch den Weg des *raja yoga* (den „Königsweg" zu Gott). Dabei handelt es sich um tiefe kontemplative Übungen, die physische Übungen mit psychologischen Ansätzen wie der Konzentration auf einen einzigen Gegenstand oder dem Visualisieren bestimmter Dinge oder Zustände verbinden. Das Ziel ist dabei, einen Zustand zu erreichen, bei dem sich die Dualität von Subjekt und Objekt total auflöst und dann ganz und gar in diesem Zustand jenseits der Dichotomien des Denkens und der Zeit zu verweilen. Viele der zentralen Elemente des *raja yoga* finden sich zumindest der Form nach auch in den Meditationspraktiken meiner eigenen buddhistischen Tradition. In beiden Traditionen sind sich die Formen und Methoden sehr ähnlich, etwa wenn es um *asana* geht, das Einnehmen der angemessenen Sitzhaltung, oder um *pranayama*, das Achten auf den eigenen Atem, was beides in gewisser Hinsicht Vorstufen für die tiefere innere Konzentration im Sinne von *samadhi* sind. Auch auf einer tieferen Ebene finden sich starke Gemeinsamkeiten: Zu den stärker esoterischen Lehren der buddhistischen Tradition, die man hier *tantra* nennt und die das ganze Spektrum subtiler und sinnlicher Körperenergien umfassen, finden sich auch in der hinduistischen Tradition entsprechende *Tantra*-Lehren. Im Rahmen des vierfältigen Zugangs zu Gott im Hinduismus lassen sich diese tantrischen Praktiken als Bestandteil des *raja yoga* einordnen.

Das Interessante an diesen vier Wegen ist, dass sie zwar als alternative Wege zur Gotteserfahrung vorgestellt werden, jedoch für die meisten Praktizierenden der effizienteste Zugang der ist, Elemente aus allen vier Wegen mit einzubeziehen. Im Allgemeinen ist der erste Zugang, der Weg des Wissens, am besten für Menschen mit einem Hang zum Philosophieren geeignet, der zweite, der Weg der Frömmigkeit oder *bhakti*, für eher auf Frömmigkeit Angelegte, der Weg der Arbeit für eher aktiv und praktisch Eingestellte, und der vierte, der des *raja yoga*, ist schließlich eher solchen mit einer kontemplativeren und für Yoga aufgeschlossenen Veranlagung zu empfehlen.

Das Göttliche in vielfältigen Formen sehen

Die vielleicht bewundernswerteste Eigenschaft des Hinduismus ist jedenfalls für mich, dass ihm jeder Dogmatismus fremd ist, wenn es um den Begriff der Gottheit, der höchsten Wahrheit, geht. Trotz vieler Unterschiede zwischen den Sekten wie etwa zwischen den Shaiviten, die Gott in der Gestalt von Shiva anbeten, und den Vishnuiten, die ihm gegenüber Vishnu bevorzugen, ist der Hinduismus auf theologischer und philosophischer Ebene im Laufe der Geschichte immer offen geblieben. Diese Offenheit im Herzen des Hinduismus ermöglicht bekannten hinduistischen Lehrmeistern die Aussage, dass die verschiedenen Religionen verschiedene Sprachen seien, durch die Gott zu den Herzen der Menschen spricht. Für den Hinduismus ist diese Offenheit für andere Religionen keineswegs eine erst neuerdings erworbene Sensibilität. So wird zum Beispiel in den alten Schriften namens Puranas („Ursprungsgeschichten"), die von den verschiedenen Reinkarnationen Vishnus in der Welt der Menschen handeln, der historische Buddha – der Gründer des Buddhismus – als eine solche Inkarnation (*avatar*) beschrieben.

Diese Freude an der religiösen Vielfalt – zusammen mit Toleranz und Pluralismus – blieb während des 19. Jahrhunderts in Indien vor allem dank der großartigen Beiträge der Hindu-Heiligen Swami Ramakrishna und Vivekananda vorherrschend. Es wird erzählt, um ganz und gar die Schönheit anderer Glaubenstraditionen verstehen und verkosten zu können, habe sich Ramakrishna sogar auf Handlungen eingelassen, die die religiösen Empfindlichkeiten seiner orthodoxeren hinduistischen Glaubensgenossen verletzen konnten. Er verfasste christliche *sadhanas* (Meditationen über Gott) und nahm am *namaz* (Freitagsgebet) in Moscheen teil. In seiner persönlichen Spiritualität erlangte Ramakrishna ein hohes Niveau der Verwirklichung. Ramakrishna und sein Orden stellten das bemerkenswerte und zutiefst moderne Beispiel eines wahren Ökumenismus und tiefen interreligiösen Kennenlernens dar. Ich finde ihr Vorbild immer noch sehr inspirierend, vor allem weil es aus einer Quelle echter spiritueller Erfahrung entspringt. Ramakrishnas wichtigster Schüler Swami Vivekananda war gegen Ende des

19. Jahrhunderts aktiver Teilnehmer des Weltparlaments der Religionen 1893 in Chicago. Er sagte in seiner dortigen Ansprache, für alle Religionen sei die Zeit gekommen, einander gegenseitig als gültige Wege zur letzten Wahrheit anzuerkennen, und rief dazu auf, sie sollten es künftig vermeiden, anderen ihre eigene Version der Wahrheit aufzudrängen. Vivekananda erklärte mit einem Zitat aus einem Hymnus, die verschiedenen Religionen ließen sich als verschiedene Flüsse verstehen, die alle durch verschiedene Landschaften flössen, aber letztlich doch alle gemeinsam in das gleiche große Meer mündeten. Ich war schon immer ein Bewunderer der Vision gewesen, die dem Weltparlament der Religionen zugrunde liegt – man beachte die beiden Schlüsselwörter „Parlament", das für ein demokratisches Prinzip steht, und „Religionen", das eine Pluralform ist –, und so machte es mir große Freude, 1992 an der Feier des hundertsten Jahrestags von Vivekanandas Pilgerfahrt nach Kanyakumari teilnehmen zu können, die er vor seiner Reise nach Chicago unternommen hatte.

Mit einem der größten Vertreter der Ramakrishna-Mission im 20. Jahrhundert war ich eng befreundet, nämlich mit dem inzwischen verstorbenen Swami Ranganathananda. 1986 besuchte ich auf Swamijis Einladung hin Vivekanandas Gemeinschaft in Hyderabad in Südindien, wo ich bei den dortigen Mönchen an einer Mahlzeit teilnahm und einen Dialog mit ihnen führte. Damals erfuhr ich, dass Vivekananda seinen Mönchsorden nach dem Vorbild der Mönchsgemeinschaft des Buddha, der *sangha*, organisiert hatte. Tatsächlich nahm in diesem Kloster das Bild des Buddha einen wichtigen Platz ein. Ein besonders bewundernswerter Aspekt der Rama-

krishna-Mission ist ihr starkes Engagement in der Sozial-
arbeit, vor allem im Bildungs- und Gesundheitswesen. In
ganz Indien gibt es von dieser Mission finanzierte und
verwaltete Schulen und Hospitäler. Auch sonst gibt es in
ganz Indien viele Beispiele von religiösen Gemeinschaften, die sich aus mitfühlender Sorge um die Armen und
Bedürftigen im aktiven Sozialdienst engagieren.

Einmal saßen Swamiji und ich gemeinsam in Kalkutta
auf dem Podium bei einer Diskussion über die Kontakt-
punkte zwischen Naturwissenschaft und Spiritualität.
Das Gespräch moderierte mein langjähriger Freund Rajiv
Mehrotra, der in der indischen Medienlandschaft ein be-
kanntes Gesicht ist. Bei dieser Tagung wies Swamiji
darauf hin, dass es beim Thema Naturwissenschaft und
Spiritualität ganz wichtig sei, die kulturellen und historischen Kontexte zu berücksichtigen. Da es in Indien nie
eine Aufspaltung zwischen dem Spirituellen und dem
Materiellen gegeben habe wie im Westen, erschienen die
Grenzfragen zwischen Naturwissenschaft und Spiritualität in einem ganz eigenen Licht, wenn man sie im indischen Kontext behandle. Swamiji sprach auch von Gott
in Form einer Tiefendimension des menschlichen Wesens
und sagte, man könne Gott in jedem Menschen entdecken. Nach seiner Aussage handelt es sich bei dem,
was die Religionen „Gott" nennen, nicht um jemanden,
der in der Ferne droben im Himmel sitzt, sondern um
eine Wirklichkeit in jedem von uns. Das sei eine große
Entdeckung der alten Kultur Indiens.

Swamiji war ein höchst liebenswürdiger Mensch. Er
zeichnete sich durch eine tiefe Spiritualität aus und
konnte sich auch ungemein gut auf Englisch ausdrücken.
Ich selbst habe diese Sprache nie ganz beherrschen

gelernt – bis heute bin ich auf die Hilfe eines Übersetzers angewiesen – und bewundere seine Gewandtheit im Englischen. Da ich selbst eine große Begeisterung für den Dialog zwischen Naturwissenschaft und Spiritualität hege und ein Befürworter der interreligiösen Verständigung durch den Dialog bin, fühle ich mich ihm eng verwandt. Im Gefolge der Zerstörung der Moschee in Ayodhya und der gewalttätigen Auseinandersetzungen, zu denen es dabei kam, setzte sich Swamiji unermüdlich für einen Abbau der Spannungen ein und rief eindringlich dazu auf, dass sich sowohl in den hinduistischen als auch in den muslimischen Gemeinden Indiens vernünftigere Kräfte durchsetzen sollten. Das war ein großartiger Beitrag in einer schwierigen Zeit.

Der hinduistisch-buddhistische Dialog.
Ein historischer Exkurs

Die Beziehung zwischen Hinduismus und Buddhismus hat bereits eine sehr lange Geschichte. Es gibt vieles, was diese beiden Religionen Indiens miteinander verbindet: von der Konkurrenz um die Förderung durch die frühen Herrscher der verschiedenen Königreiche in Indien bis zur gegenseitigen intellektuellen Bereicherung durch Diskussion und philosophischen Diskurs, vom gemeinsamen Anteil am künstlerischen und architektonischen Erbe bis zur Erbschaft der großen spirituellen und philosophischen Vorstellungen vom Karma und der Reinkarnation, vom gemeinsamen Gebrauch und der Weiterentwicklung des Sanskrit als zentralem Medium der schriftlichen Diskussion bis zur intensiven Ausübung esoterischer Yoga-

Praktiken. Zwischen Hinduismus und Buddhismus gibt es starke Gemeinsamkeiten in den spirituellen Praktiken, von den Meditationsformen zum Stillwerden des Geistes bis zur Anwendung von Gegenmitteln gegen die „Geistesgifte", von tantrischen Visualisierungspraktiken bis zu spirituellen Übungen, die mit dem Atem zu tun haben. Das Gebiet, auf dem die wechselseitige intellektuelle Befruchtung besonders stark war, ist dasjenige des philosophischen Denkens, vor allem auf dem Gebiet der Epistemologie oder Erkenntnistheorie.

So schöpfte zum Beispiel im 2. Jahrhundert der indische buddhistische Denker Nagarjuna ausgiebig aus der hinduistischen Nyaya-Tradition, als er seine kritischen Ausführungen über die Grundlagen der Erkenntnistheorie verfasste. Ähnlich entwickelte im 5. Jahrhundert Dignaga, der praktisch der Vater der buddhistischen Logik und Epistemologie ist, ein gründlich durchdachtes System der Epistemologie, das eine detaillierte Kritik der Nyaya-Schule der Logik implizierte. Dignagas Schule wurde im 7. Jahrhundert von Dharmakirti weiterentwickelt, dessen Position umgekehrt Gegenstand anhaltender Kritik seitens hinduistischer Denker wie Uddhyotakara und Kuramila Bhatta wurde. Im 8. Jahrhundert schrieb Shantarakshita – einer der frühesten buddhistischen Philosophen in Indien, die aus meinem eigenen Land Tibet stammten – eine Erwiderung auf Kumarila Bhattas Kritik und verfeinerte Dharmakirtis epistemologische Vorstellungen im Licht der hinduistischen Einwände. Andere indische Schulen, die sich an diesem Prozess der Diskussion über Logik und Epistemologie beteiligten, waren etwa diejenigen von Vaishashika und Purvamimamsa. Das Endergebnis aller dieser Diskussionen war die Verfeinerung der Auffassungen der jeweiligen Schulen und die Blüte eines hochdifferenzierten philosophischen Erbes auf dem indischen Subkontinent. Die zentrale Aufmerksamkeit des philosophischen Forschens richtete sich im klassischen Indien bei allen Schulen auf die Fragen, welche die Natur des Geistes, seine Beziehung zur Außenwelt sowie das komplexe Gewebe von Gedanken, Emotionen und Gewohnheiten betreffen, die unsere mentale Welt ausmachen.

Neben dieser philosophischen Erkundung des Geistes und seiner Funktionen entwickelten die indischen Traditionen außerdem auch ausgefeilte mentale Übungspraktiken, die dazu helfen sollen, bestimmte Qualitäten des Geistes zu kultivieren und zu entfalten. Ich hoffe, dass es im Zuge der Fortschritte, die die moderne Wissenschaft bei ihrem Verständnis des Geistes und der ihm zugrunde liegenden Gehirnmechanismen macht, bald zu einem fruchtbaren Dialog kommt, in dem die Einsichten der indischen Philosophien mit den wissenschaftlichen Untersuchungen verglichen werden können. Mir war es beschieden, bereits eine Reihe von Gesprächen zwischen Experten im klassischen indischen Denken über verschiedene Fragen von philosophischem Interesse anregen zu können, an denen auch tibetische buddhistische Gelehrte beteiligt waren. Diese Gespräche fanden an der Central Tibetan University in Sarnath, Varanasi statt, waren sehr anregend und zeigten, über welch großen Reichtum das klassische philosophische Erbe Indiens verfügt. Wir Tibeter haben daraus das klassische buddhistische Erbe Indiens weitergeführt und sind dessen Hüter geworden, vor allem nach dem Niedergang des Buddhismus in seinem Geburtsland Indien.

Die zentrale Bedeutung des selbstlosen Mitgefühls als Motivation des menschlichen Handelns in der Welt findet sich klassisch im *Dharmasutra* von Gautama formuliert, einer der einflussreichsten brahmanischen Gesetzessammlungen, die möglicherweise bis ins 3. Jahrhundert vor unserer Zeitrechnung zurückreicht. Darin wird „das Mitgefühl mit allen Geschöpfen" als erste der acht Tugenden des Selbst aufgeführt (8,22–23). In einigen der großartigsten heiligen Texte der Hindus wird dieser Gedanke wunderbar formuliert. Die wohl beliebteste dieser Schriften ist die bekannte *Bhagavadgita*, die eine Reihe der spirituellen Lehren überliefert, welche Krishna dem Helden Arjuna mitgeteilt hat. Im Rahmen dieser Lehren predigt Krishna die Tugend des selbstlosen Handelns zum Wohl der Welt:

> Sieh nur auf das, was die Welt erhält; auch du musst handeln! (*Bhagavadgita* 3,20).

Arjuna wird auf den Sinn für das umfassende Wohl aller Wesen – den Kern des Mitgefühls – verpflichtet, weil er das Kennzeichen des erleuchteten Menschen sei: Seher, deren Unreinheiten ausgemerzt wurden, deren Zweifel zerstreut wurden, die sich selbst gezügelt haben, die sich am Wohlergehen aller Wesen erfreuen – sie erreichen das Nirvana des Brahman (*Bhagavadgita* 5,25).

Mehr als einmal wird in der *Gita* das Mitgefühl als eine der Eigenschaften des erleuchteten Wesens aufgezählt – „ohne Hass auf irgendein Geschöpf, freundlich und mitfühlend, frei von Besitzgier und Egoismus"

(12,13). Krishnas Anweisungen an Arjuna sind in der Form gehalten, dass sie seine Aufmerksamkeit darauf lenken, wie beschränkt ichsüchtige Sorgen sind. Denn solange das eigene Handeln von solchen Überlegungen geleitet sei, könne angesichts der engen Grenzen eines egoistischen Ichs das Handeln niemals wirklich großzügig sein. Sobald man es jedoch fertigbringe, die Grenzen der Sorge um sich selbst zu überschreiten, eröffneten sich in einem Wesen, dessen Geist von „Gewaltlosigkeit, Wahrhaftigkeit, Freiheit von Wut, Abwesenheit von Ränken, Mitgefühl für die Geschöpfe, Freiheit von Habgier, Bescheidenheit und Beständigkeit" bewegt sei, unendlich viele Möglichkeiten, sich für das Wohlbefinden der Welt einzusetzen (*Bhagavadgita* 16,2).

Auch in anderen hinduistischen Schriften wird die zentrale Bedeutung des Mitgefühls betont. So steht zum Beispiel im *Shiva Mahapurana*, einem der großen shaivitischen Texte:

> „Es gibt keinen anderen, besseren *dharma*, als sein Mitgefühl auf alle Wesen auszuweiten. Daher sollten alle Menschen das Mitgefühl auf alle Geschöpfe ausweiten."
> (*Rudra Samhita*, Kapitel 5)

Was schließlich am beeindruckendsten ist, sind die persönlichen Beispiele einzelner Menschen, die das ganze Ausmaß dessen vor Augen führen, was in einer Glaubenstradition möglich ist. Was den Hinduismus angeht, fallen mir große Persönlichkeiten ein wie Mahatma Gandhi, Vinoha Bhàve oder Baba Amte. Gandhi bezog aus dem Hinduismus seine Inspiration und die Kraft für sein Lebenswerk, seinem Volk die Freiheit zu bringen. Im Hinduismus suchte er seinen persönlichen Trost, und in der Sprache des Hinduismus erfuhr er das Göttliche in seinem Inneren. Vinoba Ji (1895–1982), ein Zeitgenosse Gandhis, war ebenfalls ein großer Freiheitskämpfer. Er arbeitete im unabhängig gewordenen Indien unermüdlich für die Behebung der sozialen Ungerechtigkeit und trug entscheidend dazu bei, dass Ackerland neu verteilt wurde, damit Familien, die traditionellerweise das Land als abhängige Pächter bearbeitet hatten, wieder Eigentümer der Flächen wurden, auf denen schon ihre Vorfahren gearbeitet hatten. Das ist ein wahrhaft spirituelles Wirken, ein Werk des *dharma*, und zwar mit weitreichenden Folgen für das Leben vieler Millionen von Menschen, die zufällig unter unglücklichen Umständen geboren wurden.

Ich war lange Zeit ein großer Bewunderer von Baba Amte (1914–2008), der die Verantwortung auf sich nahm, sich um eine Menschengruppe zu kümmern, die von der Mehrheit der anderen gemieden wird, nämlich die Aussätzigen. Baba gründete in Warora im Staat Maharashtra unweit einer tibetischen landwirtschaftlichen Siedlung eine Kolonie für Aussätzige. Er kümmerte sich nicht nur um Nahrung und Obdach für Menschen, die unter Aussatz leiden, sondern half ihnen auch, ihre Würde wiederzufinden, hauptsächlich durch Arbeit und das Erlernen neuer Fertigkeiten. In seiner Kolonie wurden sie im Anfertigen verschiedener handwerklicher Produkte unterwiesen, wodurch ein echtes Gemeinschaftsgefühl entstand, und so schuf man eine Umgebung, in der die Aussätzigen als normale Menschen leben können. Babas Geschichte erinnerte mich an einen tibetischen Heiligen namens Dromtönpa, der die letzte Zeit seines Lebens damit verbrachte, sich in Zentraltibet um Aussätzige zu kümmern, und der dann schließlich selbst dieser Krankheit zum Opfer fiel. Lange Zeit wollte ich einen substanziellen Beitrag zu Babas Werk leisten, hatte aber nie die Mittel dazu. Aber als ich 1989 den Friedensnobelpreis bekam und erfuhr, dass damit ein Scheck über eine beträchtliche Summe verbunden sei, freute ich mich sehr, denn jetzt fühlte ich mich in der Lage, Babas Kolonie eine ansehnliche Spende zukommen zu lassen.

Wenige Monate nachdem ich den Preis erhalten hatte, konnte ich Babas Aussätzigenkolonie noch einmal besuchen. Als Baba mir damals für mein Geschenk dankte, sagte ich zu ihm, in Wirklichkeit sei ich *ihm* zu Dank verpflichtet, denn „ich lehre nur andere das Mitgefühl und den Altruismus. Sie dagegen tun das in der Praxis." Später in seinem Leben wurde Baba Amte auch eine der stärksten Stimmen zu Umweltthemen in Indien und beteiligte sich noch im hohen Alter an einem langen Protestmarsch gegen den Bau eines Dammes am Narmada-Fluss. Bei seinem Tod im Februar 2008 verlor die Welt ein wahrhaft starkes Symbol der Menschlichkeit, der Gerechtigkeit und des Mitgefühls. Ich persönlich verlor einen engen Freund und eine starke Quelle meiner persönlichen Inspiration.

Kapitel 4

CHRISTUS UND DAS BODHISATTVA-IDEAL

Jesus und das Ideal des Mitgefühls

Für einen Buddhisten wie mich, der ich mein Leben lang dazu angehalten wurde, das Ideal des Mitgefühls als den höchstmöglichen spirituellen Wert anzusehen, ist das Bild von Jesus am Kreuz – der das Leiden aller Lebewesen auf sich nimmt – zutiefst inspirierend. Ein solches Opfer seiner selbst, geboren aus Altruismus und universaler Liebe zu allen Lebewesen, ist ein vollkommenes Beispiel für das, was wir Buddhisten als das Bodhisattva-Ideal bezeichnen würden. Diese Vorstellung, das Leiden anderer auf sich zu nehmen, gehört tatsächlich auch in hohem Maß zu meiner tagtäglichen spirituellen Praxis. In der tibetischen Tradition gibt es eine beliebte Meditation namens *tonglen*, was wörtlich „Geben und Nehmen" heißt. Dabei imaginiert man, wie man die Leiden und Schmerzen anderer auf sich nimmt und auch die Ursachen dieses Leidens und wie man dann umgekehrt an sie auch die eigene Freude und das eigene Glück weitergibt.

Neben diesem großen Symbol des Mitfühlens bietet das Christentum zudem noch mit dem Bild, wie Maria das Jesuskind hält, ein unglaublich inniges und bewegendes Symbol der Liebe. Auf diese Weise betont das Christentum zusätzlich zu dem äußerst kompromisslosen Entschluss, um der anderen Lebewesen willen sogar einen schrecklichen Tod auf sich zu nehmen, auch noch die einfache und vertraute Liebe von Mutter und Kind. Aber das eine wurzelt im anderen, und das Mitgefühl, das beides vor Augen führt, wird als zugängliche Möglichkeit für alle Menschenwesen verkündet. Das ist eine wunderschöne Lehre – und sie kommt meiner eigenen buddhistischen Tradition sehr nahe, in der die liebevolle Güte und das Mitgefühl mit der bedingungslosen Liebe einer Mutter zu ihren Kindern verglichen werden, die man dann ausweitet, bis sie alle Lebewesen umfasst.

Dem Symbol des Kreuzes bin ich zum ersten Mal in Tibet als Kind begegnet. Es war auf dem Einband einer tibetischen Ausgabe der Bibel, die kurz nach meiner Geburt übersetzt worden war. Es war ein dickes Buch mit einer breiten handgeschriebenen Schrift, die man mittels einer Matrize hektografiert hatte. Später sah ich auch das Bild Jesu am Kreuz. Damals gab es bei uns einen Tibetisch sprechenden Kinnauri (einen Mann aus einer Gegend in Nordindien) namens Tharchin Babu, der zum Christentum übergetreten war und ein regelmäßiges Nachrichtenblatt namens „Mirror of News" („Nachrichtenspiegel") herausgab, das in Tibet die einzige Zeitung war. Es wurde in Kalimpong, unmittelbar hinter der indischen Grenze, gedruckt und von vielen, darunter auch mir, immer dringend erwartet, weil es eines der besten Fenster in die Welt da draußen war. Es stellte sich heraus, dass Tharchin als überzeugter Christ die Herstellung dieser Zeitung als hilfreichen Akt für das tibetische Volk verstand, um ihm den Blick auf die Welt außerhalb Tibets zu eröffnen. Nach meiner Flucht aus Indien hatte ich die Gelegenheit, ihm zu begegnen und ihm für seine Güte zu danken.

Der erste Mensch, der für mich das Christentum richtig lebendig werden ließ, war der verstorbene amerikanische Trappistenmönch Thomas Merton. Eines der zentralen Themen, über die wir bei unserer Begegnung im Jahre 1968 anlässlich seines Besuchs bei mir in Nordindien miteinander sprachen, war die zentrale Bedeutung des Ideals, aus Mitgefühl anderen ihr Leiden zu erleichtern, das sowohl im Buddhismus als auch im Christentum eine grundlegende Motivation darstellt. So fiel es mir gleich von Anfang an leicht, einen tief innerlichen Bezug zum christlichen Symbol des Kreuzes und zur Person Jesu zu finden. Als ich die Bibel las, beeindruckte es mich sehr, wie oft die Wunder Jesu vom Mitgefühl für das Leiden seiner Mitmenschen motiviert sind. Seine Heilungen, seine Lehren, sein Wunder der Vermehrung von Broten und Fischen – all das entstammt einem direkten und unmittelbaren Empfinden des Mitgefühls. Im Johannesevangelium sagt Jesus zum Beispiel: „Eine größere Liebe hat niemand als die, dass er sein Leben für seine Freunde hingibt" und wiederum: „Das ist mein Gebot, dass ihr einander liebt" (vgl. Johannes 15,12–18). In seiner berühmten Bergpredigt, die für mich eine der schönsten Lehren in den Evangelien darstellt, sagt Jesus:

Ihr habt gehört, dass gesagt worden ist: „Du sollst deinen Nächsten lieben und deinen Feind hassen." Ich aber sage euch: Liebt euere Feinde und betet für die, die euch verfolgen. (*Matthäus* 5,43–44).

Zudem ist es eindrucksvoll, wie die Jünger, die nach dem Tod Jesu seine Lehren verbreiteten, dabei vor allem betonten, dass man sein Mitgefühl nachahmen müsse.

Eine besonders ergreifende Stelle, die in meinem Geist schon beim ersten Mal, als sie mir nahegebracht wurde, große Resonanz fand, steht im 1. Brief des heiligen Paulus an die Korinther:

Wenn ich mit Menschen-, ja mit Engelszungen redete, hätte aber die Liebe nicht, so wäre ich tönendes Erz oder eine gellende Schelle. Und wenn ich die Prophetengabe hätte und alle Geheimnisse wüsste und alle Erkenntnis und wenn ich allen Glauben hätte, sodass ich Berge versetzen könnte, hätte aber die Liebe nicht, so wäre ich nichts. Und wenn ich alle Habe verschenkte und wenn ich meinen Leib zum Verbrennen hingäbe, hätte aber die Liebe nicht, so nützte es mir nichts.

Die Liebe ist langmütig, gütig ist die Liebe, sie ist nicht eifersüchtig, die Liebe prahlt nicht, sie bläht sich nicht auf. Sie handelt nicht taktlos, sie sucht nicht den eigenen Vorteil, sie lässt sich nicht erbittern, sie trägt das Böse nicht nach. Sie freut sich nicht über das Unrecht, freut sich vielmehr an der Wahrheit. Alles erträgt sie, alles glaubt sie, alles hofft sie, alles duldet sie. Die Liebe hört niemals auf. (*1 Korinther 13,1–8*)

Das trifft den innersten Nerv der Dinge. Alle unsere Ansichten, Meinungen, hart erworbenen Grundsätze, so „richtig" sie auch sein mögen, sind in Wirklichkeit ziemlich wertlos, wenn sie nicht vom Mitgefühl motiviert sind. So groß unsere Leistungen oder so angestrengt unsere Handlungen auch sein mögen, ihnen fehlt das Wesentliche, wenn sie nicht in jenem selbstlosen Mitgefühl mit anderen Lebewesen wurzeln, das Paulus hier so treffend beschreibt. Hat man erst einmal erfasst, wie zentral das Ideal des Mitgefühls im Christentum ist, so wundert es einen nicht, dass das Christentum solche Vorbilder des Altruismus wie den heiligen Franz von Assisi oder in unserer Zeit die heilige Mutter Teresa von Kalkutta hervorgebracht hat. Als ich zum ersten Mal jemanden das Gebet vorlesen hörte, das viele dem heiligen Franziskus zuschreiben, meinte ich sogar, hier lese ein praktizierender Christ einen buddhistischen Text vor, etwa aus den Schriften des buddhistischen Lehrers Shantideva aus dem 8. Jahrhundert. Um eine Ahnung davon zu vermitteln, wie verblüffend sich die Aussagen der Gebete dieser beiden spirituellen Meister gleichen, die zwei völlig verschiedenen Glaubenstraditionen angehören, will ich hier einige Zeilen daraus zitieren. So betete zum Beispiel der heilige Franziskus:

Herr, mache mich zu einem Werkzeug deines Friedens.
Wo Hass ist, lass mich Liebe säen,
wo Verletzung ist, Vergebung,
wo Zweifel ist, Glauben,
wo Verzweiflung ist, Hoffnung,
wo Finsternis ist, Licht,
und wo Traurigkeit ist, Freude.
O göttlicher Meister,
gib, dass ich nicht so sehr danach trachte,
getröstet zu werden, sondern zu trösten,
verstanden zu werden, sondern zu verstehen,
geliebt zu werden, sondern zu lieben.
Denn im Geben empfangen wir,
im Vergeben wird uns vergeben,
und im Sterben werden wir ins ewige Leben geboren.

Ganz ähnlich äußerte Shantideva die folgenden Bitten:

> Möge ich ein Beschützer der Unbeschützten sein,
> ein Führer für die Reisenden auf dem Weg,
> ein Boot, ein Floß oder eine Brücke
> für diejenigen, die sehnlich wünschen, ans andere Ufer
> zu kommen.

> Möge ich eine Insel sein für alle, die eine Insel suchen;
> eine Lampe für alle, die nach Licht suchen;
> eine Herberge für alle, die Erholung brauchen;
> ein Diener für alle, die einen Dienst brauchen.
> (*Bodhicaryavatara* 3,17–18)

Ich besuchte Assisi zum ersten Mal 1986, als der verstorbene Papst, S. H. Johannes Paul II., der mich im Laufe der vielen Jahre, die wir einander kannten, mit der Güte eines Vaters behandelte, einen Gipfel der Weltreligionen dorthin einberufen hatte. Was ich wahrscheinlich vor allem von Johannes Paul, der der erste Papst war, der viel reiste und international präsent war, gelernt habe, war, dass der Führer einer Weltreligion auf globaler Ebene sehr viel Gutes bewirken kann. Johannes Paul II. wusste auf eindrucksvolle Weise, was er wollte, und er ging jedes große globale Thema aus seiner inneren Überzeugung von seinem eigenen christlichen Glauben her an. Der erste Papst, den ich persönlich kennenlernte, war allerdings sein Vorgänger, Seine Heiligkeit Papst Paul VI. Das war 1973, als ich zum ersten Mal nach Rom kam. Ich fühlte mich damals angesichts des Anführers von so vielen Millionen Katholiken auf der ganzen Welt und des spirituellen Meisters von so inspirierenden

Gestalten wie Desideri, Merton und Mutter Teresa eher ziemlich klein.

Im gleichen Jahr verbrachte ich auch im Verlauf einer ausgiebigen Besuchsreise durch Europa mehrere Tage in London, wo ich zum ersten Mal den Dekan der Westminster Abbey, Edward Carpenter, und seine Frau Lilian traf. Als ich später, nämlich 1979, wieder nach England kommen konnte, wohnte ich sogar als deren Gast im Dekanshaus an der Westminster Abbey. Wir knüpften ein sehr enges freundschaftliches Band, und ich fühlte mich in ihrer Gegenwart wie ihr Sohn, ja ich nannte Lilian sogar meine „Mutter". Für mich persönlich war die Liebenswürdigkeit und Wärme der Carpenters ein ideales Beispiel der christlichen Liebe. Dekan Carpenter stellte mich später auch Robert Runcie, dem Erzbischof von Canterbury, vor, dessen Nachfolger George Carey und Rowan Williams ich ebenfalls zu meinen spirituellen Weggefährten zähle.

Bei meinen persönlichen Begegnungen mit praktizierenden Christen hat mich vor allem stark beeindruckt, wie großen Wert sie auf das soziale Engagement legen, also auf die Art und Weise, wie man sein Mitgefühl konkret im Dienst an anderen Menschen verwirklicht, vor allem an den Schwachen und Wehrlosen. Ich war immer von der Hingabe beeindruckt, mit der die Christen, auch die Missionare, in die entlegensten und ärmsten Gegenden der Welt gegangen sind und dorthin Bildung und Krankenfürsorge gebracht haben. Auch wir Tibeter kamen in den Genuss des karitativen Wirkens zahlreicher christlicher Hilfsorganisationen, vor allem in der Frühzeit unseres Exils in Indien in den 1960er und 1970er

Jahren. Viele dieser christlichen Freiwilligen kamen aus der Ersten Welt und hatten ein von relativ hohem Komfort und Behagen geprägtes Leben hinter sich gelassen und stattdessen aus einfühlsamer Sorge für andere bewusst ein Leben der Mühsal und Entbehrung auf sich genommen. Die starke Tradition der christlichen Werte spornt dazu an, anderen Menschen zu helfen und die Welt zu verbessern. Da gibt es zum Beispiel den kraftvollen christlichen Glauben der Vorkämpfer für die Abschaffung der Sklaverei im 18. und 19. Jahrhundert, vor allem bei Quäkern und anglikanischen Evangelisten wie William Wilberforce; und das Außergewöhnliche, was Martin Luther King als Führer der amerikanischen Bürgerrechtsbewegung geleistet hat, bleibt als Symbol für das Gute, das der religiöse Glaube in der Welt wirken kann, von bleibender inspirierender Kraft. Es handelt sich hier um ein Thema, über das ich insbesondere mit Kardinal Basil Hume diskutiert habe, der lange Zeit das Oberhaupt der römisch-katholischen Christen in Großbritannien war und zu dem ich eine besonders enge Beziehung hatte. Aus jüngerer Zeit steht uns zum Beispiel Erzbischof Desmond Tutus Einsatz für die Abschaffung der Apartheid und insbesondere sein heilendes Wirken als Vorsitzender der „Kommission für Wahrheit und Versöhnung" vor Augen. Das ist ein lebendiges Zeugnis für die Kraft und erlösende Qualität des vom Glauben motivierten Dienstes eines Geistlichen. Ich habe Erzbischof Tutu seit mehr als zwei Jahrzehnten als Freund und spirituellen Bruder kennen und schätzen gelernt.

Dieses Vorbild aktiven Mitgefühls, das die Christen bieten, lege ich meinen buddhistischen Mitmönchen und -nonnen dringend ans Herz. Ich entsinne mich noch lebhaft eines Gesprächs mit dem obersten Patriarchen der Thai-Tradition, das ich 1967 anlässlich meiner ersten Überseereise von Indien aus führte. Inspiriert vom wunderbaren Beispiel der christlichen Mönche und Nonnen, äußerte ich ihm gegenüber die Anregung, dass auch unsere buddhistischen Mönche und Nonnen in der Gesellschaft eine aktivere Rolle spielen sollten, vor allem in der Bildung und im Gesundheitswesen. Die Antwort dieses hohen Würdenträgers lautete, dass die Mönchsvorschriften ausdrücklich ein Leben der Trennung von den Laien vorschrieben, sodass es für Mönche und Nonnen in der buddhistischen Tradition wohl nicht angemessen sei, in der Welt der Laien eine aktive Rolle zu spielen. Auch das ist wahr; aber ich empfand es damals und empfinde es bis heute so, dass angesichts der Tatsache, dass das Mitgefühl im Buddhismus der zentrale Gedanke ist, die buddhistischen Mönche und Nonnen einen signifikanten Teil ihrer Zeit und Aufmerksamkeit einem Dienst dieser Art widmen sollten.

Das Mönchtum in der buddhistischen und in der christlichen Tradition

Etwas, das Buddhismus und Christentum gemeinsam haben, ist das Mönchtum. Thomas Merton schilderte mir die Schriften von Johannes Cassian, einem der großen Mönchsväter des frühen Christentums, der im 5. Jahrhundert die monastische Lebensweise Ägyptens in Westeuropa bekannt machte. Für Merton war Cassian der große Mönchsschriftsteller des christlichen Westens. In der ersten seiner *Unterredungen*, so hob Merton hervor, betone Cassian, dass die Kultivierung eines reinen Herzens den Grund für den Aufstieg zur Vollkommenheit der Liebe lege. Er wies darauf hin, dass es bei den verschiedenen strengen Vorschriften im Mönchsleben darum gehe, das Herz rein und von schädlichen Leidenschaften unbefleckt zu halten.

Und laut dem letzten Kapitel der Regel des heiligen Benedikt, der einflussreichsten Regel der westlichen Christenheit aus dem 6. Jahrhundert, zielt die Mönchsdisziplin darauf ab, ein makelloses Leben zu ermöglichen, das zur Vollkommenheit führt. Viele der konkreten Einzelheiten, die der heilige Benedikt betont, gleichen den im buddhistischen *vinaya* (d. h. den Texten über die Mönchsdisziplin) festgelegten Elementen: Schweigen und Vermeiden leichtfertigen Redens, Eifer, Demut, Gehorsam, Geduld. Wie bei jeder asketisch lebenden Gemeinschaft setzt die Regel eine Reihe sozialer Einschränkungen im Hinblick darauf fest, wie sich eine Gruppe, die nach spiritueller Erfüllung strebt, organisieren sollte. Dabei geht es etwa um die Mahlzeiten, die tägliche Arbeit, besondere Besinnungszeiten (wie z. B. in der Fastenzeit), das Verhalten außerhalb des Klosters usw.

Ich stelle fest, dass es einige Traditionen gibt – wie etwa die des heiligen Johannes Klimakos, der im 7. Jahrhundert Mönch auf dem Sinai war –, die die strengen Einschränkungen des Mönchslebens als Weg zur Läuterung verstehen, und zwar in einer Weise, die sehr enge Parallelen zu dem erkennen lässt, wie traditionellerweise der Weg des Buddhismus vorgestellt wird. Klimakos beschreibt eine „göttliche Leiter" mit dreißig Sprossen, die vom Verzicht auf ein nichtspirituelles Leben über Stufen wie Buße, Denken an den Tod, Trauer (Stufen, von denen viele in der buddhistischen Tradition Gegenstand der Meditation sind) und das Ausmerzen von Krebsgeschwüren wie Falschheit, Trägheit, Bösartigkeit und Verzagtheit auf die höchsten Sprossen der Leiter führen: „Unterscheidung", „Stille", „Gebet", „Leidenschaftslosigkeit" und schließlich „Glaube, Hoffnung und Liebe". Das scheint auf verblüffende Weise die Aussage Mertons in seinem *Asiatischen Tagebuch* zu bestätigen:

Das traditionelle Mönchtum steht vor den gleichen Problemen des Menschen und seines Glücks und vor der Frage, wozu sein Leben da ist … Beide, das buddhistische wie das christliche Mönchtum, beginnen bei dem Problem, das der Mensch in sich selbst hat … Christentum und Buddhismus sind sich darin einig, dass die Wurzel der Probleme des Menschen die ist, dass sein Bewusstsein durch und durch verdorben ist und er die Realität nicht so wahrnimmt, wie sie in ihrer Fülle und Wirklichkeit tatsächlich ist.

Und an einer anderen Stelle schreibt Merton:

Folglich geht es im Christentum und im Buddhismus in erster Linie um eine Verwandlung des menschlichen Bewusstseins – eine Verwandlung oder eine Befreiung der infolge von Unwissenheit und Irrtum im Menschen eingesperrten Wahrheit.

Bei unserer Begegnung im November 1968 fragte ich Merton genauer nach den Gelübden seines Zisterzienserordens und insbesondere danach, ob die Gelübde bedeuteten, dass sich der Mönch auf das Streben nach einer hohen spirituellen Verwirklichung verpflichte. Ich wollte wissen, ob diese Gelübde eine Initiation in eine Tradition spiritueller Praxis unter einem qualifizierten Meister darstellten, analog der Initiation eines Neophyten durch einen Guru in der buddhistischen Vajrayana-Tradition, oder ob sie eher eine soziale Vereinbarung seien, „nicht wegzulaufen" („to stick around", wie es Merton auf seine charakteristische flapsige Art formulierte). Ich wollte auch wissen, welche Art von Verwirklichung christliche Mönche erlangen könnten und ob es in den Klöstern Möglichkeiten für ein tief mystisches Leben gebe. Merton war wunderbar ehrlich und sagte, dafür seien sie zwar eigentlich da, aber viele Mönche schienen sich eher für irgendetwas anderes zu interessieren. Natürlich trifft das, was er da sagte, genauso auf tibetische Klöster und diejenigen aller anderen Traditionen zu.

Aber als ich in den Jahren nach meiner Begegnung mit Merton Gelegenheit hatte, ausgiebig zu reisen und mir mit eigenen Augen anzusehen, was ich bis in die frühen 1970er Jahre nur vom Hörensagen kannte, war ich von der Aufrichtigkeit der christlichen Mönchstradition tief beeindruckt. Einmal besuchte ich ein kontemplatives Kloster in Frankreich und wurde tief berührt von der Einfachheit des Lebensstils und der Art, wie die Mönche weithin im Schweigen und in der Trennung von der Welt lebten. Der Abt und ich stellten beide fest, dass es in der Disziplin und dem Ethos, durch die das Leben der kontemplativen Mönche in beiden Traditionen geleitet wird, verblüffende Ähnlichkeiten gibt. Ich stelle fest, dass das Christentum genau wie der Buddhismus sowohl über eine individuelle eremitische Tradition als auch über eine gemeinschaftliche mönchische Lebensform verfügt. Beide Formen haben starke Parallelen im Buddhismus. Tatsächlich gilt in der tibetischen Tradition das Eremitenleben als das höchste Ideal. Es gibt die Formulierung „wie ein verwundetes Tier in der Wildnis", die recht gut die tiefe Sehnsucht eines Mönchs ins Bild bringt, Eremit zu werden und am Ende seines Lebens allein im Schweigen der Wildnis zu vergehen. Sooft ich diese Formulierung höre, übt sie auf mich einen starken Zug aus.

Gottheit und Menschheit

Da das Christentum eine der großen theistischen Religionen ist, spielt darin selbstverständlich der Glaube an Gott als das höchste Wesen, von dem alles abhängig ist, eine zentrale Rolle. Er ist die Quelle, die letzte Ursache und der Grund für alles, was existiert, ist aber selbst nicht verursacht und von nichts anderem abhängig, kurz: Er ist ein notwendiges Wesen. Was die christliche Sicht der Gottheit einmalig macht, ist die Vorstellung Gottes mit einem menschlichen Gesicht, nämlich in der Person Jesu. Für das Christentum ist Jesus nicht halb Mensch und halb Gott, sondern ganz Mensch und ganz Gott, also sowohl Gott als auch Mensch. Dieses Verständnis der Gottheit in menschlicher Form bringt dem menschlichen Herzen die Gegenwart Gottes ungemein nahe und fügt der Vorstellung, dass die Menschen als Ebenbild Gottes erschaffen sind, eine außerordentliche Dimension hinzu. Diese Sicht der im Menschsein immanenten Gottheit erschafft in den Herzen der christlichen Gläubigen ganz klar ein Empfinden der Intimität mit Gott.

Ich entsinne mich lebhaft eines Austauschs über den Gottesbegriff mit dem inzwischen verstorbenen Benediktinermönch Bede Griffiths, der das gleiche Safrangewand wie die heiligen Männer Indiens trug. Da Griffiths viele Jahre in Indien gelebt hatte und mit den buddhistischen und hinduistischen Glaubensvorstellungen bezüglich der Wiedergeburt und früherer Leben gut vertraut war, stellte ich ihm einmal die Frage: „Was hindert einen christlichen Praktizierenden daran, die Theorie der Wiedergeburt zu übernehmen?" Er gab zur Antwort, der Glaube an die Reinkarnation stehe im Widerspruch zum christlichen Verständnis, dass dieses jetzige Leben, also das eigene ganz persönliche Leben, von Gott erschaffen sei. Die Überzeugung und Einfachheit, mit der er das sagte, berührte mich tief, und die Kraft dieser Vorstellung verblüffte mich auf der Stelle. Mir ging auf, wie sinnvoll es sein muss, sein eigenes Leben so zu verstehen, dass es direkt von Gott geschaffen sei. Das schafft natürlich ein gewaltig starkes Gefühl der Verbindung mit Gott, ja geradezu ein Gefühl der Intimität nach Art der Liebe eines Kindes zu seiner Mutter. Allgemein gesprochen ist es ja so, dass man auf die Wünsche eines anderen desto wahrscheinlicher eingeht, je näher man sich ihm oder ihr fühlt; folglich dürfte eine ganz enge Beziehung zu Gott zur Motivation werden, ein gewissenhaftes religiöses Leben zu führen.

Nach Griffiths' Tod führte viele Jahre lang Br. Wayne Teasdale, einer seiner wichtigsten Schüler, sein Werk weiter, vor allem sein Hauptanliegen, die Praxis der Kontemplation wieder ins christliche Leben einzuführen. Teasdale trug wie sein Mentor ein safranfarbenes Mönchskleid und sah eher wie ein hinduistischer heiliger Mann aus als wie ein katholischer Mönch. Bruder Wayne initiierte unter dem Titel „Synthesis Dialogues" eine Reihe interreligiöser Gespräche, die für ernsthafte Praktizierende verschiedener Religionen ein hervorragendes Forum boten, wo sie sich treffen konnten. Tatsächlich lernte ich bei einem dieser „Synthesis Dialogues" den syrischen Denker Jaoudat Mohamad kennen (allgemein bekannt unter dem Namen Jawdat Said), zu dem ich auf der Stelle eine innere Nähe empfand. Waynes vorzeitiger Tod war ein großer Verlust.

Für einen Christen hat die Geschichte vom Tod Jesu am Kreuz einen tief erlösenden Sinn, und sie führt Gottes Sorge um die Menschheit vor Augen. Im Leidenden am Kreuz nahm Gott selbst alle Übel der Welt auf sich und bewirkte dadurch eine tiefe Versöhnung zwischen der Menschheit und sich selbst. Die Vorstellung, dass Gott in der Person Jesu die Sünden der Menschheit sühnen half, übt auf den Gläubigen einen starken Einfluss aus. Sie dient als ständige Erinnerung an die Notwendigkeit, Gott gegenüber ein Gefühl der Dankbarkeit zu haben und folglich die moralische Verantwortung zu empfinden, in seinem Verhalten diese Dankbarkeit zum Ausdruck zu bringen. Mir leuchtet ein, dass die Sühne-Vorstellung ein stark motivierender Faktor sein kann, um sein Leben gemäß den Wünschen Gottes zu führen. Man hat mir gesagt, dass das englische Wort „atonement" für Sühne genau genommen vom Gedanken des at-one-ment (wörtlich ins Deutsche übersetzt: „In-eins-heit") abgeleitet sei, also auf Einswerden und Einssein abziele. Das ist wunderschön: Es lässt einen Wunsch anklingen, der in der tibetische Tradition recht geläufig ist. In ihr spricht man zum Beispiel, wenn man sich im Gebet an den Buddha des Mitgefühls wendet: „Durch diesen Akt möge ich mit dir eins werden."

Im Kern der katholisch-christlichen Theologie steckt die Lehre von der Heiligen Dreifaltigkeit. Sie besagt, dass Gott einer ist, aber drei Aspekte umfasst, nämlich den Vater, den Sohn und den Heiligen Geist, die nicht getrennt voneinander sind, sondern als eine einzige Substanz ineinander wohnen. Das hat zu vielen komplexen theologischen Erörterungen und zahlreichen Definitionen geführt, aber der entscheidende Punkt daran ist für mich, dass in der Schwierigkeit dieses Begriffs die Anerkenntnis eines tiefen Geheimnisses im Herzen der Wirklichkeit steckt. Man könnte sagen, die Dreifaltigkeit sei ein Sinnbild, anhand dessen man in der Kontemplation über die fundamentalen Themen von Endlich und Unendlich, Zeitlich und Zeitlos, Relativ und Absolut nachsinnt. Der Umstand, dass die zweite Person der Dreifaltigkeit, Jesus, der Sohn Gottes, zwei Naturen besitzt – die menschliche und die göttliche –, bietet den Anlass zum Nachdenken darüber, wie das Menschsein vervollkommnet werden kann und welche Möglichkeiten es für die Erlösung aller Menschen gibt.

Auch wenn in letzter Analyse die volle Natur der Gottheit jenseits der Grenzen von Sprache und Denken bleiben muss, gibt es vielleicht doch eine Parallele zwischen dem Begriff der Dreifaltigkeit und dem buddhistischen Verständnis der dreifachen Verkörperung der Buddhaschaft, wie man es vor allem in der Sanskrit-Tradition findet: *Dharmakaya*, *Sambhogakaya* und *Nirmanakaya*. Nach dieser Theorie ist die wahre Natur der endgültigen Buddhaschaft – der vollkommene Daseinszustand – *Dharmakaya*, die letzte Wahrheit selbst, die Zeit, Raum und Form transzendiert. Aber aus dieser zeitlosen, unendlichen Wirklichkeit und aus dem grenzenlosen Mitgefühl des Erleuchteten entspringt spontan die Verkörperung des Buddha in Form einer subtilen Energie, die man als *Sambhogakaya* bezeichnet. Diese ließe sich als das Zwischenstadium zwischen der äußersten Formlosigkeit von Buddhas Wesensrealität *Dharmakaya* und seiner vollen Verkörperung in Form eines physischen, berührbaren Wesens verstehen, das man als *Nirmanakaya* bezeichnet, was buchstäblich heißt: „der Buddha-Körper der vollkommenen Emanation". Übrigens wird der historische Buddha Shakyamuni als Beispiel eines *Nirmanakaya* verstanden.

Ich will damit nicht sagen, dass diese beiden Lehren, diejenige von der christlichen Heiligen Dreifaltigkeit und die buddhistische *Trikaya*-Theorie, in etwa das Gleiche seien. Die Parallele zwischen beiden, die ich hier ziehe, ist, dass beide Theorien das Paradox ansprechen wollen, in dem Zeit und Zeitlosigkeit sowie Endliches und Unendliches zueinander stehen. Beide Traditionen brauchen eine zwischen der letzten Wirklichkeit und der existierenden Welt vermittelnde Kraft.

Ich kannte einen christlichen Mönch namens Sylvester Hovédard von der britischen Abtei Prinknash, der die Parallelen zwischen diesen beiden Lehren erforschte. Er war ein großer Ökumeniker, sehr an buddhistischen Meditationspraktiken interessiert und zudem ein bekannter spiritueller Dichter. Ich entsinne mich, wie ich einmal bei einem Gespräch mit Dom Sylvester seine Aufmerksamkeit auf die Tatsache lenkte, dass in letzter Analyse trotz der verblüffenden Parallelen zwischen den Lehren des Buddhismus und des Christentums beide Traditionen sich voneinander trennen müssen, wenn es darum geht, den Begriff eines absoluten transzendenten Wesens anzuerkennen oder abzulehnen. Für den Buddhismus ist aus philosophischer Sicht angesichts der zentralen Bedeutung des Kausalgesetzes und der Interdependenz jeglicher Begriff des Absoluten problematisch.

Eine Gelegenheit, bei der ich eine wunderbare Möglichkeit fand, mich stark in die Parallelen zwischen Christentum und Buddhismus zu vertiefen, war das John-Main-Seminar, das 1994 in London drei volle Tage lang stattfand. Diese Seminarreihe ist nach Pater John Main benannt, einem Benediktinermönch, der eine christliche Meditationsgruppe ins Leben gerufen hatte. Ich bin ihm in den 1980er Jahren zweimal in Kanada persönlich begegnet. Bei der ersten dieser Begegnungen nahm ich in John Mains Kommunität an einer Gebetsstunde teil. Die Teilnehmer sangen unter Gitarrenbegleitung einen Hymnus, bei dem aus John Mains in tiefer Sammlung geschlossenen Augen Tränen über seine Wangen liefen. Ich war von der Tiefe seiner Andacht und der inspirierenden Kraft eines theistischen Glaubens, die jemanden in solchen Tiefen zu rühren vermochte, sehr bewegt. Anders als Bede Griffiths, aber genau wie Thomas Keating – ein Trappisten-Mitbruder von Thomas Merton, der eine heutige christliche Kontemplationstradition namens „Centering Prayer" („Gebet der Stille") ins Leben rief –, legte John Main vor allem Wert auf die Wiederentdeckung der kontemplativen Praktiken innerhalb der Geschichte der christlichen Tradition selbst. Als wir uns zum zweiten Mal zu einer privaten Sitzung in Pater Johns städtischem Retreat-Haus in Montreal trafen, schenkte er mir eine Ausgabe der Regel des heiligen Benedikt. 1994 wurde ich von Pater Laurence Freeman, den ich dann als spirituellen Mitbruder schätzen lernte, gebeten, das John-

Main-Seminar zu leiten. Pater Laurence stellte mir die schwierige Aufgabe, eine Anzahl Stellen aus den vier Evangelien zu kommentieren, die er ausgewählt hatte. Meine Ausführungen bei diesem Treffen wurden anschließend in einem kleinen Buch veröffentlicht, das den Titel trug: *The Good Heart: A Buddhist Perspective on the Teachings of Jesus* („Das gute Herz: Eine buddhistische Sicht der Lehren Jesu"). Im Laufe dieses dreitägigen Dialogs, an dem etliche andere Christen und Buddhisten teilnahmen, darunter Schwester Eileen O'Hea und Ajahn Amaro, wurde klar, dass die Diskussion zwischen ernsthaft Praktizierenden aus Christentum und Buddhismus für beide Seiten bereichernd und spirituell ermutigend sein kann.

Ein weiterer heutiger christlicher Lehrmeister, der sich sehr für die Verbreitung der kontemplativen Praxis einsetzt, ist der aus Österreich stammende Benediktiner David Steindl-Rast, der schlicht als Bruder David bekannt ist. Er ist ein Zeitgenosse von Thomas Merton, ist ausgesprochen aktiv im interreligiösen Dialog und verfügt über viel Erfahrung. Ich bin ihm bei etlichen Anlässen begegnet.

Seite an Seite mit komplexen theologischen Ansätzen, wie sie der römische Katholizismus und die Orthodoxie vertreten, gibt es in der Christenheit auch eine Glaubensrichtung, die auf der direkten Beziehung des Einzelnen zu Gott beruht. Sie findet ihren Ausdruck insbesondere bei den verschiedenen protestantischen Denominationen, die betonen, der Glaube sei eine Regung des Herzens, die im totalen Vertrauen auf Gottes Liebe beruhe. Martin Luther, auf dessen Lehren die protestantische Glaubenstradition zurückgeht, sagte es so: „Jeder Mensch muss für sich selbst glauben, genau wie er auch für sich selbst sterben muss." Hier ist der mächtige Antrieb eine tief innerliche und persönliche, durch das eigene Gewissen und durch die erlösende Geschichte vom Leben und Leiden Jesu vermittelte Beziehung zu Gott. Angesichts dieser individuellen Beziehung zum Schöpfer wird die Schrift als das lebendige Wort Gottes der entscheidende Bezugspunkt für die Erfüllung des Willens Gottes, wie er in der Welt dem eigenen Gewissen offenbart wird.

Der Weg der Kontemplation

Merton, Griffiths, Main, Keating und Br. David Steindl-Rast stehen alle für heutige Versuche seitens ernsthafter Christen, im Christentum die reiche Tradition der kontemplativen Praxis wieder aufleben zu lassen. Ich habe mir sagen lassen, dass es in der orthodoxen Tradition eine ununterbrochene Traditionslinie christlich meditativer Praxis gebe, und ebenso auch in verschiedenen katholischen Orden wie etwa bei den Karmeliten. Man hat mir erzählt, es gebe eine wunderschöne orthodoxe Praxis, die auf einen unter dem Namen *Philokalie* bekannten Kommentartext zurückgeht und an die Aufforderung des heiligen Paulus in seinem *Brief an die Thessalonicher* anknüpft, man solle „ohne Unterlass beten". Diese Mahnung wurde in der Orthodoxie zur Inspiration für eine Art von Mantra-Praxis, die aus einer ständigen, ununterbrochenen Anrufung des göttlichen Namens Jesu mit den Lippen, im Geist und im Herzen besteht, wobei man sich mental ein Bild von seiner ständigen Gegenwart macht und seine Gnade erbittet und das bei jeder Beschäftigung, zu allen Zeiten, an allen Orten und sogar während des Schlafs tut. Die Anrufung besteht aus den Worten „Herr Jesus Christus, erbarme dich meiner". Anscheinend lebte diese alte Tradition in der russischen Orthodoxie bis zum Aufstieg des Kommunismus fort. Die Kombination von Visualisierung und Beschwörung und die Technik, die Beschwörung zum stillen Gebet zu machen, das man mit dem Takt des Herzschlags verbindet, lässt an ein Spektrum möglicher Parallelen zu alten indischen Meditationsformen denken.

Ein zentrales Thema ist hier die ständige Wachsamkeit des Geistes beim Gebet, die Evagrius Ponticus (den Merton als einen der größten christlichen mystischen Theologen bezeichnete) als „beständigen Zustand intellektueller Kontemplation" beschrieb. Das hat deutliche Ähnlichkeiten mit dem Aufruf zu ständiger Achtsamkeit in indischen Traditionen einschließlich des Buddhismus und dem Einswerden von Stille und Einsicht, das das Schlüsselinstrument für die meditative Entwicklung ist. Die östlichen christlichen Mystiker wie Gregor von Nyssa oder Evagrius scheinen unter Gebet die Läuterung des Geistes von allen leidenschaftlichen Gedanken und allen vermittelnden Elementen (einschließlich der Schau Jesu selbst) zu verstehen, bis man zur schlichten direkten Intuition der Heiligen Dreifaltigkeit gelangt. In diesem Kontext wird der Weg so verstanden, dass man allem entsagt und dann darum ringt, von allen Leidenschaften frei zu werden und sich von seiner Unwissenheit und aller Finsternis und Nachlässigkeit zu läutern. Die Bilderwelt vieler der kontemplativeren christlichen Schriftsteller, die von einem Weg durch die Dunkelheit und dem Aufstieg ins Licht sprechen, ist wunderschön. Es braucht gar nicht eigens gesagt zu werden, dass diese Metapher vom Weg aus der Finsternis starke Ähnlichkeiten aufweist mit der buddhistischen Sicht des Weges aus der Finsternis der Unwissenheit ins Licht des weisheitlichen Verstehens der letzten Wirklichkeit.

2008 nahm ich in Blackfriars, dem Kolleg der Dominikaner in Oxford, an einer Diskussion teil, zu der der bekannte Fachmann Richard Finn geladen hatte. Als ich meine beiden Diskussionspartner Eugene McCaffrey und Paul Murray darüber sprechen hörte, beeindruckten mich die verblüffenden Ähnlichkeiten nicht nur der Erfahrung, sondern auch der Sprache, mit der sie sie beschrieben. Der Darstellung Pater Eugenes hörte ich fast nach Art einer gelenkten Meditation zu, und ich empfand eine tiefe innere Verbindung zwischen der Sicht des heiligen Johannes vom Kreuz vom Weg der Seele auf ihrer Suche nach dem Göttlichen im Inneren und der buddhistischen Meditation über die Auflösung des Selbst. In beiden Fällen wird der Mensch kraftvoll über eine Reihe von Stufen, auf denen er zunehmend die Identität seines bisherigen Selbst verliert, zu einer äußerst radikalen Sicht des Daseins jenseits der engen Grenzen des individuellen Selbstseins geführt. Sogar die Art, wie Johannes vom Kreuz den Schrecken und das Verlustgefühl in der „dunklen Nacht" beschreibt, von der er spricht, klingt deutlich an Erfahrungen an, wie sie auch in den phänomenologischen Beschreibungen des Nicht-Selbst in der buddhistischen kontemplativen Tradition geschildert werden, wo sich beim Meditierenden das Gefühl der Festigkeit des Selbst auflöst und er mit dem sogenannten „Schrecken angesichts der Leerheit" konfrontiert wird.

Der heilige Johannes vom Kreuz (1542–1591) war einer der größten Dichter und Theologen Spaniens. Wenn er die tiefe Erfahrung der Ekstase der höheren Kontemplation beschreibt, spricht er davon, dass dieser Zustand die Grenzen der Sprache und des Denkens übersteige:

Ich wusst' nicht, wo ich hingekommen,
denn kaum, dass ich mich dort befand,
hab' hohe Dinge ich vernommen,
noch eh' ich, wo ich war, erkannt.
Ich sage nicht, was ich empfand,
ich weilte ohne Wissen und Gedanken
hoch über alles Wissens Schranken.

Von Gottesfurcht und Seelenfrieden
ward volle Kunde mir geschenkt:
In tiefer Wildnis abgeschieden
ward ich zum rechten Weg gelenkt.
Doch in Geheimnis war's versenkt.
Nur stammeln konnt' ich, ledig der Gedanken,
hoch über alles Wissens Schranken.

Da stand ich denn so ganz versunken,
so hingegeben und entzückt;
all meine Sinne waren trunken,
besinnungslos, sich selbst entrückt.
Jedoch der Geist ward da beglückt
durch ein Verständnis, ledig der Gedanken,
hoch über alles Wissens Schranken.

Ein Aspekt des christlichen Gottesbildes – und insbesondere des Aspekts, dass Gott einen Sohn hat, der Mensch war – bietet die Möglichkeit, sich mit Jesus zu identifizieren und sein Vorbild als Mittel zum spirituellen Transzendieren zu verwenden. Die Buddhisten betrachten zwar keinen der Buddhas als etwas anderes denn einen Mann oder eine Frau, die die Erleuchtung erlangt haben, aber dennoch gibt es auch bei ihnen die Möglichkeit, sich mit dem Buddha als Objekt der Kontemplation zu identifizieren. Das ist vor allem bei den intensiven Visualisierungsübungen der buddhistischen Tantrayana-Tradition auf Weisen üblich, die denjenigen des Christentums stark ähneln dürften. Ebenso weist die Anbetung Jesu als des höchsten Wesens, vor allem in Form von Buß- oder Bittgebeten, Parallelen mit manchen Formen der buddhistischen Frömmigkeit auf, wie etwa in der Tradition vom „Reinen Land" mit dem Gebet um Erlösung an Amitabha Buddha.

Es ist wohl nicht falsch, wenn ich sage, dass unter allen großen Weltreligionen das Christentum und darin insbesondere der römische Katholizismus diejenige ist, mit der ich außerhalb des Buddhismus meine engsten Kontakte hatte. Das könnte etwas mit der Tatsache zu tun haben, dass Thomas Merton bei unseren grundlegenden Begegnungen in den frühen Jahren meines Exils in Nordindien mir das Christentum so ausgezeichnet gut nahebrachte und ich mich in der Folge mit katholischen Lehrmeistern wie John Main, Bede Griffiths, Thomas Keating und Laurence Freeman anfreundete, die alle im interreligiösen Dialog aktiv sind. Angesichts der unverkennbaren christlichen Botschaft der Liebe und des Mitgefühls finden sich infolge der Tatsache, dass sich das Neue Testament auf das Mitgefühl als die Gott definierende Wahrheit konzentriert – Gott als grenzenlose Liebe; eine Gottheit, die sich um das Leiden der Welt kümmert –, starke Entsprechungen dazu, dass der Buddhismus das Mitgefühl als höchsten spirituellen und ethischen Wert mit Nachdruck ins Zentrum stellt. Bei einem öffentlichen Vortrag in Sydney in Australien wurde ich einmal von Rev. Bill Crews von der „Ashfield Parish Mission" vorgestellt, den ich im Laufe der Jahre als guten Freund kennengelernt habe. Dieser Pastor schilderte mein Leben und Werk und sagte dabei, er betrachte mich als guten Christen! Natürlich ist ihm klar, dass ich Buddhist bin, und sogar ein ganz eingefleischter. Insofern ich jedoch so weit als möglich versuche, in meinem Leben und Werk das Ideal des Mitgefühls zu verwirklichen, des Wertes, den ich am höchsten schätze, hat mein Pastorenfreund recht, wenn er mich als „guten Christen" bezeichnet.

Ich will dieses Kapitel über meine Beschäftigung mit dem Christentum mit einigen Sätzen abschließen, die ich früher einmal in der Einleitung zu dem Buch *Word of Promise* von Martin Kitchen (ein Buch, in dem es um den neutestamentlichen Jakobusbrief geht) geschrieben habe. „Wenn wir heute die Bibel lesen, erinnert sie uns daran, dass viele unserer fundamentalen spirituellen Werte nicht nur universal, sondern auch ewig sind. Solange die grundlegende Natur der Menschen unverändert bleibt, bleiben diese Grundwerte für uns relevant, sowohl für uns als individuelle Menschen als auch als Gesellschaft." Wenn wir fragen, worin diese Werte im Wesentlichen bestehen, laufen sie auf das von Jesus verkörperte Mitgefühl hinaus und sind im Gebot der Heiligen Schrift „Du sollst deinen Nächsten lieben wie dich selbst" wunderbar zusammengefasst. Für einen Buddhisten ist dies das Wesen der Praxis der Liebe und des Mitgefühls.

Kapitel 5

Der Islam: Unterwerfung unter Gott

Absolute Unterwerfung unter Gott

Eine unmittelbar erkennbare Eigenart des Islam ist die hingebungsvolle Einhaltung des täglichen regelmäßigen Gebets. Es wird auf Arabisch *salat* und auf Türkisch und Persisch *namaz* genannt und fünfmal täglich gehalten. Wo immer eine größere Gemeinde von Muslimen lebt, schallt täglich ab dem frühen Morgen regelmäßig von den hohen Minaretten der Ruf zum Gebet. Tatsächlich gibt es sogar direkt neben der heiligsten Stätte des Buddhismus, der Stupa in Bodh Gaya, die zum Gedächtnis an die Stelle errichtet wurde, an der vor über 2500 Jahren der Buddha die Erleuchtung erlangte, eine Moschee, von der her man jeden Morgen bei Tagesanbruch den typischen islamischen Gebetsruf „Allahu Akbar" (wörtlich übersetzt „Gott ist groß") erschallen hört, während man den Stupa umschreitet. Diese Aufrufe zum Gebet werden mit einer wunderschön tremolierenden Melodie gesungen, die an die Stimme eines Menschen denken lässt, der im Nahen Osten die Wüste durchquert. Sie hilft dazu, dass sich alle Gläubigen der Wirklichkeit des Göttlichen bewusst bleiben. Als ich Gelegenheit hatte, ein islamisches Land im Nahen Osten zu besuchen – im Jahre 2005 Jordanien – und von den Moscheen in Amman die

Rufe zum Gebet vernahm, beeindruckte mich das sehr. Die Vorstellung, dass genau jetzt, in diesem Augenblick, Millionen von Menschen kollektiv in ihrem Leben innehielten, und sei es noch so kurz, um ihre Gedanken auf Gott zu richten, bewegte mich tief.

Der großartige Zug des Islam, der mich als Erstes gewaltig beeindruckt hat und das auch weiterhin tut, ist die konzentrierte, radikale Ausrichtung der Muslime auf Gott. Sie stehen bedingungslos zur absoluten Transzendenz Gottes, sei es bezüglich der Sprache und des Denkens oder der Form. In der islamischen Tradition geht diese Transzendenz Hand in Hand mit der Betonung der Immanenz Gottes, die wunderbar in einem Vers aus dem Koran zum Ausdruck kommt, in dem es heißt, Gott sei „dem Menschen näher als seine Halsschlagader" (50,16). Der Islam vertritt kompromisslos die Auffassung, dass Gott von Natur aus unendlich und zeitlos sei. Unter diesen Bedingungen sei es die Pflicht des Gläubigen, eine direkte Beziehung zu ihm zu unterhalten. Von daher ist man streng gegen die Darstellung Gottes in jeglicher Form, und deswegen sind die islamischen Gottesdienststätten bar aller Bilder. Von dieser ausschließlichen und direkten Ausrichtung des Zugangs der Gläubigen zu Gott ist eindrucksvoll gleich in den Anfangsversen des Koran die Rede:

Im Namen Allahs, des Allerbarmers, des Barmherzigen.
(Alles) Lob gehört Allah, dem Herrn der Welten,
dem Allerbarmer, dem Barmherzigen,
dem Herrscher am Tag des Gerichts.
Dir allein dienen wir, und zu Dir allein flehen wir
um Hilfe.

Leite uns den geraden Weg,
den Weg derjenigen, denen Du Gunst erwiesen hast …

Die Konzentration auf Gott ist derart zentral, dass bereits
der Name „Islam" den Sinn der totalen Unterwerfung
unter Gott enthält. Das Wort „Islam", so hat man mir erklärt, ist aus dem arabischen Begriff für „annehmen",
„sich unterwerfen" oder „sich unterordnen" abgeleitet.
Im Islam als Religion steht im Mittelpunkt die Unterwerfung des Gläubigen unter den Willen Gottes. Da Gott dabei als der Mitfühlende und Barmherzige charakterisiert
wird, verstehe ich das so, dass der Gläubige hier genau
genommen seine absolute Unterwerfung unter das Ideal
des universalen Mitgefühls anbietet. Dank dieser Unterwerfung kann dann Gottes Mitgefühl durch die Handlungen des Gläubigen hindurchfließen. In meiner eigenen
buddhistischen Tradition gibt es eine ähnliche Praxis, bei
der man sein gesamtes Wesen darbietet, um zum Diener
der Verkörperung des Mitgefühls zu werden.

Für den Außenstehenden, zumal den nichtreligiösen
Menschen, mag die kompromisslose Unterwerfung unter
Gott im Islam schwer zu verstehen sein, was zu einer gro-
ben Fehleinschätzung dieses Sich-Unterwerfens der Muslime führen kann, nämlich dass es sich dabei um eine
Form des religiösen Fundamentalismus handle. Aber für
den frommen Muslim ist Gott absolut und jenseits aller
Form; und unsere Pflicht als endliche Geschöpfe, die in
den Einschränkungen von Zeit und Raum leben, ist es,
uns vor der Gegenwart dieses tiefen Geheimnisses zu ver-
neigen.

Meine Beschäftigung mit dem Islam ist leider weniger tief als bei den anderen Weltreligionen. Bis vor Kurzem konnte ich noch keine islamischen Länder im Nahen Osten besuchen und auch keine tiefen Freundschaften mit führenden Persönlichkeiten des Islam aus diesem Teil der Welt schließen. Meine besten Kontakte hatte ich mit Muslimen in Indien oder im Westen. In Indien – einem Land mit einer der weltweit größten islamischen Bevölkerungsgruppen – pflegte ich lang anhaltende Freundschaften mit mehreren tiefgläubigen Muslimen in Ladakh, darunter einem Imam in einem entlegenen Teil von Ladakh in Nordindien. Ein hoher Prozentsatz der Bewohner von Ladakh gehört traditionellerweise dem tibetischen Buddhismus an; zudem gibt es in der Nähe von Leh, der wichtigsten Stadt Ladakhs, eine Ansiedlung tibetischer Flüchtlinge und ein tibetisches Kinderdorf. Aus diesem Grund besuche ich diese Region ziemlich oft. Ich habe außerhalb von Leh ein bescheidenes Retreat-Haus, wohin ich mich gern zum Meditieren zurückziehe, sooft ich mir einige Zeit frei nehmen kann. Während dieser Besuche nutze ich regelmäßig die Möglichkeit, mich bei einer Tasse Tee oder einem gemeinsamen Essen mit meinen muslimischen Freunden zu treffen. Im Laufe der Zeit sind dank dieser Diskussionen und meiner Besuche in den dortigen Moscheen die islamischen Gemeinden dieser Imame und ihre buddhistischen Nachbarn gute Freunde geworden. Ein schiitischer Ladakhi hat mir bei einem unserer Gespräche gesagt, er verstehe den Koran so, dass kein Mensch, der unter seinen Mitmenschen Blutvergießen anrichtet, ein echter Muslim sein könne. Ein anderer vertrat, ein wahrer Muslim müsse Gottes Geschöpfe genauso sehr lieben, wie er Allah liebe. Das ist wunderschön. Natürlich unterscheidet sich die Redeweise, mit der man im Islam sein Verständnis des universalen Mitgefühls darlegt, von derjenigen des Buddhismus; aber die prinzipielle Vorstellung davon und ihre spirituelle Auswirkung auf das ethische Leben des Einzelnen unterscheiden sich kaum vom fundamentalen buddhistischen Lehrsatz über das Mitgefühl mit allen empfindenden Lebewesen.

Der Prophet und die Gläubigen

Zentral für den Glauben aller Muslime ist die Überzeugung, dass Mohammed Gottes letzter Prophet auf Erden ist und der Koran Gottes endgültige Offenbarung der Wahrheit darstellt. Die Geschichte, wie Mohammed dazu kam, zum Botschafter Gottes auserwählt zu werden, bleibt für alle frommen Muslime eine Quelle tiefer Inspiration. Die Tradition überliefert, dass Mohammed im Jahre 570 unserer Zeitrechnung in einem der führenden Stämme Mekkas geboren wurde und in seiner Kindheit recht tragische persönliche Ereignisse durchmachte. Der Wendepunkt kam, als er eine Witwe namens Chadidscha heiratete, die fünfzehn Jahre älter war als er und ihr Leben lang die zuverlässige Freundin des Propheten blieb. Um 610 empfing Mohammed seinen Auftrag von Gott als Gottes Prophet. Dieses bedeutsame Ereignis fand in der Umgebung von Mekka auf dem Berg Hira statt. Damit begann Gottes Offenbarung durch den Engel Gabriel, die im Text des Korans aufgezeichnet wurde. Für Muslime stellt der Koran das wahre Wort Gottes dar. Er ist anders als jeder andere Text, keine menschliche Schöpfung und nicht von den Beschränkungen irgendwelcher menschlicher Absichten oder Denkvorstellungen verfälscht. Der Koran ist buchstäblich Gottes größtes Wunder, und deshalb ist nicht nur sein Inhalt vollkommen, sondern auch die Sprache, in der er niedergeschrieben ist. Aus diesem Grund ist für einen frommen Muslim die einzig akzeptable Fassung des Korans die ursprüngliche arabische; keine Übersetzung besitzt volle Gültigkeit. Zusätzlich zum Koran akzeptiert der Islam noch die Autorität einer weiteren Schriftensammlung namens *Hadith* – was wörtlich „Sprüche des Propheten" bedeutet –, die später zu einer Sammlung zusammengestellt wurden. Diese beiden Texte zusammen gelten in der islamischen Tradition als Richtschnur für das Leben der Gläubigen.

Historisch kam es unter den Anhängern des Propheten zu den beiden Haupttraditionen der Sunniten, der „Traditionalisten", und der Schiiten, der Anhänger Alis, des Schwiegersohnes des Propheten. Die Sunniten sind in den meisten islamischen Ländern die Mehrzahl, außer im Iran und Irak. Lehrmäßig gibt es zwischen diesen beiden islamischen Traditionen keine größeren Unterschiede. Beide sind sich einig in ihrer ausschließlichen Verehrung Allahs, ihrem tiefen Glauben, dass der Koran Gottes endgültige Offenbarung darstelle, und ihrer Überzeugung, dass Mohammed Gottes wahrer Prophet sei. Aber bezüglich der Auslegung der Feinheiten des Gesetzes, der Scharia, gibt es in beiden Traditionen viele unterschiedliche Rechtsschulen, die recht verschiedene Auslegungen vertreten. Der grundlegende Unterschied beruht auf dem historischen Disput über die Frage, wer der rechtmäßige Nachfolger des Propheten sei. Die Schiiten glauben, dass Mohammeds Schwiegersohn Ali nach dem Tod des Propheten die Nachfolge zugestanden habe. Ich habe meinen muslimischen Freunden wie etwa Dalil Boubakeur, dem Rektor der Moschee von Paris, oft die Frage gestellt, worin sich der sunnitische und der schiitische Islam voneinander unterschieden, und habe dabei herausgefunden, dass diese Spaltung auf überhaupt keinem Unterschied in der Glaubenslehre beruht. Boubakeur begegnete ich erstmals 1993 in Frankreich, als er und ich an einer interreligiösen Versammlung teilnahmen, bei der wir auch nach Lourdes pilgerten. Anschließend lud er mich ein, seine Moschee zu besuchen.

Die fünf Säulen des Islam

Was die Alltagspraxis angeht, gibt es für jeden Muslim fünf Pflichten: *schahada* (Glaubensbekenntnis), *salat* (fünfmaliges rituelles Gebet), *zakat* (Almosengeben), *saum* (Fasten) und *haddsch* (Pilgerfahrt nach Mekka). Diese fünf Pflichten stellen kurz und knapp den Geist, das Ziel und die Handlungen eines frommen Muslims dar, der sein Leben dem Ideal der Unterwerfung unter den Willen Allahs weiht. Diese fünf Säulen mögen zwar als Lehre gefasst sein, sind an sich jedoch keine Lehren, sondern stellen Elemente der Praxis der Gläubigen dar. Von daher sehe ich in ihnen viele Parallelen mit der ernsthaften religiösen Praxis anderer Traditionen, darunter meines eigenen buddhistischen Glaubens.

1. Schahada (Glaubensbekenntnis)

Jeder Muslim muss sprechen: „Ich bezeuge, dass es keine Gottheit außer Gott gibt und dass Mohammed der Gesandte Gottes ist." Als wichtigste Säule legt diese Aussage den Grund für alle anderen Glaubensvorstellungen und Praktiken. Im Idealfall sind das die ersten Worte, die ein neugeborenes Kind zu hören bekommt, und sie werden auch im Augenblick des Versterbens des oder der Betreffenden gesprochen. Die Muslime sollen die *schahada* im Gebet vor sich hinsprechen. Die Parallele im Buddhismus besteht darin, dass man dort „seine Zuflucht zu den Drei Juwelen" nimmt: dem Buddha, dem *dharma* (seiner Lehre) und dem *sangha* (der spirituellen Gemeinschaft). Auch im Buddhismus stellt diese Zufluchtnahme zu den Drei Juwelen die Bekundung des eigenen Glaubens dar.

2. Salat (rituelles Gebet)

Salat (das Gebet) verrichtet man in Richtung zur Kaaba in Mekka. Es dient dazu, sein Denken auf Allah zu konzentrieren; es wird als persönliche Kommunikation mit Allah verstanden, in der man Dankbarkeit und Anbetung äußert. Nach dem Koran hat das Gebet die wohltuende Wirkung, dass es einen davon abhält, „das Schändliche und das Verwerfliche (zu tun)" (Koran 29,45). *Salat* soll fünfmal täglich verrichtet werden und ist verpflichtend, aber je nach Umständen ist in den Einzelheiten eine gewisse Flexibilität gestattet. In der buddhistischen Tradition rezitieren die Frommen Stellen aus Schriften, die an das Empfinden der Unbeständigkeit und die vergängliche Natur des Daseins erinnern, um den Geist von der Neigung zu unheilvollen Taten abzulenken. Die mentalen Kräfte, die man in diesem Kontext vor allem anwendet, sind das Schamgefühl und die Rücksichtnahme auf andere.

3. Zakat (Almosengeben)

Im Koran wird dem Gläubigen auch *zakat*, das Almosengeben, vorgeschrieben. Es handelt sich dabei um die Praxis des wohltätigen Spendens, zu der alle, welche dazu in der Lage sind, verpflichtet sind. Es wird als persönliche Verpflichtung der Muslime angesehen, anderen ihre wirtschaftlichen Schwierigkeiten zu erleichtern und Ungleichheiten zu beheben. *Zakat* besteht darin, einen festgesetzten Teil seines Reichtums zum Wohl der Armen oder Bedürftigen einzusetzen, darunter auch der Sklaven, Verschuldeten und Reisenden. Man hat mir erzählt, dass es früher in manchen islamischen Gemeinden üblich war, dass die Bauern ein kleines Stück ihrer Felder nicht abernteten, sondern für die Armen stehen ließen. (Ich glaube, es gibt eine ähnliche Anweisung auch in der jüdisch-christlichen Heiligen Schrift.) Das ist wunderschön, denn dahinter steckt der Gedanke, dass der Fromme nicht nur den Armen eine Liebestat erweisen, sondern auch dafür sorgen muss, dass dessen Würde gewahrt bleibt. Der spirituelle Sinn dieser Praxis ist, ein großzügiges Herz gegenüber denjenigen zu haben, die ärmer sind, als man selbst ist. Ich finde es sehr ergreifend, dass der Islam die Großzügigkeit mitten ins Zentrum seiner religiösen Praxis setzt. Im Buddhismus ist *dana*, die Großzügigkeit, die erste der Vollkommenheiten, die ein aufrichtig Praktizierender sich anzueignen bemüht ist; sie ist die Grundlage, auf der die entschiedene Praxis des Mitgefühls beruhen muss. In der tibetischen Tradition gibt es den Spruch: „Opfere den Drei Juwelen und gib den Armen und Bedürftigen Almosen." Was die islamische Praxis des *zakat* so besonders macht, ist der Umstand, dass hier die Nächstenliebe zur festen Einrichtung geworden ist, sodass in dieser Hinsicht die Kluft zwischen Ideal und Wirklichkeit wesentlich schmaler wird.

4. Saum (Fasten)

Im Koran gibt es drei Arten von Fasten (*saum*): rituelles Fasten, Fasten als Wiedergutmachung oder Buße und asketisches Fasten. Während in der buddhistischen Tradition eine der Vorschriften für den Mönch darin besteht, nach Mittag zu fasten, ist es eindrucksvoll, dass der Islam diese Einschränkung der sinnlichen Befriedigung auf alle Praktizierenden ausgedehnt hat, vor allem während des heiligen Monats Ramadan.

5. Haddsch (Pilgerfahrt)

Der *haddsch* ist eine Pilgerfahrt in die heilige Stadt Mekka während des islamischen Monats Dhu l-hiddscha. Alle, die körperlich dazu in der Lage sind, sollen die Pilgerfahrt nach Mekka wenigstens einmal in ihrem Leben machen, sofern sie sich das leisten können. Wenn der Pilger auf seiner Reise ungefähr zehn Kilometer vor Mekka ist, muss er ein Ihram-Kleid anlegen, das aus zwei weißen Tüchern besteht. Zu den Hauptritualen des *haddsch* gehört, dass man siebenmal die Kaaba umschreitet, den Schwarzen Stein berührt, siebenmal zwischen dem Berg Safa und dem Berg Marwah hin- und hergeht und in Mina symbolisch den Teufel steinigt. Zum *haddsch* gehört auch ein Besuch in Medina, der zweitheiligsten Stadt des Islam. Der Pilger oder *haddschi* wird bei seiner Heimkehr von der Gemeinde besonders geehrt. Die islamischen Lehrer sagen, dass der *haddsch* nicht ein Mittel sein dürfe, um gesellschaftliche Anerkennung zu erlangen, sondern Ausdruck der Verehrung für Allah sein sollte. Ein bemerkenswerter Aspekt am *haddsch* ist, dass es während der Pilgerreise zwischen den Pilgern keinen Unterschied bezüglich Klasse, Reichtum und Rasse gibt: In der Gegenwart Gottes sind alle gleich. Im Buddhismus ist die Pilgerfahrt viel weniger formalisiert und überhaupt nicht institutionalisiert. Jedoch gilt es als wichtiger Bestandteil des religiösen Lebens, die wichtigsten Stätten zu besuchen, die mit dem Leben Buddhas verbunden sind, und auch die heiligen Orte, an denen große Weise oder Meditierende leben oder gelebt haben.

Das Verhältnis zwischen Islam und Buddhismus

Die Geschichte der Beziehungen zwischen Islam und Buddhismus ist zumindest auf dem indischen Subkontinent mit tragischen Ereignissen belastet. Etliche der größten klösterlichen Einrichtungen des Buddhismus wurden von islamischen Invasoren aus Zentralasien zerstört. Meine eigene Heimat ist zwar als durch und durch buddhistisches Land bekannt, und das zu Recht, aber nur wenige wissen, dass es fast vierhundert Jahre lang auch die Heimat einer islamischen Gemeinde war. Nach Meinung einiger Historiker sollen sich bereits im 12. Jahrhundert in Zentraltibet Muslime aus Kaschmir angesiedelt haben. Zur Zeit der Regierung des Fünften Dalai Lama, eines meiner hervorragendsten Vorgänger in der Linie der Dalai Lamas, ließ sich dann eine regelrechte Gemeinde von Muslimen in Tibet nieder. Inzwischen weiß man, dass es Mitte des 17. Jahrhunderts in Kaschmir eine große Hungersnot gab und damals eine Anzahl Muslime aus Kaschmir ihre Zuflucht in Lhasa suchten. Der Fünfte Dalai Lama gewährte den Muslimen besondere Privilegien, gab ihnen Land für eine Moschee und einen Friedhof, gestattete ihnen die Wahl eines fünfköpfigen Komitees zur Regelung ihrer inneren Angelegenheiten, erlaubte ihnen, ihre eigenen Streitigkeiten unabhängig zu regeln, und befreite sie von der Steuer. Während ich als Kind in Lhasa heranwuchs, hatte ich persönliche Kontakte zu ortsansässigen tibetischen Muslimen. Einer von ihnen war Fachmann für das Reparieren von Uhren. Ich hatte damals eine Taschenuhr, die, wie ich glaube, meinem unmittelbaren Vorgänger, dem Dreizehnten Dalai Lama, gehört hatte. Als diese Uhr nicht mehr ging, rief ich diesen Uhrmacher, um sie zu reparieren. Nachdem er das gemacht hatte, gab dieser alte Muslim mir, dem jungen Dalai Lama, einige gute Ratschläge. Er sagte: „Wer eine Uhr in der Tasche trägt, sollte vorsichtig sein und sich so verhalten, als trüge er ein Ei." Für einen quicklebendigen Jungen war das eine ernüchternde Vorstellung! Als ich 1959 ins Exil floh, folgte mir auch eine Anzahl von Muslimen. Sie waren nicht weniger als jeder andere Tibeter loyal gegenüber der Sache des freien Tibet. Mehrere von ihnen standen über viele Jahre im Dienst der tibetischen Exilregierung und manche sind das noch heute.

Während meines ersten Besuchs in Jordanien im Jahre 2005 führte ich eine Reihe von privaten Gesprächen mit einem bekannten Fachmann für die Tradition der Sufis, also die mystische Tradition des Islam. Er war lebhaft daran interessiert, wie islamische Theologen bestimmte Aspekte des Buddhismus verstehen könnten, die diesen als große spirituelle Tradition erweisen. Ich räumte ein, dass sich der Buddhismus mit dem Fehlen der Vorstellung eines Gottes und einer ewigen Seele stark von einer Religion wie dem Islam unterscheide, wies jedoch darauf hin, dass es im Unterschied zu säkularen Philosophien im Buddhismus eine Vorstellung von Erlösung (oder Erleuchtung) gebe, die als letztes Ziel des empfindenden Wesens gelte; dass man zudem auch höhere Wesen wie die Buddhas und Bodhisattvas anerkenne, an die sich die Gläubigen mit Gebeten wenden und deren Segen erbitten könnten; und dass es die Vorstellung von einer letzten Wahrheit gebe, die der religiös Suchende erkennen und sogar verkörpern könne. Eine wesentliche Praxis in allen buddhistischen Traditionen bestehe darin, seine Zuflucht bei den Drei Juwelen zu suchen: dem Buddha, dem *dharma* und dem *sangha*. Der *dharma* lasse sich als die Wahrheit verstehen, der Buddha als deren vollkommene Verkörperung und der *sangha* als die spirituelle Gemeinschaft, die den Weg der Wahrheit beschreite. Vor allem in der Sanskrit-Tradition des Buddhismus versuche man mit dem Begriff der dreifachen Verkörperung der Buddhaschaft (*trikaya*) die Beziehung zwischen dem Endlichen und dem Unendlichen, dem Zeitlichen und dem Zeitlosen, dem Absoluten und dem Relativen zu erklären.

Ein bemerkenswerter islamischer Lehrer, mit dem ich einen sehr anregenden Dialog geführt habe, ist Tirmiziou Diallo, der in Erbnachfolge eine religiöse Autorität der Sufis im westafrikanischen Guinea ist und nach einer Machtübernahme der Kommunisten in seinem Heimatland viele Jahre im Exil in Deutschland gelebt hat. Er kam mich sogar in meiner Residenz in Dharamsala in Nord-indien besuchen. Wir unterhielten uns über die Medita-tionspraktiken von Diallos eigener Sufi-Tradition und vor allem deren westafrikanische Zweige, die die Praxis des Mitgefühls pflegen. Ein anderer Sufi-Meister, der zu einem Besuch kam, war Piern Felad, mit dem ich bereits früher in Frankreich und den USA Gespräche geführt hatte. Wir diskutierten über die Ähnlichkeiten zwischen der mystischen Tradition der Sufis und bestimmten Me-ditationspraktiken im Mahayana-Buddhismus.

Die Tugend des Mitgefühls im Islam

Für einen Außenstehenden wie mich ist ein wunderbarer Zug des Islam, dass er das Mitgefühl als spirituellen und ethischen Grundsatz vertritt. Der Koran betont in den Anfangszeilen, die es vor jeder seiner Suren oder Kapitel gibt, immer das Mitgefühl, wenn er den Namen Gottes, des Mitfühlenden und Barmherzigen, anruft. Zusätzlich zu den Anfangssätzen der Suren enthält er zahlreiche weitere Bezugnahmen auf das Mitgefühl Gottes und spricht zum Beispiel von der „Huld Allahs gegen euch und Seine[r] Barmherzigkeit" und davon, dass Allah „Gnädig und Barmherzig" sei (24,20), oder er sagt: „Allah ist Gnädig zu den Menschen" (3,30). Man könnte sagen, der Koran lehre das Mitgefühl auf dem Weg der Unter-werfung unter Gott, was zur Folge hat, dass der einzelne Mensch zum Instrument von Gottes Barmherzigkeit und Mitgefühl wird.

Sieht man erst einmal deutlich, dass im Islam das Mitgefühl ein zentraler spiritueller Wert ist, so lässt man sich nicht mehr von denen mitreißen, die den Islam so darstellen, als sei er von Natur aus gewalttätig. Das behaupten sowohl Menschen innerhalb dieser Tradition als auch solche von außen, die den Islam als militante Religion darstellen. Meiner Überzeugung nach ist es nach der Katastrophe vom 11. September 2001 von entscheidender Bedeutung, deutlich zu sehen, welche wichtige Rolle das Mitgefühl im Islam spielt. Am ersten Jahrestag dieser Tragödie hielt ich in der National Cathedral in Washington eine Ansprache und nutzte diese dazu, die Amerikaner zu warnen, sie sollten sich nicht davon mitreißen lassen, dass die gängigen Medien den Islam zunehmend als militante Religion beschrieben. Ich vertrat den Standpunkt, nur weil eine Handvoll Muslime das entsetzliche Verbrechen vom 11. September begangen hätten, heiße das noch lange nicht, dass alle Muslime Terroristen seien. Eine Handvoll bösartiger Muslime könne nicht für diese Tradition als ganze stehen, und es sei völlig unfair, wegen des Verhaltens einiger weniger diese gesamte Religion schlechtzumachen. Ich erinnerte die Anwesenden daran, dass es gewissenlose Menschen in praktisch allen Religionen gebe, also auch im Buddhismus, Christentum, Judentum und Hinduismus.

Aufgrund meines persönlichen Engagements für die Verständigung und Harmonie zwischen den Religionen habe ich mich seit diesem Gedenkgottesdienst in Washington ganz besonders darum bemüht, Kontakte mit der islamischen Welt zu knüpfen, wobei es mir darum geht, dass deren Mitglieder sich nicht von den anderen größeren religiösen Traditionen der Welt entfremdet fühlen; und zudem möchte ich andere davon überzeugen, dass der Islam von Natur aus gewaltfrei ist. In Indien ist die islamische Gemeinschaft besonders stark in interreligiösen Aktivitäten engagiert und den Praktizierenden anderer Religionen gegenüber besonders aufgeschlossen. Als ich unlängst die Jama Masjid (Freitagsmoschee) in Delhi besuchte, um darin mit einer weißen Kappe zu beten, wurde ich sehr liebenswürdig willkommen geheißen und mit Freuden aufgenommen. Genauso war es, als ich nach dem 11. September eingeladen wurde, bei einer interreligiösen Konferenz an der Islamischen Universität Jamai Ismail in Neu-Delhi einen Vortrag zu halten. Ich spürte dort ein echtes Bedürfnis nach Kontakt und Diskussion. Auf internationaler Ebene gibt es eine ganze Anzahl von Persönlichkeiten, die sowohl in der islamischen als auch der westlichen Welt verwurzelt sind und deshalb hier eine wichtige Rolle spielen können, wie etwa Sayyed Hossein Nasr, der ein hervorragender Experte für den Sufismus ist und in Amerika als Professor lehrt. Auf den Tagungen, bei denen ich ihn sprechen hörte, war ich immer von seiner Klarheit und seiner souveränen Kenntnis sowohl des Ostens wie des Westens beeindruckt. Ähnliches habe ich einmal bei einer Konferenz über Naturwissenschaft und Religion an der Emory University in Atlanta erlebt, wo der bekannte, ursprünglich aus dem Sudan stammende islamische Rechtsgelehrte Abdullahi Ahmed An-Na'im eine sehr klare Darstellung der Wesenszüge des Islam gab und landläufige Fehldeutungen der Tradition sehr überzeugend zurückwies. Im Rahmen meines eigenen Bemühens, die islamische Welt und andere Religionen näher zusammenzubringen, nahm ich auch an einer Versammlung islamischer religiöser Führer und Fachleute teil, zu der im Jahre 2006 Vertreter des islamischen Glaubens aus vielen Ländern des Nahen Ostens und Afrikas in San Francisco zusammenkamen. Gastgeber dieser Versammlung war mein Freund Mehdi Khorasi, der Imam von Marin County in Kalifornien ist, und an ihr nahmen auch Sayyid Sayeed, der Leiter des Office of Interfaith and Community Alliances der Islamic Society of North America, sowie Vertreter anderer religiöser Traditionen teil, darunter mein alter Freund, der bekannte Religionswissenschaftler Houston Smith. Die Diskussion ging darüber, wie man die religiöse Intoleranz mindern könne, indem man bei den Menschen aller Religionen Verständnis und Mitgefühl fördere. Ich betonte, dass meiner Auffassung nach den Kern der Lehre des Islam das Mitgefühl ausmache, und vertrat die Auffassung, für die Anhänger der großen Weltreligionen sei die Zeit gekommen, sich gemeinsam für die Schaffung einer mitfühlenderen und friedlicheren Welt einzusetzen.

Da ich an die Kraft des persönlichen Kontakts glaube, nahm ich unlängst auch an dem großen Fest am Heiligtum Ajmer Sharif in Rajasthan teil, einer der heiligsten Stätten der Sufis in Indien. Dabei nehmen muslimische Pilger aus allen Teilen des indischen Subkontinents an einer die ganze Nacht hindurch dauernden Gebetsveranstaltung teil, die anlässlich des „Urs", des Jahrestages des Todes des Sufi-Heiligen Khwaja Moin-ud-Din Chishti, abgehalten wird. Diese Gebetsnacht beginnt gegen 22 Uhr und endet gegen 6 Uhr morgens. Über hunderttausend Pilger waren zum Gebet versammelt, und es war für mich eine sehr bewegende spirituelle Erfahrung. Diese jährliche Versammlung ist eine der größten Zusammenkünfte von Muslimen an einem Ort – abgesehen von

Mekka –, und es kommen nicht nur Pilger aus Indien, sondern aus der gesamten islamischen Welt. Dem Ober-Imam von Ajmer, S. M. Dewan Syed Zainul Abedin Ali Khan, begegnete ich erstmals bei der Einweihung der Gedenkstätte für den verstorbenen Jain-Lehrer Acharya Sushil Kumar in Delhi. Wir empfanden sogleich eine Nähe zueinander, und er lud mich daraufhin freundlicherweise zur Teilnahme an diesem Pilgerfest ein. Später bewegte es mich sehr, dass ich zur Teilnahme an einer Konferenz über den Terrorismus eingeladen wurde, die im Jahre 2008 in Neu-Delhi stattfand, organisiert vom Jama Masjid United Forum, und an der auch Muslime aus Indonesien, Afghanistan, Pakistan und Jordanien teilnahmen. Dort hob ich besonders hervor, wie wichtig es für die Führer der Glaubenstraditionen der Welt sei, kategorisch zu erklären, dass Gewalt im Namen der eigenen Religion niemals zugelassen werden könne. Zudem sei es für die religiösen Führer unerlässlich, ständig zu betonen, dass das Mitgefühl als grundlegendes Prinzip jeder religiösen Tradition von zentraler Bedeutung sei.

Ich bin mir dessen bewusst, dass es innerhalb wie auch außerhalb des Islam die Ansicht gibt, der Begriff des *dschihad* definiere den Islam als einen Glauben, der militanter sei als die anderen. Will man diese Ansicht vertreten, so muss man Koranverse wie den folgenden ganz wörtlich nehmen: „Diejenigen, die glauben, kämpfen auf Allahs Weg, und diejenigen, die ungläubig sind, kämpfen auf dem Weg der falschen Götter. So kämpft gegen die Gefolgsleute des Satans!" (Sure 4,76). Natürlich ist eine so wörtliche Lesart möglich. Aber ich habe mir von kompetenten islamischen Denkern sagen lassen, dass es mit Sicherheit andere Auslegungen gibt, denen zufolge es beim *dschihad* – also dem „heiligen Krieg" – um einen inneren, spirituellen Kampf geht. Wie mir scheint, ist die wörtliche Lesart unvereinbar mit der wiederholten Anrufung Allahs als des Barmherzigen und Mitfühlenden im Koran.

Die kontemplative Praxis

Einer der erhebendsten spirituellen Lehrmeister in der islamischen Tradition, der zugleich auch ein großartiger Dichter war und dessen Schriften ich kennengelernt habe, ist Dschelaladdin Rumi (1207–1273), bekannt als Mawlana. Er ist in Afghanistan geboren, schrieb auf Persisch und verbrachte den größten Teil seines Lebens in Konya in der Türkei. So wie in der christlichen Tradition die Schriften von Johannes vom Kreuz ähneln Rumis ekstatische Gedichte in ihrem Tonfall, ihrer spirituellen Tiefe und der Unmittelbarkeit ihrer Erfahrung den *nyamgur*, den aus spiritueller Erfahrung geborenen Liedern religiöser Dichter in meiner eigenen tibetischen Tradition. So wird zum Beispiel die Gegenseitigkeit der Liebe bei Rumi zum Vorbild für die Beziehung von spirituellem Meister und Schüler, genau wie auch im Verhältnis von Guru und Jünger im tibetischen Buddhismus. Rumi schrieb insbesondere ein ganzes Buch mit Gedichten zu Ehren seines Freundes und Lehrmeisters Shams von Täbris. Das erinnert mich an die Sehnsucht des Meditierenden nach seinem abwesenden Meister in vielen der tibetischen Lieder. Ich denke dabei zum Beispiel an das folgende wunderschöne Gedicht von Milarepa, das dieser im 11. Jahrhundert über seinen Meister Marpa verfasste:

Seh' ich meines Vater Gurus Gesicht und höre seine
Stimme,
Verwandelt dies des Bettlers Gram in eines Mystikers
Offenbarung.
Denk' ich an meines Meisters beispielhaftes Leben,
Dämmert tief in meinem Herzen Ehrfurcht auf.

Diese Art von spiritueller Liebe und das intensive Empfinden des Fehlens, wenn man von spirituellen Freunden
getrennt ist, stellt Rumi immer wieder dar. Seine Gedichte werden oft bei interreligiösen Veranstaltungen vorgetragen, da sie so deutlich seine poetische Stimme und
ein Stück seiner spirituellen Inspiration wiedergeben:

Die Liebe zu dir nahm mir die Gebetsschnur aus der
Hand und schenkt' mir ein Lied –
Ich versuchte zu sagen „mach weiter", aber mein Herz
hörte nicht darauf.
Die Liebe zwang mich, lieber zu klatschen und zu singen.
Deine Liebe brannte mir Ehr- und Schamgefühl aus.
Keusch, ehrenwert, festfüßig war ich gewesen
Wie ein Berg. Aber wo ist der Berg,
Den deine Liebe nicht wegfegt wie Stroh?
Wenn ich ein Berg bin, werfe ich das Echo deiner
Stimme zurück,
Wenn ich Stroh bin, werde ich in deinem Feuer zu
Rauch …
(*Diwan* 940)

Historisch gesehen hat es einige der offensten und plura-
listischsten Zeiten in der Weltgeschichte unter islamischer Herrschaft gegeben. Sowohl im Spanien des Mit-

telalters als auch im Kalifat von Bagdad und im Indien Akbars gab es Blütezeiten der literarischen Kultur und der Wissenschaften, die mit einer bemerkenswerten Toleranz gegenüber der religiösen Vielfalt einhergingen. Arabische Quellen verhalfen nicht nur dem Westen zur Wiederentdeckung seines griechischen philosophischen Erbes, sondern diese gleichen Quellen bereicherten auch im indischen und tibetischen Buddhismus die mathematische und astronomische Kenntnis ungemein. Wenn man den Islam nur so sieht, dass er eng, intolerant und sogar für den Terrorismus offen sei, ist das eine falsche Vorstellung und eine sehr unglückliche Folge des 11. September. Und wenn man von den irrsinnigen Taten einer fehlgeleiteten Handvoll Menschen meint, sie seien für irgendetwas anderes repräsentativ als für ihre eigene Verderbtheit, so verfällt man einer Verallgemeinerung, die jeglicher Grundlage entbehrt. Wir müssen in der Gemeinschaft der Religionen weltweit unablässig daran arbeiten, dieses falsche Bild zu revidieren, und im Islam selbst müssen die religiösen Autoritäten den Muslimen klarmachen, dass die extremistische Interpretation ihres Glaubens nicht nur ihrer Tradition selbst ungeheuren Schaden zufügt, sondern auch auf keine Weise dem Reichtum und der Schönheit gerecht wird, für die der Islam steht.

Kapitel 6

Das Judentum, die Religion des Exils

Für das tibetische Volk – die Menschen, die in Tibet unter der chinesischen Besatzung leben, und diejenigen, die aus dem Land ihrer Vorfahren geflohen sind und im Exil sind – ist das Bild vom Judentum als einer Religion, die einem Volk dabei geholfen hat, so lange im Exil zu überleben, zutiefst inspirierend. Als ich zum ersten Mal mit führenden Persönlichkeiten des Judentums in Kontakt kam, pflegte ich sie zu bitten: „Verraten Sie mir Ihr Geheimnis!" Denn das Judentum hat es fertiggebracht, durch viele Jahrhunderte hindurch seine religiöse Praxis an die Umstände des Exils anzupassen und sich in vielen fremden Ländern, inmitten fremder Sitten und sogar in feindseliger Umgebung die Grundzüge seiner Tradition, also das Essenzielle seines Weges, zu erhalten.

Wäre das nur eine Frage des Bewahrens äußerer Formen und überholter Rituale gewesen, so wäre das Judentum natürlich rasch untergegangen. Also geht es hier um Tieferes: weniger um den Erhalt einer spezifischen kulturellen Tradition, die in einem bestimmten Heimatland und seinen Bräuchen wurzelt, als vielmehr darum, dass man sich über das Wesen der eigenen spirituellen Tradition klar wird und bereit ist, die Formen der eigenen Praxis an die neuen Umstände anzupassen, dabei jedoch dieses Wesentliche zu pflegen, zu schätzen und weiterzuentwickeln. Als Religion hat das Judentum bemerkenswerten Änderungen – also Phasen der Unbeständigkeit – durchlaufen. Das war die Reaktion auf radikal sich verändernde Umstände des Exils und der Diaspora, vor allem nach der Zerstörung des Tempels in Jerusalem im 1. Jahrhundert. Die Juden haben in dieser ihrer Situation große Leiden durchgemacht, vor allem im 20. Jahrhundert, als sie von den Nazis so entsetzlich verfolgt wurden. Bei meinem ersten Besuch in Europa im Jahre 1973 hatte ich in Holland eine denkwürdige Begegnung mit einem jüdischen Rabbi. Bei unserem Gespräch über die Tragödie des Holocausts erzählte er mir so anschaulich von dieser Erfahrung, und das erschütterte uns so stark, dass uns beiden die Tränen kamen.

Aber das jüdische Volk hat auch durch viele Jahrhunderte hindurch auf vielen Ebenen immer wieder eine radikale Erneuerung erlebt. Das äußerte sich nicht nur in der politischen Schaffung des Staates Israel, sondern auch in zahlreichen Neuformulierungen der Natur der Orthodoxie und in verschiedenen Arten der Reform, die unterschiedlichen Bedingungen und Umständen entsprachen, und vielleicht vor allem in der spirituellen Praxis der großen Rabbis und Meister, wie etwa derjenigen, die die Mischna schufen und nach dem Fall des Tempels das Diaspora-Judentum neu konzipierten. Für einen spirituell Praktizierenden aus Tibet ist im Judentum der Reichtum des mystischen Elements faszinierend. Während man immer darauf bedacht war, die spirituellsten und charakteristischsten Züge der Tradition lebendig zu halten, liefern die Formen der Aktivität, die diese verschiedenen Meister in ganz unterschiedlichen Situationen ausprägten, das Beispiel eines wahrhaft bescheidenen

Nicht-Anhaftens an den gröberen Formen der Identität, die, hätte man sie beibehalten, womöglich das Überleben des Judentums oder jedenfalls seiner wertvollsten Substanz verhindert hätten.

Als ich 1994 zum ersten Mal Israel besuchte, traf ich in Jerusalem einen der beiden Oberrabbiner des Judentums. Ich stellte ihm bei dieser Begegnung die Frage, was die Juden weltweit zusammenhalte und was der Kern der Lehre sei, der alle Juden vereine. Seine Antwort überraschte mich. Sie lautete: „Wenn es um die Lehre geht, gibt es kaum etwas Einheitliches. Was alle gläubigen Juden vereint, sind die Rituale. Sie können am Freitag in jedes beliebige jüdische Haus kommen, von Sibirien bis Äthiopien, und sehen, dass der Sabbat überall auf die gleiche Weise gefeiert wird. Das haben wir seit Jahrtausenden so gehalten, seit der Zerstörung des Tempels in Jerusalem." Nun verfügt der tibetische Buddhismus über eine Fülle von eigenen Ritualen, aber ich persönlich habe noch nie besonders fest an die Wirksamkeit eines Rituals an sich geglaubt. So überraschte mich diese Antwort des Oberrabbiners besonders stark. Aber nachdem ich seither immer wieder darüber nachgedacht habe, ging mir auf: Im Kontext von Exil und Diaspora gewährleistet das Ritual tatsächlich eine besondere Form von Kontinuität und Zusammenhalt, die einen großen Pluralismus von Ansichten und Glaubensvorstellungen zulässt und zugleich die Menschen mittels einer Reihe von gemeinsamen Praktiken und einer Sprache, nämlich des biblischen Hebräisch, in einer starken Stammlinie der Erinnerung und Tradition miteinander verbindet. Daraus könnten die tibetischen Buddhisten vielleicht etwas lernen, falls sich herausstellen sollte, dass wir über einen sehr langen Zeitraum im Exil überleben müssen – wobei ich hoffe, dass er für uns nicht so lange dauern wird wie für die Juden.

Während dieses Besuchs in Israel hatte ich die Gelegenheit, die lange Geschichte des jüdischen Volkes sehr viel gründlicher kennenzulernen. Ein denkwürdiges Ereignis war eine Feier, die der Förderung des Umweltbewusstseins diente und auf einem Hügel in der Nähe des Badeortes Elat stattfand. Er war ein Aussichtspunkt, von dem aus man drei Länder – Israel, Jordanien und Ägypten – sehen konnte. Nach diesem Treffen hatte ich die Gelegenheit, Masada zu besuchen, eine Stätte, die an ein wichtiges historisches Ereignis erinnert, nämlich den Aufstand des jüdischen Volkes gegen die römischen Eroberer.

Ein Aspekt der jüdischen Tradition, der mich immer sehr beeindruckt hat, ist ihr intensives Erinnern an die Vergangenheit: das Empfinden, einer Stammlinie anzugehören, die weit über den Tempel hinaus zurückreicht bis zu den großen biblischen Gestalten wie Salomo, David und Mose. Der Abschiedswunsch beim Passah – „Nächstes Jahr in Jerusalem!" – lässt symbolisch ein ganz breites Spektrum von Bedeutungen anklingen und bezieht sich nicht einfach nur auf einen geografischen Ort oder eine politische Inbesitznahme. An meinen jüdischen Freunden habe ich gelernt, dass sich ein historisches Verständnis der Vergangenheit nie völlig von einem symbolischen und oft sogar mystischen Sinn ihrer Anklänge und Bedeutungen trennen lässt. Rabbi Zalman Schachter zum Beispiel, der maßgeblich an dem jüdisch-buddhistischen Dialog teilnahm, welcher 1989 in einem kleinen tibetischbuddhistischen Kloster in New Jersey begann und ein Jahr später, also 1990, in einer einwöchigen Diskussion in meiner Residenz in Dharamsala gipfelte, verfügt über die bemerkenswerte Fähigkeit, im Gespräch die Ebene zu wechseln und auf die potenziellen symbolischen und spirituellen Qualitäten aufmerksam zu machen, die in jedem scheinbar rein weltlichen Thema stecken. Es ist, als würden die verschiedenen Regeln und die vielen Gesetzesvorschriften des Judentums und seine zahlreichen, sorgfältig eingehaltenen Rituale immer den Blick auf eine tiefere – sogar mystische – religiöse Wirklichkeit eröffnen können, die sich unmittelbar jenseits des vordergründigen Blicks auftun kann.

Bei diesem ersten formellen buddhistisch-jüdischen Dialog in New Jersey kamen Vertreter der orthodoxen, der konservativen und der reformierten Tradition des Judentums in Amerika zusammen, darunter auch eine Frau, Joy Levitt. Gleich von Anfang an empfand ich eine besonders starke innere Beziehung zu Reb Zalman. Er ist ein großer, bärtiger Mann mit einer ziemlich dröhnenden Stimme und erwies sich als vertraut mit einer ganzen Reihe buddhistischer Vorstellungen. Die bei diesem Treffen versammelten Rabbis und jüdischen Fachleute öffneten eine Tora-Rolle und verrichteten auch ein kurzes Gebet, bei dem einer der Teilnehmer sogar ein Widderhorn blies. Ich hatte damals schon von der als Kabbala bekannten jüdischen mystischen Tradition gehört und war gespannt darauf, von den Fachleuten Genaueres darüber zu erfahren. Es war erfrischend, mit anzusehen, wie stark die Ansichten dieser Rabbis und Fachleute zu den verschiedenen Themen ihres jüdischen Glaubens meistens voneinander abwichen. Es zeigte sich ganz deutlich die Liebe zum Argumentieren und kritischen Überprüfen, die ein fester Bestandteil des jüdischen Erbes ist.

Tora und Talmud

Meinen ersten Besuch in einer Synagoge machte ich in Indien. Das war 1965 in Cochin in Kerala. Damals sah ich zum ersten Mal die Torarolle in ihrem eindrucksvollen Schrein und erlebte mit, wie liebevoll sie behandelt wird. Mein Freund Reb Zalman erklärte mir einmal, vom frommen Juden werde erwartet, dass er 613 Gebote (oder *mitzwot*) einhalte. Das sind mehr als doppelt so viele wie die 253 Regeln des *vinaya*, die die Mönche im tibetischen Buddhismus, die der Mulasarvastivada-Tradition der Klosterregeln folgen, einhalten müssen. Es ist interessant, dass das Judentum genau wie der Buddhismus über reichhaltige und scharfsinnige Kommentare zu diesen Gesetzen verfügt und dass manche von ihnen heute gar nicht mehr eingehalten werden können, weil sie sich auf die Zeit beziehen, in der der Tempel in Jerusalem noch bestand. Im rabbinischen Judentum sind das Diskutieren und die Disputation von zentraler Bedeutung; und der Talmud enthält keine klaren Antworten auf Fragen des Gesetzes und der Regeln, sondern stattdessen Aufzeichnungen aus vielen Jahrhunderten über die Diskussionen und Ansichten aller Seiten über eine vorgegebene Frage. Das kommt besonders nahe an den Geist der Ausbildung heran, wie sie in den tibetischen Klosteruniversitäten stattfindet. Das Judentum anerkennt sowohl eine schriftliche Tora (das offenbarte schriftliche Gesetz), als auch eine mündliche Tora, die aus den im Talmud gesammelten rabbinischen Lehren besteht. Dies öffnet die Tür zu einem echten Pluralismus des Diskutierens und Argumentierens, der im Laufe der Jahrhunderte im Talmud und in weiteren Texten seinen Niederschlag und seine Systematisierung fand. Bei all dem untersuchten die Rabbis die Schrift und gewannen ihr Lehren ab, auf die man beim oberflächlichen Lesen oder mit einer oberflächlichen Interpretation nicht kommt. Die Art und Weise, wie meine jüdischen Freunde die jeweilige Rolle und den Stellenwert der beiden Gesetze in der jüdischen Tradition erklären, erinnert mich an die Parallelsetzung der *sutras* (heilige Worte des Buddha) und der *shastras* (Kommentartexte der Tradition) im Buddhismus.

Manche buddhistische Fachleute haben sogar auf die verblüffende Ähnlichkeit hingewiesen zwischen den Argumentationsformen, wie sie sich jeweils in den buddhistischen Texten über die Mönchsdisziplin und in den gelehrten jüdischen Werken finden. Ein wichtiger Aspekt dieser Analysen ist, dass dabei ausgefeilte hermeneutische Methoden entwickelt und angewandt wurden. So macht man zum Beispiel im Buddhismus bei der scholastischen Analyse der klösterlichen Disziplinvorschriften einen Unterschied zwischen dem Grundsatz, der einer Vorschrift zugrunde liegt, und deren Anwendung auf einen vorgegebenen Kontext. Ferner muss man auch sorgfältig auf den Kontext achten, sodass es vorkommen kann, dass allgemein Verbotenes im Einzelfall nicht nur erlaubt, sondern unter spezifischen Umständen sogar Pflicht sein kann. Tatsächlich sprechen die buddhistischen klösterlichen Texte von zahlreichen verschiedenen Abwandlungen der Mönchsregeln.

In der jüdischen Mystik und meditativen Praxis, wie ich sie verstehe, findet sich eine ganze Anzahl recht verblüffender Ähnlichkeiten mit buddhistischen Praktiken und Haltungen. Ich denke hier zum Beispiel an Visualisierungen, für die es eine bemerkenswert alte jüdische Tradition gibt. In der Bibel findet man eine ganze Reihe von Visionen des Göttlichen, die nicht nur von der „dunklen" Art der Gottesvisionen sind, wie sie Mose in den Felsklüften des Berges Sinai hatte, bei der der Prophet nur den „Rücken" Gottes sah, nicht aber sein Angesicht (Exodus 33,18–23), sondern es gibt darin auch zum Beispiel die große Vision des Ezechiel (1,4–28).

Ich schaute und siehe, ein Sturmwind kam von Norden und eine große Wolke, rings von Lichtglanz umgeben und loderndes Feuer und aus seinem Innern, aus der Mitte des Feuers, leuchtete es hervor wie glänzendes Gold. Mitten aus ihm heraus wurde etwas sichtbar, das vier Lebewesen glich, und dies war ihr Aussehen: Sie hatten Menschengestalt. Ein jedes aber hatte vier Gesichter und ebenso vier Flügel. Ihre Beine waren gerade und ihre Füße waren wie die Füße eines Kalbes und sie leuchteten wie der Glanz polierter Bronze. Sie hatten Menschenhände unter ihren Flügeln an ihren vier Seiten. Was die Gesichter und die Flügel bei jedem von den Vieren betrifft, so berühren ihre Flügel einander; sie wandten sich nicht beim Gehen; ein jedes ging gerade vor sich hin. Ihre Gesichter aber sahen so aus: ein Menschengesicht und ein Löwengesicht zur Rechten bei allen Vieren, ein Stiergesicht zur Linken bei allen Vieren und ein Adlergesicht bei allen Vieren. Ihre Flügel waren nach oben hin ausgespannt; je zwei berührten einander und je zwei bedeckten ihre Leiber. (*Ezechiel* 1,4–11)

Hier sieht der Prophet mit großer Genauigkeit und Lebendigkeit eine Reihe von göttlichen Wesen mit spezifischen, aber ungewöhnlichen physischen Merkmalen und Farben. Diese erscheinen im Kontext eines großen himmlischen Throns, von dem her eine Stimme spricht. Natürlich gibt es dabei zahlreiche Unterschiede zu spezifisch tantrischen Mandalas und Visualisierungen von Gottheiten, aber grundsätzlich sind die Parallelen stark, was das Wahrnehmen einer göttlichen Welt angeht, in der die Farben und die Wesen höchst intensiv erscheinen und in der die Formen und Strukturen dreidimensional sind, die aber den Wahrnehmenden mit einbeziehen, sodass die Vision nicht bloß ein Film ist, den er von außen her ansieht, sondern es sich hier um eine ganz reale Erfahrung auf einer überweltlichen Ebene handelt. Soweit ich sehe, gibt es im mystischen Judentum viele nicht- und nachbiblische Visualisierungstraditionen.

Außerdem hat man mir gesagt, dass es Traditionen des kabbalistischen und chassidischen Gebets gebe, zu denen bestimmte Techniken der Rezitation oder des Benennens gehören – viele von diesen sind geheim und werden nur an die Initiierten weitergegeben, genau wie die höchsten Yoga-Tantras des Vajrayana-Buddhismus –, was ebenfalls eine Parallele zu buddhistischen Praktiken der Mantra-Rezitation sein könnte. Stark beeindruckt hat mich die Art, wie die jüdische religiöse Unterweisung oft mit Geschichten von berühmten Rabbis einhergeht – von der fernen Vergangenheit bis in die jüngste Zeit –, mit Geschichten, die zuweilen bitter-süß und oft ausgesprochen amüsant sind. Auch die buddhistische Unterweisung erfolgt häufig mittels solcher Geschichten. Ich denke dabei etwa an die Biografien berühmter Meditierender wie Marpas des Übersetzers und des Yogis Milarepa in der tibetischen Tradition oder an die Anekdoten über Chan- und Zen-Meister in der Mahayana-Tradition Chinas und Japans. Die Engel der Kabbala, die mir Reb Zalman dankenswerterweise auf faszinierende Weise vorstellte, erinnern mich an die *dakas* und *dakinis* im Buddhismus, also die Scharen göttlicher Wesen, die verschiedene Aspekte der menschlichen Psyche darstellen. Am meisten aber war ich überrascht, als ich entdeckte, dass das mystische Judentum die Vorstellung der Wiedergeburt kennt, einschließlich der Auffassung, dass Menschen und Engel im Bereich der Tiere wiedergeboren werden können, genauso wie man das auch im Buddhismus glaubt. In einem der großartigsten Bücher der Kabbala, dem *Sohar* oder *Buch vom strahlenden Glanz oder der Erleuchtung*, das im 13. Jahrhundert in Spanien niedergeschrieben wurde, heißt es:

Solange ein Mensch beim Erreichen seines Zweckes in dieser Welt erfolglos bleibt, entwurzelt ihn der Heilige – gepriesen sei Er – und pflanzt ihn immer und immer wieder neu ein. (*Sohar* 1,186b)

Ein wirklich spannendes Thema ist die Nähe der jüdischen Mystik – obwohl sie auf einer monotheistischen Tradition und dem Axiom eines Schöpfergotts beruht – zu bestimmten Aspekten dessen, was man im Buddhismus als Leerheit (*shunyata*) bezeichnet. So hat man mir zum Beispiel gesagt, in der chassidischen und mystischen Tradition werde Gott als *Ain Soph* bezeichnet („das, was ohne Grenze ist") oder sogar als *Ajin* („Nichts" oder „das, was nicht ist"), und zwar deshalb, weil man von der Gottheit nichts sagen könne – im Unterschied zu *jesch*, „dem, was ist" oder dem Begrenzten. Laut dieser Tradition besteht das Ziel der ekstatischen Praxis in der Selbstvergessenheit, bei der der Praktizierende alles Gefühl von *jesch* verliert, bis er dem göttlichen *Ajin* oder „Nichtsein" begegnen kann und er selbst in einen Zustand des *ajin* gerät. Nach diesem Vorstellungsmodell ist das letzte Ziel des Chassidismus *bittul ha-jesch*, das „Zunichtewerden des Selbst", wobei in der kontemplativen Wahrnehmung, dass alles Gott ist, das eigene Sein mit dem göttlichen Sein verschmilzt.

In einem wunderschönen Spruch in einer aus dem 2. Jahrhundert stammenden Sammlung namens *Pirke Avot* („Die Sprüche der Väter") wird im Denkmodell einer vierfachen Logik, das bemerkenswert nahe an buddhistische Denkweisen herankommt, die zentrale Rolle der Selbstlosigkeit betont:

Es gibt vier Menschenarten. Einer sagt: „Was mein ist, ist mein, und was dein ist, ist dein." Das ist die gewöhnliche Art. Ein anderer sagt: „Was mein ist, ist dein, und was dein ist, ist mein." Das ist die unwissende Art. Wieder ein anderer sagt: „Was dein ist, ist dein, und was mein ist, ist dein." Das ist die heiligmäßige Art. Und noch ein anderer sagt: „Was dein ist, ist mein, und was mein ist, ist mein." Das ist die böse Art. (*Pirke Avot* 5,10)

Hier wird das Verhältnis des Selbst zum anderen nicht nach Art der Verschmelzung des Ichs mit dem grenzenlosen Nichtsein Gottes gesehen, sondern eher in Begriffen der Verbundenheit zwischen einem Menschen und dem anderen. Die Selbstlosigkeit oder der „heiligmäßige" Weg, auf dem man den anderen Menschen akzeptiert, aber auch sich selbst dem anderen hingibt, ist praktisch nichts anderes als das Hin- und Herfließen des Mitgefühls zwischen den Menschen.

Das Mitgefühl in der jüdischen Lehre

Im Judentum beruht das Mitgefühl auf dem Vorbild der Liebe zu Gott, die wohl das oberste Gebot sein dürfte. Bekanntlich heißt es in der Bibel:

Du sollst den Herrn, deinen Gott, lieben mit ganzem Herzen, mit ganzer Seele und mit ganzer Kraft. (Deuteronomium 6,5)

Man hat mir gesagt, dass dies im *Sohar* sehr in Begriffen der Verwirklichung des Mitgefühls interpretiert wird, das heißt: Man erfährt und erweist die Liebe Gottes dadurch, dass man Mitgefühl für andere Wesen an den Tag legt.

Wer Gott liebt, wird mit liebevoller Güte belohnt und hält weder von sich selbst noch von seinem Geld etwas zurück (Sohar 3,267a). Zu dem Gebot, Gott zu lieben, kommt bekanntlich das Gebot hinzu – das auch Jesus betont und gelehrt hat –, dass man seinen Nächsten lieben soll wie sich selbst (Levitikus 19,18). Ich habe gehört, dass diese Lehre und insbesondere die Frage, wer genau mit dem „Nächsten" gemeint sei, in den Kommentaren der Gegenstand auführlicher Diskussionen ist. Viele Autoritäten vertreten, man müsse diesen Begriff über die Mitjuden hinaus auf alle Mitmenschen ausdehnen, also letztlich auf alle Menschen. In diesem Sinn heißt es in Levitikus 19,34:

> Wie ein Einheimischer aus euerer Mitte gelte euch der Fremde, der sich bei euch aufhält. Du sollst ihn lieben wie dich selbst. Denn auch ihr wart Fremde im Land Ägypten.

Mit anderen Worten heißt das: Das Mitgefühl für andere lässt sich nicht von der Liebe zu Gott trennen, und die Nachahmung Gottes ist in sich selbst schon der Aufruf, aus dem Antrieb liebevoller Güte heraus zu handeln. Wie im Buddhismus werden auch hier die Akte liebevoller Güte nicht nur als Schutz für den sie Ausübenden gesehen, sondern zugleich als Mittel, den Fluss des Mitgefühls auf der göttlichen Ebene in Gang zu setzen. Im *Sohar* heißt es:

> Wenn der Mensch auf der Erde Güte übt, erweckt er im Himmel liebevolle Güte, und der Tag selbst wird durch ihn mit liebevoller Güte gekrönt. Ebenso ist es,

wenn er eine Tat des Erbarmens vollbringt: Dann krönt er den Tag mit Erbarmen, und es wird sein Beschützer in der Stunde der Not.

(*Sohar* 3,92b)

Auch der Buddha lehrte, dass liebevolle Güte (auf Sanskrit *maitri*) ein Schutz sei, zum Beispiel für die Mönche im Wald gegen wilde Tiere und Schlangen. Die Überzeugung, dass die liebevolle Güte der stärkste Schutz sei, wird den Buddhisten am eindrucksvollsten in der Erzählung vor Augen gehalten, wie der Buddha kurz vor seinem endgültigen Erwachen unter dem Bodhi-Baum in tiefer Meditation über die liebevolle Güte versunken war und dabei von Mara und seinen Verbündeten angegriffen wurde, sie ihm aber nichts antun konnten.

Das Wort *Chassid* ist vom hebräischen *chesed* abgeleitet, das im biblischen Sprachgebrauch „liebevolle Güte", „Erbarmen" und „Liebe" bedeutet und die Wechselseitigkeit der mitfühlenden Beziehungen zwischen Mensch und Gott und der Menschen untereinander impliziert. So sagt ein berühmter Weiser, der „Maharal" Judah Löw von Prag (1525–1609):

Die Liebe zu allen Geschöpfen ist auch Liebe zu Gott, denn wer immer den Einen Gott liebt, liebt auch alle Werke, die Er gemacht hat. Wenn man Gott liebt, ist es unmöglich, nicht auch Seine Geschöpfe zu lieben. Auch das Gegenteil ist wahr: Wenn man die Geschöpfe hasst, kann man unmöglich Gott lieben, der sie geschaffen hat.

Im Judentum impliziert das Ziel, mit Gott zu verschmelzen und Gott nachzuahmen, unvermeidlich, dass man Mitgefühl übt. Meines Wissens wird Gott im Talmud und in den Synagogengottesdiensten als der Mitfühlende und der Vater des Mitgefühls bezeichnet. Insofern die Menschen, von denen es in der Bibel heißt, sie seien auf einzigartige Weise Gottes Bild (Genesis 1,27), Gott nachahmen sollen, sind Gottes Geschöpfe aufgerufen, mitfühlend zu sein. Man hat mir gesagt, im Talmud werde diese Botschaft wiederholt und es heiße darin, die Juden sollten mitfühlende Kinder mitfühlender Vorfahren sein, und viele der täglichen Gebete betonten das Mitgefühl Gottes.

Ich habe mir auch sagen lassen, das hebräische Wort für Mitgefühl sei vom Wort für „Mutterschoß" abgeleitet. Folglich ist der jüdische Begriff des Mitgefühls tief innerlich und hat mit der Vorstellung der „Mutter" zu tun, wie das in einem wunderschönen Vers aus dem visionären Propheten Jesaja hervorgehoben wird:

> Vergisst wohl eine Frau das Kind, das sie nährt? Hört sie auf, ihren leiblichen Sohn zu lieben?
> (Jesaja 49,15)

Mitgefühl ist das Empfinden der Liebe, wie es eine Mutter gegenüber allen Kindern ihres Schoßes hat – diese Vorstellung taucht auch in buddhistischen Texten über das Mitgefühl auf, und auch dort wird die liebevolle Güte mit der Liebe einer Mutter zu ihrem Kind verglichen. Soweit ich sehe, hielten die talmudischen Rabbis das Mitgefühl für eines der Grundmerkmale des Juden.

Ich verstehe das so, dass sich die Betonung des Mitgefühls über die Menschen hinaus zu einem Empfinden der Liebe zu allen Lebewesen ausweitet. Das Judentum betont das Mitgefühl für Tiere; viele Gesetze in der Tora fordern zur Güte gegenüber den Tieren auf, zum Beispiel die Vorschrift für fromme Juden, zuerst ihre Haustiere zu füttern, ehe sie sich selbst zum Essen hinsetzen.

Interessanterweise wird in einigen der intensivsten mystischen Visionen der Bibel Gottes Mitgefühl betont. Als Mose in einer Felsspalte vor Gott steht, heißt es:

> Der Herr antwortete: Ich will alle meine Schönheit an dir vorüberziehen lassen und den Namen des Herrn vor dir ausrufen. Ich werde gnädig sein, wem ich gnädig sein will, und werde mich erbarmen, wessen ich mich erbarmen will. (Exodus 33,19)

Genauso wird in etlichen der bekanntesten Geschichten der Bibel das Mitgefühl betont. So kamen zum Beispiel eines Tages zu dem für seine Weisheit berühmten Salomo zwei Frauen, eine mit einem lebenden und eine mit einem toten neugeborenen Kind. Jede sagte, das noch lebende sei ihres. Natürlich war die eine davon eine Lügnerin. Salomo rief einen Schwertträger und wies ihn an, das lebende Kind mitten durchzuhauen und jeder eine Hälfte zu geben. Da ergriff die Mutter des lebenden Kindes das Mitgefühl mit ihrem Kind, und sie sagte zum König: „Mein Herr, bitte gib der anderen das lebende Kind! Töte es nicht!" Aber die andere sagte: „Keine von uns beiden soll es haben! Hau es mitten durch!" (vgl. 1 Könige 3,26). Die Weisheit Salomos ist dabei mehr als eine List, um herauszubringen, welche Frau die Mutter des lebenden Kindes ist. Sie ruft das Mitgefühl der Mutter wach und benutzt das Mitgefühl als Weg zur Wahrheit.

Eines der ersten Dinge, die ich von den Juden hörte, war ihre Vorstellung, sie seien ein auserwähltes Volk. Anfangs dachte ich, das müsse eine Analogie zu der traditionellen Vorstellung sein, dass das tibetische Volk von Avalokiteshwara, dem Buddha des Mitgefühls, besonders auserwählt sei, der gelobt hatte, sich besonders des Volkes im Land des Schnees anzunehmen. Als mir jedoch mein Freund Houston Smith, der mich erstmals in den späten 1960er Jahren in Dharamsala besuchte, den tatsächlichen, tieferen Sinn dieser jüdischen Vorstellung, auserwählt zu sein, erklärte, beeindruckte mich das tief. Smith sagte, während des jüdischen Exils in Babylon habe man eine tiefe Interpretation des jüdischen Leidens entwickelt, die sich in der Bibel im späteren Teil des Buchs Jesaja finde. Laut dieser Deutung bedeutet von Gott auserwählt zu sein, dass man die Last des menschlichen Leidens trägt und dass sich mittels des Leidens des jüdischen Volkes die Erlösung der ganzen Menschheit vollziehen kann. Das stellt ein außerordentlich selbstloses Ideal dar. Während im Christentum die Erlösung der Welt auf die Schultern eines einzigen Menschen geladen ist, auch wenn das der Sohn Gottes ist, nimmt im Judentum ein ganzes Volk diese Verantwortung auf sich. Für einen Buddhisten wie mich ist diese Vorstellung ein vollkommenes Beispiel für das Ideal einer Gemeinschaft selbstloser Bodhisattvas, die sich um das Wohl aller Lebewesen bemühen.

Kapitel 7

MITGEFÜHL: DAS IDEAL, IN DEM SICH DIE WELTRELIGIONEN TREFFEN

Eine ganz besondere Freude, die ich auf meine Reise in die spirituellen Wege anderer Religionen zu schätzen gelernt habe, ist das wunderbare Privileg, mein Herz aufzutun und immer wieder die Stimme einer anderen Tradition klar und direkt zu mir sprechen zu hören. Dieser im Herzen verwurzelte Ort des Teilens hängt mit der Tatsache zusammen, dass die großen Religionen selbst ihre Praktizierenden auffordern, ihr Herz zu öffnen und das Mitgefühl aufblühen zu lassen, das die Kernbotschaft für ein ethisch geführtes Leben ist. Wenn es darum geht, ein gutes Leben zu führen und die Ethik des Mitgefühls zu pflegen, gehen die Gläubigen aller großen Glaubenstraditionen alle den gleichen Weg.

Wen würden nicht Aussprüche wie die folgenden aus den heiligen Schriften der Welt anrühren?

> *Selig, die hungern und dürsten nach der Gerechtigkeit; denn sie werden satt werden.*
> *Selig die Barmherzigen; denn sie werden Barmherzigkeit erlangen.*
> *Selig, die ein reines Herz haben; denn sie werden Gott schauen.*

Selig die Friedensstifter; denn sie werden Söhne Gottes heißen.
(Matthäus 5,6–9; aus den Seligpreisungen)

Alle Geschöpfe sind Gottes Kinder, und diejenigen mag Gott am liebsten, die Seine Kinder gütig behandeln.
(Spruch des Propheten Mohammed, Hadith von Baihaqi)

Empfindende Lebewesen in der Falle von Altern und Krankheit
Und geplagt von hundert Schmerzen,
Sich angefallen sehend von den Schrecken von Geburt, Tod und Leid:
Er lenkt sein Verhalten auf ihr Wohl hin.
Empfindende Lebewesen, zerbrochen von den Rädern des Leidens
Im Kreislauf von Geburt und Tod:
Dies sehend, sucht er den Donnerblitz der Weisheit,
Der diese Räder des Leids für immer zertrümmert.
(*Gandavyuha Mahayana Sutra*)

Ich hatte zwar bei interreligiösen Feiern die wunderschönen Zeilen aus den Seligpreisungen des Matthäus-Evangeliums schon oft gehört, aber erst als ich darum gebeten wurde, sie beim John Main-Seminar in London selbst zu kommentieren, vertiefte ich mich zum ersten Mal wirklich in ihre wunderbare Spiritualität. Wir alle würden wünschen, das Glück zu finden, indem wir auf diese Weise gesegnet werden, indem wir aus Güte liebevoll wären und indem wir unser Verhalten auf das Wohl anderer ausrichten würden, und zwar so sehr, dass wir das Rad des Leidens zu Staub zermalmen könnten. Und es ist einer der großartigen Züge der großen Religionen, dass ihre oberste Botschaft dahin geht, uns zum Mitgefühl aufzurufen, das derartige spirituelle Heldentaten ermöglicht. Die großen Religionen verfügen über die Kraft, unsere Herzen zu erheben und unseren Geist zu weiten, sodass die Freude und das Verstehen immer umfassender werden, und zwar dank ihrer gemeinsamen Lehren über das Mitgefühl.

Es ist meine grundlegende Überzeugung, dass das Mitgefühl – die natürliche Fähigkeit des menschlichen Herzens, gegenüber einem anderen Wesen Sorge und Verbundenheit zu empfinden – einen ganz grundlegenden Aspekt unserer Natur darstellt, der allen Menschen eigen und zugleich die Grundlage unseres Glücks ist. In dieser Hinsicht besteht kein Jota Unterschied zwischen einem Gläubigen und einem Nichtgläubigen, und auch nicht zwischen Menschen der einen oder der anderen Rasse. Alle ethischen Lehren, seien sie religiös oder nichtreligiös, zielen darauf ab, diese angeborene und kostbare Eigenschaft zu nähren, zu entfalten und zu vervollkommnen.

Im Rahmen dieses Prozesses lassen sich grob gesehen drei verschiedene Ansätze unterscheiden. Der eine ist der theistische, bei dem der Gottesbegriff die ethischen Lehren unterstreicht, indem es heißt, der Mensch solle sich genauso mitfühlend verhalten wie Gott selbst. Der zweite ist ein nicht-theistischer religiöser Ansatz wie derjenige des Buddhismus, der sich zur Begründung seiner Ethik auf das Kausalitätsgesetz beruft sowie auf die Tatsache, dass alle Wesen in ihrem Glücksverlangen grundsätzlich gleich sind. Der dritte ist der säkulare oder nicht-religiöse

Ansatz, bei dem keine religiösen Begriffe eine Rolle spielen, sondern der oberste Stellenwert des Mitgefühls eher damit begründet wird, dass man sich auf den gesunden Menschenverstand und die gemeinsame Erfahrung beruft sowie auf wissenschaftliche Erkenntnisse, die zeigen, wie sehr wir alle von der Güte anderer abhängig sind.

Auch wenn die Weltreligionen sich in ihren metaphysischen Ansichten grundlegend voneinander unterscheiden mögen, kommen sie doch in ihren Lehren über die konkrete Praxis der Ethik sehr eng zusammen. Alle Glaubenstraditionen legen Wert auf eine tugendhafte Lebensführung und die Läuterung des Geistes von negativen Gedanken und Impulsen sowie darauf, dass man gute Taten vollbringt und ein sinnvolles Leben führt. Alle enthalten wesentliche Moralvorschriften, die helfen sollen, destruktives Verhalten zu vermeiden und die Tugenden zu praktizieren. So verfügen zum Beispiel alle Traditionen über eine Reihe von moralischen Anweisungen für ein Leben, in dem man sich schädlicher Handlungen enthalten soll, und sie ermutigen zur Pflege der Tugenden: namentlich von Liebe, Mitgefühl, Vergebung, Toleranz, Maßhalten, Liebesgaben und Diensten für andere. Alle rufen zu einem Umgang mit anderen auf, der auf einfühlsamem Zugehen auf die anderen beruht. Sie alle leiten den gläubigen Menschen zu einem Leben der Einfachheit, der Mäßigung seines Begehrens sowie zur Selbstdisziplin und zu einem hohen Maß von moralischer Integrität an. Diese Ermahnungen zeigen, wie jede religiöse Sicht im Wesentlichen von der tiefen Überzeugung geprägt ist, dass eine rein materialistische und ichbezogene Sicht des Lebens ihre engen Grenzen hat. Das heißt: Im

Kern aller Weltreligionen steckt eine Sicht vom menschlichen Leben, die die Grenzen der physischen Existenz des einzelnen Menschen als verleiblichtes, endliches und zeitliches Wesen weit überschreitet. Für alle Glaubenstraditionen besteht ein sinnvolles Leben darin, mit einem Sinn für eine überweltliche Dimension zu leben.

Die grundlegende religiöse Ethik

Alle Weltreligionen lehren auf der Ebene der Motivation, das heißt des Bewusstseinszustands, die Pflege liebevoller Güte und des Mitgefühls, während sie auf der Ebene des Alltagshandelns die Ethik der Enthaltung von schädlichen Taten lehren. So ist tatsächlich überall, sowohl im Kontext des eigenen Herzens als auch der eigenen Handlungen in der Welt und gegenüber unseren Mitwesen, im Grunde genommen die wesentliche Lehre das Mitgefühl.

Ich sehe es so, dass man, vereinfach gesprochen, in den ethischen Lehren über das Mitgefühl in den großen Religionen drei Stufen ausmachen kann.

Das sind (1) als grundlegende Ebene die Ethik der Einschränkung, bei der es um die Enthaltung von Handlungen geht, die einem selbst oder anderen schaden;

(2) die Ethik des Mitgefühls, die die Keime der Empathie entfaltet, sodass sich aus einer gewissen Rücksicht auf den anderen eine aktive Liebe und ein Mitgefühl für alle anderen Lebewesen entwickeln;

(3) das Erlangen des reinen Altruismus, der im selbstlosen Dienen ohne jede Rücksicht auf Erwiderung oder Gewinn besteht.

Bezüglich der Ethik der Einschränkung findet sich zwischen den großen Weltreligionen eine verblüffende Ähnlichkeit. Hier geht es um die Grundzüge eines elementaren Moralsystems, das den Menschen davon abhält, seine spontanen negativen Impulse wie etwa Abneigung und Gier auszuleben. So enthalten zum Beispiel im Judentum die Zehn Gebote Verbote für die folgenden Sünden: Mord, Ehebruch, Diebstahl, falsches Zeugnisgeben, Habgier, die alle in den Bereich der Ethik der Einschränkung fallen. Im Christentum hat man diese Zehn Gebote übernommen und spricht zudem von den „sieben Todsünden" Wollust, Völlerei, Habgier, Faulheit, Zorn, Neid und Hochmut. Ähnlich spricht auch der Islam zusätzlich zu den Zehn Geboten von sieben „unheilvollen Sünden" wie etwa Mord, Ehebruch usw., vor denen sich die Gläubigen hüten sollten. Im Hinduismus und Jainismus und auch im Buddhismus gibt es den Begriff des negativen Karmas, das die Seele oder den Geist des Einzelnen verschmutzt und ihn dadurch zu fehlgeleiteten Taten geneigt macht, die bewirken, dass er im Kreislauf des unerleuchteten Daseins immer weitere Wiedergeburten durchmachen muss. In meiner eigenen Tradition des Buddhismus sprechen wir auf der Ebene der grundlegenden Ethik von der Enthaltung von den „zehn unheilsamen Taten": von den drei körperlichen Handlungen des Tötens, Stehlens und sexuellen Fehlverhaltens, von den vier verbalen Handlungen des Lügens, des Sich-Einlassens auf Zwiespalt stiftendes Reden, des Gebrauchs grober Worte und des sinnlosen Klatsches und schließlich noch von den drei mentalen Handlungen der Habsucht, der schädlichen Absicht und des Haftens an falschen Ansichten. Diese zehn Sünden gelten als die Familie der schädlichen physischen, verbalen und mentalen Handlungen, die ihrerseits Äußerungen der „drei Gifte des Geistes" sind: der Gier, der Abneigung und der Illusion.

Bei genauerem Hinsehen wundert es einen nicht, dass den Morallehren der Weltreligionen, vor allem was die Ethik der Einschränkung betrifft, ein gemeinsames ethisches Prinzip zugrunde liegt, das man oft als die „Goldene Regel" bezeichnet. Dabei geht es im Wesentlichen darum, dass man sich anderen gegenüber so verhalten solle, wie man wünscht, dass sie sich gegenüber einem selbst verhalten. Vor allem sollte man anderen nichts antun, wovon man wünscht, dass sie es einem selbst nicht antun. Diese Auffassung beruht im Wesentlichen auf der Logik der Gegenseitigkeit. Das sah ich zum ersten Mal ganz deutlich vor einigen Jahren bei einer interreligiösen Feier in New York. Im Programmheft hatten die Veranstalter eine Liste der Formulierungen abgedruckt, mit denen dieses grundlegende ethische Prinzip in den verschiedenen Glaubenstraditionen der Welt zum Ausdruck gebracht wird.

Einige Beispiele:

HINDUISMUS
Das ist die Summe der Pflicht: Tu anderen nichts, wovon du nicht willst, dass sie es dir tun.
(Mahabharata 5,1517)

JUDENTUM
Was du verabscheust, das tu auch deinem Nächsten nicht an. Das ist das ganze Gesetz. Alles Übrige ist Kommentar dazu.
(Spruch des Hillel im Talmud für den Sabbat 31a)

ZOROASTRISMUS

Einzig die Natur ist gut, die sich enthält, einem anderen anzutun, was auch immer nicht für sie selbst gut ist.
(Dadisten-I-dinik 94,5)

BUDDHISMUS

Da auch andere sich um sich selbst sorgen, sollten die, welche für sich selbst sorgen, andere nicht verletzen.
(Udanavarga 5,20)

JAINISMUS

Der Mensch sollte so wandeln, dass er alle Geschöpfe so behandelt, wie er selbst behandelt werden möchte.
(Sutrakritanka 1.11.33)

DAOISMUS

Betrachte den Gewinn deines Nächsten als deinen Gewinn und den Verlust deines Nächsten als deinen Verlust.
(Tai-Shang Kan Yin P'ien)

KONFUZIANISMUS

Tu nicht anderen an, was du nicht selbst ertragen möchtest. Dann gibt es gegen dich keinen Groll, weder in der Familie noch im Staat.
(Gespräche 12,2)

CHRISTENTUM

Alles, was ihr wollt, dass euch die Leute tun, das sollt auch ihr ihnen tun! Denn darin besteht das Gesetz und die Propheten.
(Matthäus 7,12)

ISLAM

Keiner von euch ist ein Gläubiger, solange er nicht für seinen Bruder das wünscht, was er für sich selbst wünscht.
(Hadith von an-Nawawi 13)

In allen Weltreligionen besteht also der Grundgedanke der Ethik der Einschränkung darin, dass man es vermeiden soll, anderen zu schaden. Von daher gesehen ist genau genommen sogar schon auf dieser elementaren Ebene das Mitgefühl der Wert, der den Moralvorschriften aller Glaubenstraditionen zugrunde liegt, denn man muss sich dabei bewusst in den anderen hineindenken. Sieht man sich die verschiedenen Listen von „Sünden" an – worunter ich Handlungen verstehe, die man nicht ausüben sollte –, wie etwa Töten, Stehlen, Ehebrechen, Lügen usw., so beinhalten sie alle unterschiedliche Grade und Arten der Schädigung anderer. Klar ist, dass man diese Vorschriften in den unterschiedlichen Traditionen ganz unterschiedlich begründet oder rechtfertigt. Eine theistische Tradition wird die Gültigkeit dieser Lehren vom göttlichen Gesetz ableiten, während eine nicht-theistische Religion sie mit dem Kausalitätsgesetz oder von der Vorstellung vom grundsätzlichen Gutsein unserer Wesensnatur her begründen wird. Aber die Tatsache bleibt, dass der Unterschied zwischen den Religionen ganz gering ist, wenn es um den praktischen Inhalt der Moralvorschriften geht und, was noch wichtiger ist, um das Ideal des Mitfühlens, das sie fördern wollen. Aus historisch-soziologischer Sicht ist es erstaunlich, dass so viele unterschiedliche Religionen – die in so unterschiedlichen Gegenden, Kulturen und Kontexten entstanden sind und so offensichtlich unterschiedliche Theologien und Begriffe entwickelt haben – unabhängig voneinander derart nahe zusammenkommen, wenn es darum geht, Vorschriften für ein gutes ethisches Leben zu geben.

Die Ethik des Mitgefühls

In den Lehren der Weltreligionen finden wir eine Sicht der Ethik, die über das beschränkte Gegenseitigkeits-Prinzip der Goldenen Regel hinausgeht und zu universalem Mitgefühl ermahnt. Auf dieser Ebene überschreiten die Weltreligionen mit ihrer Begründung der Ethik also den ichbezogenen Rahmen der Denkungsart „*Ich* tue den anderen nicht an, was sie *mir* nicht antun sollen". Der Keim dieses Mitgefühls steckt in der Goldenen Regel zwar bereits insofern, als darin das Denken an die anderen zentral ist, aber in der Ethik des Mitgefühls muss man sich darüber hinaus auf eine Ebene echter Selbstlosigkeit begeben. Meiner Ansicht nach geht es dabei um die Förderung der Qualitäten eines guten Herzens. Meine erste Lehrerin im Mitgefühl, so kommt mir öfter in den Sinn, war meine Mutter. Sie war einfach und ungebildet und bloß eine Dorfbäuerin, aber herzensgut und von bedingungsloser Güte. Die Liebe, mit der sie mich aufzog, bildet den Kern des Mitgefühls, das ich später in mir fand und für andere empfinde. Diese ganz grundlegende Ebene der Zuneigung ist den Menschen von Natur aus eingegeben, ja sie lässt sich unserer Biologie zuschreiben, und auf diese Eigenschaft bauen die Religionen auf und entfalten sie weiter.

Dass die Vision eines selbstlosen Mitgefühls das Herz der ethischen Lehren der großen Weltreligionen ausmacht, lässt sich leicht erkennen, wenn man einmal ihre heiligen Schriften kurz durchsieht. So hat mich zum Beispiel einer meiner Freunde auf die folgende Geschichte im Mischna-Traktat *Pirke Avot* aufmerksam gemacht:

Rabbi Yohanan ben Zakkai sagte: „Geht hin und seht zu, welcher der gute Weg ist, den der Mensch einschlagen sollte." Rabbi Eliezar sagte: „Ein gutes Auge." Rabbi Joshua sagte: „Ein guter Freund." Rabbi Jose sagte: „Ein guter Nachbar." Rabbi Simeon sagte: „Einer, der die Frucht einer Tat voraussieht." Rabbi Elazar sagte: „Ein gutes Herz." Hierauf entgegnete er ihnen: „Vor den Worten von euch anderen gebe ich denen von Elazar den Vorzug, denn in seinen Worten seid ihr eingeschlossen."

(Mischna, *Pirke Avot* 2,13)

Wir finden hier also die Lehre, dass in der Eigenschaft des guten, von Mitgefühl erfüllten Herzens alle andern guten Eigenschaften wie ein einsichtsvolles Auge, Freundschaft, gute Nachbarschaft und Vorausschau auf die Auswirkungen der eigenen Taten impliziert sind. Dieser Ausdruck „das gute Herz" fasst für mich das Beste in der Menschennatur zusammen.

In der altchinesischen Tradition gibt es die folgende berühmte Aussage aus dem konfuzianischen Klassiker, den *Gespräche* (4,15):

Konfuzius sagte: „Shen, ein Faden durchzieht alle meine Lehren." Tseng Tsu sagte: „Ja." Nachdem Konfuzius gegangen war, fragten ihn die Schüler: „Was hat er damit gemeint?" Tseng Tsu gab zur Antwort: „Der

Weg unseres Meisters ist kein anderer als Bewusstheit und Altruismus."

Ähnlich heißt es im *Daodejing* des Daoismus:

Wegen des Mitgefühls kann ich tapfer sein
Wegen der Mäßigung kann ich großzügig sein …
Wenn der Himmel jemanden aufbauen will,
Umgibt er ihn mit Mitgefühl.
(Kapitel 67)

Im Christentum gibt es den bekannten Spruch Jesu, der auf der Hebräischen Bibel beruht:

Du sollst den Herrn, deinen Gott, lieben mit deinem ganzen Herzen und mit deiner ganzen Seele und mit deiner ganzen Vernunft. Das ist das wichtigste und erste Gebot. Das zweite ist ihm gleich: Du sollst deinen Nächsten lieben wie dich selbst. An diesen beiden Geboten hängen das ganze Gesetz und die Propheten. (Matthäus 22,37–40)

Nach meinem Verständnis liegt die Schönheit dieser Lehre in der außerordentlichen Einfachheit, mit der Jesus das Wesentliche der Logik einer spirituellen Ethik zusammenfasst. In einer theistischen Tradition besteht der Kern der spirituellen Praxis darin, den Schöpfer zu lieben und *nachzuahmen*. Diese Liebe zu Gott findet ihren sichtbaren Ausdruck im zweiten Gebot: „Du sollst deinen Nächsten lieben wie dich selbst." Ich denke mir oft, dass Jesus mit der jüdisch-christlichen Ermahnung „Liebe deinen Nächsten" deutlich zum Ausdruck bringt, wie sich daran, in welchem Maße man seine Mitmenschen liebt, deutlich zeigt, ob und wie man Gott liebt.

Im Buddhismus sagt der Buddha im Sutra über die liebevolle Güte:

> Wie eine Mutter ihr Leben aufs Spiel setzen würde,
> um ihr Kind, ihr einziges Kind zu schützen,
> so sollte man auch ein grenzenloses Herz
> bezüglich aller Wesen pflegen.
> Kultiviert mit Wohlwollen für den gesamten Kosmos
> ein grenzenlos weites Herz:
> nach oben, nach unten und ringsherum,
> ohne Hindernis, ohne Feindseligkeit oder Hass.
> Ihr mögt stehen, gehen,
> sitzen oder niederliegen,
> solange ihr wach seid,
> bleibt entschieden bei dieser Achtsamkeit.
> (*Metta Sutta*, aus dem *Sutta Nipata* 1,8)

Hier wird das natürlichste Band der Zuneigung zwischen Menschenwesen, die bedingungslose Liebe einer Mutter zu ihrem Kind, als Vorbild für das Maß des Mitgefühls genommen, mit dem ein Praktizierender auf alle Wesen zugehen soll.

Im Hinduismus findet sich im großen Epos *Ramayana*, das dem Herzen des indischen Volkes so teuer ist, der folgende Text:

> Ein höheres Wesen erwidert nicht Böses mit Bösem.
> Das ist ein Grundsatz, an den man sich halten sollte.

Die Zierde tugendhafter Menschen ist ihr Verhalten. Man sollte niemandem Schaden zu fügen, weder dem Übeltäter noch dem Guten und nicht einmal Verbrechern, die den Tod verdienen. Eine edle Seele übt immer Mitgefühl, sogar gegenüber denen, die es genießen, anderen wehzutun.
(*Yuddha Kanda*, Kapitel 115)

Im Koran steht:

Wir speisen euch nur um Allahs Angesichts willen. Wir wollen von euch weder Belohnung noch Dank. (76,8–9)

Zudem habe ich den folgenden, dem Propheten zugeschriebenen Ausspruch aus der als Hadith bekannten Sammlung gehört:

Ein Mann fragte einmal den Propheten, was das Beste am Islam sei, und dieser erwiderte: „Die Hungrigen zu nähren und den Friedensgruß sowohl denen zu geben, die man kennt, als auch denen, die man nicht kennt."
(Hadith von al-Buchari)

Im Sikhismus steht im *Adi Granth*:

Wer dient und auf keinen Lohn aus ist, findet Einssein mit dem Herrn. Einzig ein solcher Diener lässt sich vom Meister führen, sagt Nanak, denn auf ihm ruht göttliche Gnade.
(Sukhamani 18, M. 5)

Im Jainismus liest man im *Tattvarthasutra*:

Habe Wohlwollen gegenüber allen Lebewesen, Freude angesichts der Tugendhaften, Mitgefühl und Sympathie mit den Geplagten und ertrage geduldig alle, die unverschämt sind und sich schlecht benehmen. (7,11)

Das besonders Bewegende an diesem letzten Schriftzitat, aber auch am Hadith vom Propheten Mohammed ist die ausdrückliche Betonung der Tatsache, dass der Gegenstand des Mitgefühls universal ist. Tatsächlich wird es nicht nur explizit in allen Traditionen gesagt, sondern es ist auch ganz wesentlich, dass man in seine mitfühlende Sorge ausnahmslos alle Wesen einbeziehen müsse. Unabhängig davon, ob man sich die anderen als Gottes Geschöpfe vorstellt oder als „mütterlich empfindende Wesen" – Letzteres ist die buddhistische Sicht, nämlich dass man im grenzenlosen Kreislauf der Wiedergeburten alle Wesen an einem bestimmten Zeitpunkt zur Mutter gehabt hat –, kommt es letztlich auf die direkte Verbindung von Herz zu Herz mit der Gesamtheit der empfindenden Welt an.

In dieser Vielzahl von Lehren aus den verschiedenen Traditionen, für welche die obigen Zitate als Beispiele stehen, tritt deutlich hervor, dass die religiöse Verpflichtung zum Mitgefühl mehr ist als die auf der Ethik der Gegenseitigkeit beruhende Goldene Regel, die lautet, man solle andere so behandeln, wie man von ihnen behandelt werden möchte. In den Glaubenstraditionen ist die Forderung, den anderen so zu behandeln, wie man selbst behandelt werden möchte, nur der erste Schritt auf einem Weg. Dieser Weg zielt letztlich darauf, dass man zu einem Punkt gelangt, von dem an die Frage, wie man selbst behandelt wird, keine Rolle mehr spielt, sondern von dem an man schlicht und einfach zum Medium mitfühlenden Handelns wird. Wie ein solches selbstloses Wesen auf der höchsten Ebene ein Gefäß für das Verströmen von Mitgefühl werden kann, kommt wunderbar in den Versen von Nagarjuna zum Ausdruck, des in meiner tibetischen Tradition hoch verehrten Lehrers aus dem 2. Jahrhundert:

> Wie Erde, Wasser und Wind
> Und wie Arznei und die Bäume im Wald
> Biete dein eigenes Selbst anderen an,
> sei's nur für einen Augenblick,
> Damit sie es nach ihrem Wunsch nützen.
> (*Kostbare Girlande* 3,58)

Bei der Anweisung, auch die andere Wange hinzuhalten oder für alle Wesen grenzenloses Mitgefühl aufzubringen, ganz gleich, wie sie einen behandeln, geht es um das Ausmerzen der Ich-Zentrierung und um die Kultivierung der Eigenschaften, die – in einer theistischen Tradition – den Praktizierenden dem Schöpfer immer näher bringen und ihn Gott immer ähnlicher werden lassen, sodass er sein Leben als Ebenbild Gottes führt. In einer nicht-theistischen Tradition wie dem Buddhismus bringt das Mitgefühl den Praktizierenden immer näher zur Freiheit vom Anhaften an den engen Grenzen einer auf sich selbst zentrierten Seinsweise und eröffnet den Raum für die wechselseitige Verbindung mit allen Wesen.

Die Schönheit der auf das Mitgefühl konzentrierten Ethik in allen großen Weltreligionen besteht darin, dass sie einen Weg der spirituellen Selbstentwicklung weg von der Ich-Zentrierung darstellt, durch die man zugleich ständig tiefer in einer mitfühlenden Lebensweise verwurzelt wird. Dieser Prozess lässt sich in allen Lehren finden, in manchen Fällen vielleicht ausdrücklicher als in anderen. So gibt es zum Beispiel angesichts einer schädigenden Handlung, die einem jemand anderer zufügt, das Anfangsstadium, in dem man nicht Gleiches mit Gleichem vergilt. Das ist die Ethik der Einschränkung. Auf einer weiteren Stufe vergibt man das, was einem jemand angetan hat, voll und ganz. Und dann gibt es über die Stufe des Vergebens hinaus auch noch die Möglichkeit einer aktiven Erzeugung von Mitgefühl mit dem, der einem etwas angetan hat, oder der Liebe zu ihm.

Dieses Prinzip findet sich am schönsten in einem anderen bekannten Ausspruch von Jesus formuliert:

Ihr habt gehört, dass gesagt worden ist: „Auge um Auge und Zahn um Zahn." Ich aber sage euch: Widersteht dem, der euch Böses tut, nicht, sondern wer dich auf die rechte Wange schlägt, dem halt auch die andere hin. Und dem, der dich vor Gericht bringen und deinen Rock nehmen will, dem lass auch den Mantel. Und wer dich nötigt, eine Meile mitzugehen, mit dem geh zwei. Dem, der dich bittet, gib, und wer von dir borgen will, den weise nicht ab. Ihr habt gehört, dass gesagt worden ist: „Du sollst deinen Nächsten lieben und deinen Feind hassen." Ich aber sage euch: Liebt euere Feinde und betet für die, die euch verfolgen. (Matthäus 5,38–44)

Beim Gedanken an diese Stelle aus den Evangelien entsinne ich mich einer Begegnung, die ich einmal mit einem nahen Kollegen von mir hatte, Lopön-la, der Mönch im Namgyal-Kloster war, das zum Komplex des Potala-Palastes gehört. Er hatte nach dem Fall Tibets im Jahre 1959 achtzehn Jahre in einem chinesischen Gefängnis verbracht, konnte aber schließlich 1980 nach Indien kommen. Da wir uns von Tibet her kannten, trafen wir uns seit seinem Aufenthalt in Tibet ab und zu beim Tee zu einem Gespräch. Bei einem dieser Gespräche sagte Lopön-la ganz beiläufig, es gebe zwei oder drei Anlässe, bei denen er sich in echter Gefahr gefühlt habe. Ich dachte natürlich, er habe da um sein Leben gefürchtet, und fragte ihn: „Was für eine Gefahr war das?" Er gab zur Antwort: „Die Gefahr, mein Mitgefühl mit den Chinesen zu verlieren." Als ich diese Antwort hörte, verneigte ich mich einfach vor ihm.

Es überrascht nicht, dass manche im tibetischen Volk gegenüber den chinesischen Kommunisten in sich Wut haben aufkommen lassen, weil sie sie ihres Heimatlandes, ihrer Freiheit, ihres Lebensunterhalts und ihrer traditionellen spirituellen Praxis beraubt haben. Mir selbst hat es großes Leiden bereitet, als ich von zahlreichen Tibetern, die über die Himalaya-Berge geflohen sind, entsetzliche Geschichten über Missbrauch und Tragödien aller Art zu hören bekam. Aber der Weg der spirituellen Vollkommenheit betont, dass man, wie der Buddhismus es ausdrücken würde, den Kreislauf des Leidens nur verewigt, wenn man auf diese Weise reagiert. Die Geschichte von Lopön-la, die ich gern erzähle, ist ein außerordentliches Zeugnis dafür, dass es selbst in den widrigsten Umständen möglich ist, auf der höchsten Stufe einer auf das Mitgefühl konzentrierten Ethik zu leben.

Wenige Dinge sind so schwierig wie das, was Jesus oder der Buddha verlangen: die andere Wange hinzuhalten, damit man auch noch ein zweites Mal geschlagen wird; nicht nur seinen Rock herzugeben, sondern auch noch den Mantel; eine zweite Meile mitzugehen; den Feind zu lieben, ja den Feind als seinen spirituellen Lehrer zu betrachten; die zu segnen, die einen verfluchen; denen Gutes zu tun, die einen hassen, und für die zu beten, die einen misshandeln und verfolgen. Man könnte sagen, dass in jeder religiösen Tradition der gesamte spirituelle Weg – all seine Übungen, Enthaltsamkeitsvorschriften, Läuterungen – dazu geschaffen wurde, dass der Praktizierende, wenn ihm Böses zugefügt und er damit auf die Probe gestellt wird, darauf spontan mit Mitgefühl reagieren kann. Zugleich ist die Praxis der liebevollen Güte gegenüber seinem Feind der endgültige Test dafür, ob man die spirituelle Vollkommenheit erreicht hat.

Der große indische Meister Shantideva aus dem 8. Jahrhundert stellt in seinem *Kompendium der Übung* die Frage: „Wenn du nicht gegenüber deinem Feind das Mitgefühl praktizieren kannst, gegenüber wem kannst du es dann praktizieren?" Das Wesen der Lehre, dass man seinen Feind lieben solle, ist Folgendes: Wenn man Mitgefühl mit seinem Feind haben kann, gibt es keine Grenze mehr dafür, wie weit und umfassend man sein Mitgefühl ausdehnen kann.

Wenn sich alle großen religiösen Traditionen über die zentrale Bedeutung des Mitgefühls einig sind, ist der Gedanke naheliegend, dass uns das an eine der grundlegendsten Eigenschaften der menschlichen Natur erinnert. Denn weil wir alle in einem Mutterschoß genährt wurden und alle von einer Mutter geboren wurden, ist die Zuneigung unsere Grundnatur. Wir werden durch Liebe ins Dasein gebracht, und durch Liebe wird unser junges Leben genährt und gefördert. Das fängt an mit der liebevollen Liebkosung durch die Berührung der Mutter und mit dem intimen Kontakt mit ihrer Brust, wenn wir von ihr trinken. Heute wissen wir aus der Wissenschaft, dass schon die einfache physische Berührung infolge der Umarmung durch die Mutter für die Gehirnentwicklung des Kindes in seinen ersten Lebenswochen eine entscheidende Rolle spielt. In dieser Zuneigung wurzelt unser kostbares Leben, und dieser kleine Schössling der liebevollen Zuwendung kann zum großen Baum des Mitgefühls heranwachsen.

Für mich besteht die Einzigartigkeit unserer menschlichen Spezies nicht nur darin, dass wir fähig sind, uns grenzenlosen Altruismus vorzustellen, sondern dass wir ihn auch tatsächlich erfahren können; wir können ihn nicht nur in uns selbst hervorrufen, sondern auch sein Lob singen, um andere damit anzustecken. So schreibt zum Beispiel Shantideva:

Dies ist das Elixier des ewigen Lebens,
Das den Herrn des Todes besiegt;
Dies ist das unerschöpfliche Schatzhaus,
Das die Armut in der Welt lindert.

Dies ist die allerbeste Medizin,
Die das Kranksein der Wesen heilt;
Dies ist der schattenspendende Baum,
Unter dem die Wegmüden ausruhen können.

Dies ist der Damm, der Rettung bietet
Für empfindende Wesen in tieferen Bereichen;
Dies ist der aufgehende Mond des Geistes,
Der das Sengen versehrender Hitze lindert.

Dies ist die große Sonne, die vertreibt
Die Finsternis des Unwissens aus der Welt;
Dies ist die frische Butter, die man gewinnt
Aus der Milch des erhabenen Dharma.
(*Bodhicaryavatara* 3,28–31)

Das Wunderschöne am Mitgefühl ist, dass sich bei seinem spontanen Aufsteigen im Menschen eine innere Tür zu dieser Liebeserfahrung des Kindes öffnet, die Teil unserer grundlegenden Wirklichkeit ist. Aus säkularer Perspektive ist angesichts unserer biologischen Natur als soziale Lebewesen das Nähren ein fester Bestandteil des menschlichen Überlebensmechanismus. Auch hier haben wir ohne die Liebe unserer Mutter und die instinktive Fähigkeit des Kindes, die Zärtlichkeit der Mutter zu suchen und zu schätzen, keine Überlebenschance. Ich zitiere oft den Beweis aus der Medizin, der zeigt, wie die einfache physische Berührung durch die Mutter oder eine andere Pflegeperson der entscheidendste Faktor dafür ist, dass unser Gehirn während der ersten Wochen nach unserer Geburt an physischer Größe zunimmt. Das zeigt, wie entscheidend für das Überleben und Wohlbefinden jedes

Menschen es ist, die Liebe und das Mitgefühl anderer Menschen zu empfangen. Wenn wir also füreinander Mitgefühl empfinden, kehren wir zu unserer tiefsten Natur zurück. Sobald sich die innere Tür auftut, wird es mühelos möglich, auf andere zuzugehen und mit ihnen in Kontakt zu kommen. Aus diesem Grund ist das größte Gegengift gegen Unsicherheit und das Empfinden der Angst das Mitgefühl, weil es den Menschen wieder auf den Grundstock seiner eigenen inneren Stärke zurückbringt. Ein wirklich mitfühlender Mensch verkörpert einen sorgenfreien Geist der Angstfreiheit, der sich der Freiheit vom egoistischen Sorgen um sich selbst verdankt. Die Eigenschaft des Mitgefühls ist angeboren und das Erbe jedes Menschenwesens. Auf dieser Ebene besteht kein Unterschied, ob man ein gläubiger Mensch ist oder nicht. Die Lehren der Weltreligionen versuchen genau genommen, uns dieses Erbe erkennen zu helfen und uns systematische Mittel dafür zu liefern, dass wir es pflegen, verstärken und zur Vollkommenheit bringen.

Die Weisheit des Mitgefühls

Ein ganz wichtiges Element der Lehren der Weltreligionen über das Mitgefühl ist die Dimension der metaphysischen Begründung. Alle theistischen Religionen betonen immer wieder die Liebe Gottes und sein mitfühlendes Wesen. Wenn man aus Mitgefühl handelt, wird das folglich so verstanden, dass man es damit Gott gleichtue, ja ihn nachahme. Aus diesem Grund gilt es als vollkommene Form des Handelns. Im Buddhismus gehören zur metaphysischen Dimension die Erkenntnis, dass das

Selbst und die Anderen zutiefst miteinander zusammen-hängen, sowie die Auffassung, dass wir alle uns im Tiefs-ten nach Glück sehnen und das Leiden überwinden wol-len. In diesem Kontext erweist sich die Annahme, das Selbst sei von den Anderen unabhängig, als ein zum gro-ßen Teil falsches Konstrukt des Geistes.

Der große Vorteil dieser metaphysischen Dimension – die man im buddhistischen Sprachgebrauch als den „Weis-heitsaspekt" bezeichnen könnte – ist der, dass sie alle un-sere ethischen Handlungen auf eine Grundlage stellt, die größer ist als der Einzelne. Damit ist die Sichtweise eher universal als ichbezogen oder auf Gegenseitigkeit angelegt. In einem theistischen religiösen Kontext würde man das also in einem tieferen Verständnis so sehen, dass alles, was in der Welt geschieht, einschließlich des Leidens, das ei-nem andere zufügen, im Rahmen der Vorsehung der Liebe Gottes passiert und dass Gott grenzenlose Liebe ist. Das ist dann der Grund für die ethische Haltung, die andere Wange hinzuhalten und auch seinen Feind zu lieben.

Die große Stärke des theistischen Ansatzes besteht darin, dass der Gläubige seine eigenen spontanen Impulse zu Wut oder Rache übergehen kann und sich – im Dienst der größeren Liebe Gottes, die das erste Gebot ist – im Geist darauf verlegen kann, jene, die ihn schlecht behan-delt haben, mit Mitgefühl zu umarmen.

Im Buddhismus, der keinen Schöpfergott kennt, erfor-dert diese Praxis einige Überlegungen. Dabei hält einem auf der grundlegenden Ebene die Kontemplation über das Gesetz des Karma vor Augen, dass man die Früchte jegli-cher eigenen Handlung ernten wird. Auf einer tieferen Ebene denkt man gründlich über die fundamentale Gleichheit seiner selbst mit den anderen nach, insofern es um die grundlegende Sehnsucht nach Glück und das Vermeiden des Leidens geht. Dieses Empfinden der Gleichheit löst im Verbund mit einer tiefen Anerkenntnis unserer gemeinsamen empfindenden Natur unvermeidlich den Fluss des Mitgefühls aus. Im Rahmen dieser Praktiken kann man sich zum Beispiel die zutiefst vergängliche Natur aller Dinge vor Augen halten, die Lehren über das Nicht-Selbst und die durch und durch wechselseitige Wahrheit von allem. Wenn zum Beispiel jemand mich ungerecht behandelt, sollte ich nicht mit Ärger reagieren, sondern die Frage stellen: „Aus welchem Leiden heraus handelt dieser Mensch so? Welche Art von angeschlagenem mentalem Zustand hat sich des Geistes dieses unguten Menschen bemächtigt? Welche Gewohnheiten und Umstände treiben ihn an, so zu handeln?" Wenn ich das betreffende Ereignis – die mir zugefügte schlechte Behandlung – in den von dieser Art von Überlegungen geschaffenen Raum stelle, führt mich das zu der Einsicht, dass die angemessene Reaktion darauf nicht Rache ist, sondern Mitgefühl. Zudem gibt es im Buddhismus die Vorstellung, dass voll erleuchtete Lebewesen nur die eine Aufgabe haben, unermüdlich und selbstlos zum Wohl anderer tätig zu sein. Das ist ihr einziger Wunsch, ihr einziges Ziel, und wenn man als Buddhist den Buddhas gefallen will, ist das die einzige Tat, die man vollbringen muss. Shantideva hat das so ausgedrückt:

> Das allein ist die Sühne der Tathagatas;
> Das allein ist die Erfüllung meines eigenen Ziels;
> Das allein schlägt die Leiden der Welt zurück;
> So lass das allein mein Gelübde sein.
> (*Bodhicaryavatara* 6,126–127)

Die höchste Form des Mitgefühls als Praxis im Alltagsleben ist der selbstlose Dienst an anderen, oder anders
gesagt: das rein altruistische Handeln. Auch diese Eigenschaft wird in allen diesen Traditionen betont. Die heiligen Schriften der Weltreligionen ermahnen ihre Anhänger, dieses Ideal zu verwirklichen, sei es in Form eines
direkten Auftrags, einer Geschichte oder eines Dialogs.
In einer der bekanntesten Jataka-Erzählungen (das sind
kanonische Geschichten über die früheren Geburten
Buddhas) in der Sanskrit-Tradition beschreibt die Erzählung einen jungen Mann, der im Wald auf eine hungrige
Tigerin stößt, die vor Hunger so geschwächt ist, dass sie
nicht mehr jagen und nur noch dadurch überleben kann,
dass sie ihre eigenen neugeborenen Jungen frisst. Aus
spontanem Mitgefühl bietet er ihr sich selbst als Mahlzeit
an; und da die Tigerin ihn aus lauter Schwäche gar nicht
mehr anfallen kann, schneidet er sich selbst den Bauch
auf, damit sie ihn fressen kann.

In den Evangelien erzählt Jesus das Gleichnis vom
barmherzigen Samariter, der einen Mann halbtot am
Straßenrand liegen findet, ausgeraubt und von den Vor-
beigehenden unbeachtet. Der Samariter wird von Mitgefühl erfasst, verbindet seine Wunden, setzt ihn auf seinen eigenen Esel und bringt ihn in eine Herberge. Dort
lässt er ihn und gibt dem Herbergswirt Geld, damit er
sich um ihn kümmert.

Im Talmud steht geschrieben: „Du sollst hinter dem
Herrn, deinem Gott einhergehen' – aber wie kann ein
Mensch hinter Gott hergehen, der ein verzehrendes Feuer
ist? Es bedeutet, den Weg seiner Eigenschaften gehen:

Nackte bekleiden, Kranke besuchen, Trauernde trösten, Tote begraben." (Sota 14a).

Ähnlich lesen wir im *Pancastikaya* des Jain-Mönchs Kundakunda: „Nächstenliebe – erschüttert sein angesichts der Durstigen, der Hungrigen und der Elenden und ihnen aus Mitleid Erleichterung verschaffen – das ist die Quelle der Tugend." (137)

Im Hinduismus gibt es in den *Upanishaden* einen bekannten Dialog mit der Donnerstimme, in dem die ethische Weiterentwicklung von der Einschränkung hin zum Mitgefühl auf den Punkt gebracht wird. Als die Götter, Menschen und *asuras* (Halbgötter) noch als Schüler beisammen waren und gerade ihre religiöse Ausbildung abgeschlossen hatten, baten sie Gott, ihnen kurz und knapp zusammenzufassen, was sie gelernt hatten:

Als sie ihre Schulzeit hinter sich hatten, sagten die Götter: „Lehre uns, Vater."
Er sprach zu ihnen die Silbe DA. „Habt ihr verstanden?"
„Wir haben verstanden", sagten sie. „Du hast zu uns gesagt: ‚Seid selbstbeherrscht'."
„OM", sagte er. „Ihr habt verstanden."

Dann sagten die Menschenwesen zu ihm: „Lehre uns, Vater."
Er sprach zu ihnen die Silbe DA. „Habt ihr verstanden?"
„Wir haben verstanden", sagten sie. „Du hast zu uns gesagt: ‚Gebt'."
„Ja!", sagte er. „Ihr habt verstanden."

Da sagten die *asuras* zu ihm: „Lehre uns, Vater."
Er sprach zu ihnen die Silbe DA. „Habt ihr verstanden?"
„Wir haben verstanden", sagten sie. „Du hast zu uns gesagt: ‚Seid mitfühlend!'"
„Ja!", sagte er. „Ihr habt verstanden."

Das ist das, was die göttliche Stimme, die Donner ist, wiederholt: DA DA DA. „Seid selbstbeherrscht! Gebt! Seid mitfühlend!" Diese Dreiheit sollte man praktizieren: Selbstbeherrschung, Geben und Mitgefühl.
(*Brhadaranyaka Upanishad* 5.2.2–3)

Hier bietet die hinduistische Tradition in einer ihrer meistverehrten und ganz alten Schriften eine prägnante Zusammenfassung des spirituellen Wegs von der Einschränkung bis hin zum Mitgefühl.

In der heutigen Welt gibt es viele herzerhebende Beispiele eines solchen Altruismus. Unabhängig davon, wie bewundernswerte Vorbilder Gestalten wie Mutter Teresa oder Baba Amte sein mögen, sollten wir nicht meinen, dass altruistisches Handeln einzig bei solchen heiligen Menschen zu finden sei. Das Potenzial zum altruistischen Handeln liegt in uns allen, und wir alle können es tagtäglich üben. Wenn man zum Beispiel an die vielen ganz gewöhnlichen Menschen denkt, die religiösen wie nicht-religiösen, die halfen, während der Nazi-Zeit Juden zu retten, so fanden viele dieser Handlungen aus rein altruistischen Motiven heraus statt, und ein Schlüsselfaktor dabei war die Anerkenntnis, dass wir alle das gleiche Menschsein teilen. Aber der Altruismus findet sich auch in den einfachsten Dingen:

wenn man spontan einem älteren oder blinden Menschen über die Straße hilft, im Bus oder der Bahn einer Mutter mit Kind seinen Platz anbietet oder beim Schlangestehen seinen Platz jemandem überlässt, dessen Nöte dringender sind. Ich entsinne mich eines Fotos aus dem Ersten Weltkrieg, das ich einmal gesehen habe: Während einer Feuerpause versorgt ein alliierter Soldat einen verwundeten türkischen Soldaten, also einen von der gegnerischen Seite. Sobald das Schießen aufhört, kehren beide Seiten angesichts ihres gemeinsamen Leidens auf die Ebene des Menschseins zurück, und an diesem Punkt sind sie in der Lage, sich sogar in das Leiden eines Feindes einzufühlen.

Mir scheint, in diesem kurzen Ausflug in die Weltreligionen konnten wir etwas ganz Wichtiges entdecken: ihre auf das Mitgefühl konzentrierte Ethik. Das ist eine großartige gemeinsame Quelle. Wenn ich das richtig sehe, können wir alle aus dieser Quelle schöpfen, weil sie sich in jeder größeren Kultur und religiösen Tradition findet. Dabei geht es vor allem darum, dass wir einsehen, dass wir alle das Menschsein miteinander teilen und dass wir Menschen ausnahmslos alle bestimmte Bedürfnisse und Wünsche haben, die gestillt werden können, wenn wir die grundlegenden Werte des Menschseins verwirklichen. Von daher ist anzunehmen, dass die Glaubenstraditionen eine außerordentlich hilfreiche Quelle des Guten auf diesem Planeten sein können, sofern wir die Ressourcen der Religion dazu verwenden, auf diese fundamentale Quelle zurückzugreifen. Die Weltreligionen verfügen über die Fähigkeit, Vorurteile zu überwinden, mit Konflikten richtig umzugehen und den Armen und Schwachen Beistand zu leisten.

Dieser Punkt wurde mir auf ganz praktische Weise während eines meiner Besuche in Jerusalem deutlich. Ich begegnete dort einem israelischen Lehrer und Friedensaktivisten, der in Schulklassen aus palästinensischen und israelischen Kindern Unterricht gab. Er brachte diesen darin unter anderem bei, sooft sie auf jemanden stießen, den sie nicht mochten oder gegenüber dem sie Angst oder Feindseligkeit empfänden, sollten sie daran denken, dass sein Gesicht ein Abbild Gottes sei. Und er erzählte mir von der Erfahrung eines palästinensischen Studenten, der sein Schüler gewesen war und ihn später besucht hatte. Dieser Student hatte ihm erzählt, sooft er durch die israelische Grenzkontrolle gegangen sei, habe der Anblick der Soldaten bei ihm immer spontan ein unsicheres Gefühl von Zorn und Angst ausgelöst. Aber als er begonnen habe, in den Gesichtern der Soldaten das Abbild Gottes zu sehen, sei er nicht mehr derart emotional aufgewühlt worden. Auch wenn das noch nicht das universale Mitgefühl sein mag, das alle Religionen als das höchste Ideal hochhalten, ist das ein bemerkenswertes und aktuelles Beispiel dafür, wie dank einer religiösen Lehre das Mitgefühl den Hass verschwinden lassen kann.

Kapitel 8

Ein Programm für die interreligiöse Verständigung

Die Weltreligionen waren in der Geschichte der Menschheit oft ein Faktor der Spaltung und des Konflikts. Es ist nicht zu leugnen, dass religiöse Unterschiede traurigerweise schon immer ein Grund zur Zwietracht zwischen den Menschen waren und es weiterhin sind. Das reicht von den Kreuzzügen im Mittelalter bis zum heutigen religiös motivierten Dschihad, von den zahlreichen gewalttätigen Ausschreitungen zwischen Hindus und Muslimen bei der Teilung Indiens im 20. Jahrhundert bis zum derzeitigen arabisch-israelischen Konflikt und von den Kriegen zwischen Bosniern und Serben bis zu den Kämpfen zwischen Singhalesen und Tamilen in Sri Lanka und nicht zuletzt bis zu dem neueren Phänomen des religiös inspirierten globalen Terrorismus. Zu solchen Konflikten kommt es nicht nur zwischen Religionen, sondern auch zwischen Sekten und Parteien innerhalb der einzelnen Religionen, wie die Geschichte des religiösen Konflikts in Nordirland oder die tragische Antipathie zwischen Schiiten und Sunniten im Islam so deutlich zeigen. Selbst innerhalb meiner eigenen tibetischen Tradition führten sektiererische Einstellungen und Vorurteile zu Disharmonie und sogar zu tatsächlichen Konflikten. Angesichts dessen bleibt die Frage: „Bleibt die Vielfalt der Weltreligionen unvermeidlich weiterhin eine Quelle der Spaltung in der menschlichen Gesellschaft?"

Ich leugne zwar nicht dieses historische Erbe, das wir kritisch betrachten müssen, wenn wir allen Ernstes eine echte religiöse Harmonie schaffen wollen, aber ich glaube, dass es an der Zeit ist, diese Geschichte hinter uns zu lassen und einen großen Schritt nach vorn zu tun. Einmal sagte ich vor einer Zuhörerschaft, die aus islamischen Händlern und Geschäftsleuten bestand, die in Bodh Gaya, der heiligen Stätte von Buddhas Erleuchtung, ansässig sind, dass einige von ihnen durchaus Nachfahren der islamischen Plünderer sein könnten, die an der Zerstörung der buddhistischen Klöster in Indien schuld seien, aber heute – unter neuen Umständen – gebe es glücklicherweise zwischen den buddhistischen Pilgern und den islamischen Geschäftsleuten, die ihnen Restaurants und Geschäfte bieten, eine friedliche Koexistenz. Die Pilger machen von diesen Einrichtungen gerne Gebrauch, und die Geschäftsleute leben davon. Mir geht es dabei darum, uns nicht von der historischen Erinnerung daran hindern zu lassen, entsprechend unserer neuen globalen Realität zu leben, die nach friedlicher Koexistenz verlangt.

Ich habe immer die Auffassung vertreten: Falls die Weltreligionen weiterhin nur eine Quelle von Konflikt und Leiden sein sollten, müssten aus nicht-theistischer Sicht wir Menschen das Recht haben, sie hinter uns zu lassen. Aber das ist nicht der Fall. Es stimmt zwar, dass sie immer wieder Anlass zu Spaltungen und Konflikten zwischen den Menschen gegeben haben, aber diese Rolle der Religion ist nicht notwendig, und es ist schon gar nicht die einzige Rolle, die die Religion spielen kann.

Wichtiger ist, dass jede der großen Weltreligionen im Laufe ihrer langen Geschichte Millionen von Menschen ungeheure Wohltaten gebracht hat. Die Religionen haben nicht nur moralische Leitlinien geboten, nach denen die Menschen ein ethisches Leben führen konnten, sondern sie lieferten auch Millionen Einzelner einen tieferen Sinn für ihr Leben und waren in Zeiten persönlicher Tragödien und Widrigkeiten eine Quelle des Trostes und des Friedens. Auch heute behalten die großen Weltreligionen weiterhin ihre Relevanz für die Menschheit, selbst wenn Naturwissenschaften und Technik gewaltige Fortschritte gemacht und zu umwälzenden materiellen Entwicklungen geführt haben. Ich bin der Überzeugung, dass es so auch zumindest noch einige Jahrtausende lang bleiben wird, und zwar deshalb, weil unsere grundlegende menschliche Natur und Verfasstheit trotz allem die gleiche bleibt.

So lautet die kritische Frage nicht: „Sind die Religionen nur eine Quelle von Schwierigkeiten?", sondern eher: „Was können wir tun, um zu gewährleisten, dass die Unterschiede zwischen den Religionen in der menschlichen Gesellschaft nicht weiterhin zu Spaltung und Konflikt führen? Können die Weltreligionen untereinander eine echte, anhaltende Harmonie schaffen?"

Wenn man über Religion und Gewalttätigkeit spricht, ist es meiner Ansicht nach wichtig, zwischen zwei unterschiedlichen Formen von Konflikt zu unterscheiden, die man oft mit religiösen Differenzen in Verbindung gebracht hat. Es gibt religiös gefärbte Konflikte, bei denen zwar auch religiöse Unterschiede ein Faktor sein mögen, bei denen es aber genau genommen um Macht geht, also um politische, wirtschaftliche, ethnische oder institutionelle Macht. Dabei kann es sein, dass man der Auseinandersetzung nur ein religiöses Mäntelchen umhängt, während es im Grunde genommen um ein Ungleichgewicht im Hinblick auf Reichtum und Macht geht. Ein besonderer Fall sind die Konflikte, die im Namen der Religion von Menschen angeheizt werden, die zynischerweise nur die Rhetorik der religiösen Differenzen benutzen, es aber gar nicht ehrlich meinen. Natürlich gibt es auch Konflikte, die sich in erster Linie an Meinungsverschiedenheiten über Glaubensthemen und vor allem über Punkte der Glaubenslehre entzündet haben. Dabei fühlen sich die Vertreter der Parteien oft aus innerster Überzeugung ihrem eigenen Glauben verpflichtet. So ernsthaft das auch gemeint sein mag, ist es doch in erster Linie das Ergebnis eines mangelnden Kontakts mit den Anhängern anderer Traditionen: Sie kennen schlicht und einfach nicht die echten Werte anderer Traditionen, die nicht ihre eigene sind. Das wichtigste Heilmittel dagegen ist, dass man die Horizonte des eigenen Wissens und Verstehens ausweitet. In der realen Welt ist die Pluralität der religiösen Traditionen ein Faktum des Lebens. Deswegen müssen wir alle es auf die eine oder andere Weise lernen, in Frieden und Harmonie miteinander zu leben.

Unterschiede sind im Allgemeinen an sich weder schlecht noch gut; sie sollten auch nicht unbedingt zum Konflikt führen. Alles kommt darauf an, wie man mit Unterschieden umgeht. Selbst innerhalb der Gedanken und Gefühle ein und desselben Menschen kann man alle Arten von Unterschieden und Widersprüchen erleben – zwischen früheren und späteren Lebensabschnitten und sogar zwischen dem, was man morgens, und dem, was man dann abends empfindet. Zum Teil können die Unterschiede zwischen diesen widersprüchlichen Gedanken und Gefühlen sogar zu einem neuen Verständnis hinführen und uns bezüglich des Lebens und der Welt im Ganzen reifer und einsichtsvoller werden lassen.

Ich glaube zutiefst an die positive Natur des im Menschen steckenden Potenzials, und deswegen vertrete ich entschieden die Ansicht, dass eine echte Harmonie zwischen den großen Weltreligionen erreichbar ist. Aber sie kann nur erreicht werden, wenn wir zunächst einmal zwischen den Religionen ein echtes gegenseitiges Verstehen fördern. Gegenseitiges Verständnis muss auf einer soliden Grundlage beruhen, zu der unter anderem gehört, ausdrücklich anzuerkennen, dass es zwischen den Religionen echte Unterschiede gibt. Um hier erfolgreich anzusetzen, dürfen wir nicht die Unterschiede leugnen, also die verschwommene Ansicht vertreten, im Grunde genommen seien ja sowieso alle Religionen gleich. Genauso verfehlt wäre der synkretistische Versuch, die unterschiedlichen Stärken der Religionen in irgendeiner Universalreligion miteinander zu verschmelzen. Zum richtigen Ansatz gehört vielmehr unbedingt, dass man die Unterschiede ausdrücklich benennt und feiert, denn die Unterschiede zwischen den Religionen stellen aus theistischer Sicht die Schönheit von Gottes unendlicher Weisheit und den Reichtum des menschlichen Geistes dar. Falls die Harmonie zwischen den Religionen auf einer gesunden Anerkennung der Unterschiede zwischen den Glaubenstraditionen beruht, eröffnet dies die Möglichkeit, über einige der Unterschiede hinauszukommen und einander auf einer höheren Ebene der Konvergenz zu treffen, auf der man das gemeinsame Ziel teilt, die Menschheit zu verbessern und einer Reihe von ethischen Grundlehren Geltung zu verschaffen. Das ist zumindest mein eigener Ansatz, von dem her ich mich bemühe, das interreligiöse Verständnis und die Harmonie zu fördern. Diese Aufgabe betrachte ich als einen der wichtigsten Punkte meiner Sendung.

So stellt sich die Frage, wie wir das zustande bringen können. Wie können wir eine Harmonie zwischen den Religionen fördern, die auf gegenseitigem Verstehen und Respekt füreinander beruht?

Für mein eigenes Verhalten habe ich mir dafür einige grundsätzliche Handlungsweisen angewöhnt. Dazu gehört das Bemühen, die Kontakte zwischen den Anhängern der verschiedenen Weltreligionen stärker zu fördern, und zwar vor allem ganz an der Basis. Zu diesem Zweck lege ich immer großen Wert darauf, bei allen meinen Reisen, sei es in eine große Hauptstadt oder in eine Kleinstadt, an einer interreligiösen Feier teilzunehmen. Ich nutze dabei den Umstand, für die örtlichen Verhältnisse ein Außenstehender zu sein, um den Führern und Mitgliedern lokaler religiöser Gemeinschaften die Gelegenheit zu bieten, mit den Führern und Mitgliedern anderer Glaubenstraditionen in ihrer näheren Umgebung zusammenzukommen. Das verschafft den Mitgliedern der verschiedenen Glaubenstraditionen die Möglichkeit, sich auszutauschen, um die Frömmigkeitsformen des jeweils anderen kennenzulernen.

Im Laufe der Jahre habe ich ein Programm zur Förderung der interreligiösen Harmonie und des gegenseitigen Verstehens entwickelt, das die folgenden vier Kernelemente umfasst:

(1) Dialog zwischen den Fachleuten für Religion auf akademischer Ebene über die Konvergenzen und Divergenzen zwischen den jeweiligen Glaubenstraditionen und – was noch wichtiger ist – das Ziel dieser verschiedenen Ansätze;

(2) Austausch über tiefe religiöse Erfahrungen zwischen echt Praktizierenden;

(3) Treffen hochrangiger religiöser Führer mit dem Ziel, von einer gemeinsamen Plattform aus zu sprechen und zu beten;

und (4) gemeinsame Pilgerreisen zu den heiligen Stätten der Weltreligionen.

1. Dialog zwischen den Fachleuten für Religion auf akademischer Ebene

Im ersten Schritt ist es ganz wichtig, sich ein Grundverständnis der wesentlichen Aspekte anderer Glaubenstraditionen zu erwerben. Das ist ganz besonders dazu notwendig, dass man nicht der billigen Lösung verfällt, alle Religionen seien im Grund genommen eins, und wenn sie es derzeit noch nicht sind, werde sich jedenfalls am Ende in der Welt eine wahrhaft universale Religion herausbilden. Mangelnde Kenntnis des anderen führt oft zu Vorurteilen und zu Angst voreinander, und das ist dann der Grund für das Entstehen von Distanz und Misstrauen. Der Dialog ist ein besonders wertvolles Mittel, um die Unterschiede zwischen den verschiedenen Religionen herauszuarbeiten, vor allem auf lehrmäßiger und philosophischer Ebene. So ist zum Beispiel die Tatsache nicht zu leugnen, dass die meisten Religionen theistisch sind – also als Kernlehre den Glauben an ein transzendentes Wesen als Schöpfer beinhalten –, es aber auch andere wie den Buddhismus und Jainismus und einen als Samkhya bekannten Zweig der altindischen Religion gibt, die genuin nicht-theistisch sind. Der Unterschied zwischen dem Glauben an einen Gott und das Fehlen eines solchen Glaubens ist ganz grundlegend; man darf ihn auf keinen Fall überspielen.

Innerhalb der abrahamitischen Traditionen gibt es zwischen den drei Richtungen einen echten Lehrunterschied bezüglich des Status von Jesus Christus. Für die Anhänger des Judentums ist Jesus nicht der im Alten Testament verheißene Messias, für die Christen dagegen ist er nicht nur der verheißene Messias oder Christus, sondern sogar der Sohn Gottes. Im Evangelium wird das so gesagt: „Ich bin der Weg und die Wahrheit und das Leben" (Johannes 14,6). So ist für die Christen Jesus Christus der Weg und auch die Wahrheit, ja Gott selbst. Für den Islam dagegen bleibt Jesus ein Prophet, aber nicht der endgültige, sondern Mohammed ist Gottes letzter Prophet, und der Koran stellt den Gipfelpunkt der endgültigen Botschaft Gottes an seine Geschöpfe dar. Es bringt nichts Gutes, wenn man leugnen möchte, dass es diese grundlegenden Differenzen zwischen den Lehren dieser drei Religionen gibt. Die Herausforderung besteht darin, einen Weg zu finden, auf dem die Anhänger dieser drei Traditionen zwar ihren je eigenen Lehren treu bleiben, aber trotzdem voreinander als Vertreter legitimer Wege zu Gott Respekt haben. Was mich selbst angeht, ist meine eigene Glaubenstradition, der Buddhismus, zwar nicht-theistisch, aber nichts hindert mich daran, tiefe Bewunderung und Ehrfurcht gegenüber den theistischen Lehren zu empfinden, die so vielen meiner Mitmenschen derart viel Inspiration und Trost bieten und die spirituelle Entwicklung so vieler Heiliger und spirituell hochentwickelter Menschen ermöglicht haben.

Aus der Sicht der theistischen Traditionen kann der Umstand, dass im Buddhismus der Glaube an Gott fehlt, einiges Unbehagen auslösen. Die Vorstellung einer Religion ohne Platz für Gott ist für viele ein Widerspruch oder bestenfalls ein Paradox. Diese Art von Fragen lässt sich nur in offener wissenschaftlicher Diskussion klären. Wenn man diese Unterschiede im Kontext einer wissenschaftlichen Diskussion einräumt, hat das den Vorteil, dass sich die Anhänger der am Gespräch beteiligten verschiedenen Glaubenstraditionen nicht angegriffen fühlen. Hat man erst einmal die Divergenzen dieser verschiedenen Lehraussagen gründlicher erörtert, so kann man auf die nächste Ebene übergehen und die kritische Frage stellen, welche Absicht wohl hinter den verschiedenen in ihrer Lehre ausgedrückten Ansichten der verschiedenen Traditionen steckt. All diese Ansichten haben – trotz ihres unterschiedlichen Inhalts und Kontexts – das gleiche Ziel und den gleichen Zweck: die Menschen zum Glück zu führen, die Menschheit mitfühlender werden zu lassen und eine ethische Grundlage zu liefern. Solche Diskussionen sind daher ungemein hilfreich dafür, die Aufmerksamkeit wieder auf die Bereiche der Konvergenz zu lenken, die es in den verschiedenen Religionen gibt, vor allem auf dem Gebiet der ethischen Lebensführung.

2. Austausch über tiefe religiöse Erfahrungen zwischen echt Praktizierenden

Eine der effizientesten Methoden dafür, eine echte Wertschätzung anderer Traditionen zu entwickeln, besteht darin, sich miteinander über tiefe religiöse Erfahrungen auszutauschen. Ich entsinne mich noch sehr lebhaft der Wirkung, die auf mich zu Anfang der 1980er Jahre während eines Besuchs in Europa die Begegnung mit einem christlichen Einsiedler hatte. Im Laufe dieser Reise besuchte ich das alte Benediktinerkloster Montserrat bei Barcelona, das in den Bergen liegt und seit alter Tradition ein Rückzugsgebiet für Einsiedler ist. So wie es an den Felsen klebt, erinnerte es mich an die abgelegenen Einsiedeleien, die man in Teilen Tibets findet. Während meiner wenigen Tage an diesem stillen Ort suchte mich ein christlicher Mönch auf. Man hatte mir gesagt, dass dieser zerbrechlich wirkende Pater fünf Jahre als Eremit in einer Höhle in einem der Berge hinter dem Kloster verbracht hatte. Er war Katalane und sprach so wenig Englisch, dass mir im Vergleich mit ihm sogar mein spärliches Englisch fast besser vorkam! So blieb unser Gespräch ziemlich beschränkt. (Ich sagte später im Spaß zu anderen, weil mein Englisch besser gewesen sei als das seinige, hätte ich umso mehr Mut gehabt, mich mit ihm auf Englisch zu unterhalten.) Jedenfalls fragte ich ihn: „Ich habe erfahren, dass Sie fünf Jahre lang als Eremit in den Bergen gelebt haben. Was haben sie dort praktiziert?" Ohne zu zögern gab er zur Antwort: „Das Meditieren über die Liebe." Als er das sagte, bekam er feuchte Augen, und ich spürte, welch tiefes Gefühl ihn überkam. Es bewegte mich tief, seine einfache Antwort zu hören und seine Gegenwart zu spüren. Wir verharrten eine ganze Zeit lang im Schweigen, sahen einander dabei in die Augen und spürten einfach die Gegenwart des andern. Es bedurfte keiner weiteren Worte. In diesem Moment sagte das Schweigen mehr als alle Worte. Das hinterließ bei mir einen tiefen Eindruck, besonders auch bezüglich der Kraft der christlichen kontemplativen Praxis.

Meine persönlichen Begegnungen mit praktizierenden Hindus wie Swami Ranganathananda haben meine Ehrfurcht vor der Wirksamkeit der hinduistischen Lehren vertieft. Ähnlich hat mich auch meine langjährige Freundschaft mit dem Jain-Lehrer Acharya Tulsi fest davon überzeugt, von welch gewaltiger Tiefe der Glaube der Jain ist. Was den Islam angeht, hatte ich eine meiner frühesten Begegnungen mit Muslimen außerhalb Indiens während eines Besuchs in Malaysia, wo ich das Glück hatte, an einem interreligiösen Treffen teilnehmen zu können. Wie sehr mich meine regelmäßigen Treffen mit den Muslimen von Ladakh von der mitfühlenden Kraft des Islam überzeugt haben, brauche ich nicht eigens sagen. Meine Begegnungen mit jüdischen Rabbis, vor allem solchen, die die Kabbala praktizieren, wie etwa Reb Zalman, haben mir Einblick in die Tiefe des jüdischen religiösen Erbes eröffnet. Meine Erfahrung ist: Wenn sich echt Praktizierende aus zwei verschiedenen Traditionen treffen, kann jeder erkennen, dass die im anderen vorhandenen Qualitäten die gleichen Qualitäten sind, die er auch in seiner eigenen Glaubenstradition sucht, sodass es ist, als sähe man im anderen wie im Spiegel sein eigenes Gesicht. Paradoxerweise kann man erst dann den Wert anderer Religionen richtig schätzen, wenn man über eine tiefe in der eigenen Glaubenstradition wurzelnde Erfahrung verfügt. Denn ohne einige im eigenen Glauben gründende Erfahrung hat man einfach keinen Bezugspunkt, von dem aus man in Beziehung zur religiösen Wahrnehmung eines anderen treten könnte.

Vor vielen Jahren hörte ich eine herzerfrischende Geschichte. Im Rahmen eines ständigen buddhistisch-christlichen Austauschprogramms zwischen Mönchen verbrachten mehrere Gruppen tibetischer buddhistischer Mönche und Nonnen einige Zeit in verschiedenen christlichen Klöstern in Großbritannien und den USA. Umgekehrt lebten dann auch Gruppen christlicher Mönche und Nonnen einige Zeit in den buddhistischen Klöstern in den tibetischen Gemeinden in Indien mit. Bei einem dieser Aufenthalte besuchten einige Benediktinermönche Drepung und Ganden, zwei der tibetischen Klosteruniversitäten in Südindien. Neben der Teilnahme an buddhistischen Ritualen und Zeremonien gab es auch einen zweitägigen Dialog, in dem man das christliche und das buddhistische Mönchtum miteinander verglich. Als der Abt des christlichen Klosters die Regel des heiligen Benedikt zu beschreiben begann, ihre Ursprünge und ihre Entwicklung, waren die rund tausend tibetischen Mönche, die an diesem Treffen teilnahmen, höchst überrascht über die Ähnlichkeit zwischen der Regel der Benediktiner und den buddhistischen Mönchsvorschriften, nach denen sie leben. Für viele tibetische Mönche war das eine völlig verblüffende Erfahrung, denn die Mehrheit von ihnen las oder sprach kein Englisch und hatte bislang die Benediktiner mit ihren weißen Ärmeln und Kapuzenkleidern für eine sehr merkwürdige Art von Mönchen gehalten. Schon allein diese Erfahrung veränderte ihre ganze Sichtweise, sodass sie von da an in der Lage waren, die christlichen Mönche ebenfalls als Mitglieder der großen Mönchsgemeinschaft anzusehen.

3. Treffen hochrangiger religiöser Führer

Das dritte Element einer systematischen Förderung der interreligiösen Harmonie und des gegenseitigen Verstehens sind gelegentliche Gipfeltreffen hochrangiger Persönlichkeiten aus den Weltreligionen. Hier muss ich erneut den besonders wirksamen Beitrag anerkennen, den der verstorbene Papst Johannes Paul II., dazu geleistet hat, als er 1986 mit Erfolg zum Interreligiösen Friedensgebet nach Assisi einlud. Bei diesem Treffen, an dem führende Persönlichkeiten der Weltreligionen in großer Zahl teilnahmen, beteten wir mit vereinter Stimme auf gleicher Ebene und um das gleiche Ziel, nämlich um Frieden in der Welt. Das war nicht nur ein historisches, sondern auch ein tief berührendes Ereignis.

An dieses Gebetstreffen erinnere ich mich heute noch ganz deutlich. Es war ein kalter Oktobermorgen; in der Nacht davor hatte es geregnet. Auf der Bühne standen religiöse Führer aus der ganzen Welt, jeder in seiner eigenen traditionellen Kleidung: die Hindus in ihrem charakteristischen Safran, die Jains in Weiß, die Muslime mit weißen Käppchen oder Turbanen, die jüdischen Rabbis mit ihren Kippas, die verschiedenen christlichen Denominationen in ihren verschiedenfarbigen Gewändern, ein japanischer Zenpriester in Braun, ich selbst im traditionellen tibetischen Kastanienbraun, der Chefpatriarch der kambodschanischen Tradition in Orange und die Vertreter Afrikas in ihren farbenprächtigen Baumwollkleidern. Der Papst saß in seinen altehrwürdigen weißen Papstgewändern in der Mitte, zu seiner Linken ich und

zu seiner Rechten der Patriarch der griechisch-orthodoxen Kirche, und gleich neben diesem der Erzbischof
von Canterbury. Tausende gewöhnlicher Menschen waren ebenfalls zu diesem Gipfeltreffen angereist; unnötig
zu erwähnen, dass auch Scharen von Medienvertretern
aus aller Welt anwesend waren. Während der abendlichen
Gebetsveranstaltung begann ich mir Sorgen um einen der
afrikanischen Teilnehmer zu machen. Er trug ein weißes
Gewand aus dünnem Baumwollstoff, das für die tropi-
sche Hitze Afrikas perfekt geeignet sein mochte, aber an
diesem kalten Herbstabend in Europa eine Katastrophe
war. Ich selbst fror derart, dass ich mich, den Kopf nicht
ausgenommen, in das schalförmige Oberteil meines Ge-
wands wickeln musste. Ich sah immer wieder zu diesem
Afrikaner hin und hoffte, die Organisatoren würden ihm
einige Decken bringen. Nach einiger Zeit brachten sie
ihm tatsächlich eine Decke und auch ein kleines Heizge-
rät, um ihn warm zu halten. Aber bis dahin zitterte er bereits derart, dass er schließlich vom Stuhl fiel. Ansonsten
verlief die Zeremonie reibungslos. An diesem Tag wurde
Assisi, diese ganz eng mit dem heiligen Franziskus ver-
bundene Stadt, der ein großer Verfechter des universalen
Friedens und der Verbundenheit aller Menschen war,
wahrhaft zum Zentrum des Weltfriedens.

Ein Skeptiker könnte einwenden, angesichts der Differenzen und historischen Animositäten zwischen einigen
Religionen habe diese Art von Versammlung keine echte
Substanz. Diese Ansicht möchte ich infrage stellen. Ich
denke, dass ein derartiges Gipfeltreffen der Weltreligionen eine gewaltige symbolische Wirkung hat. Schon
allein der Umstand, dass man zusammenkommt und

von einer gemeinsamen Plattform aus spricht, stellt weltweit Millionen von Anhängern der Weltreligionen ein starkes Beispiel vor Augen. Es zeigt an, dass es notwendig ist, aufeinander zuzugehen und um das gemeinsame menschliche Ziel von Frieden und Glück zu beten. Ein hochrangiges und von einer breiten Öffentlichkeit wahrgenommenes Treffen dieser Art dient als sichtbarer Beweis für die Pluralität der Welt der Religion. Obwohl wegen diesem historischen interreligiösen Treffen aus einem kleinen Segment seiner eigenen katholischen Kirche scharfe Kritik am Papst kam, stand die Mehrheit der Katholiken auf der ganzen Welt fest hinter dem Papst. Er hat nicht nur gegenüber der katholischen Welt, sondern auch vor der Menschheit als ganzer ein Beispiel von Mut und Führungskraft gegeben. Bei meinen privaten Treffen mit Johannes Paul II. bat ich ihn wiederholt, noch weitere Treffen von religiösen Führern aus aller Welt nach der Art desjenigen von Assisi einzuberufen, um den Blick der Weltöffentlichkeit auf so drängende Themen wie die Armut in der Dritten Welt, andauernde soziale und politische Ungerechtigkeiten und die Religionsfreiheit zu lenken.

4. Gemeinsame Pilgerreisen zu heiligen Stätten

Eine wichtige Praxis, die wir zur Förderung größeren gegenseitigen religiösen Verständnisses und stärkerer Harmonie üben könnten, wäre es, gemeinsame Pilgerreisen zu den heiligen Stätten der verschiedenen Religionen zu machen. Ich selbst habe mit dieser Praxis 1976 in Indien angefangen, als ich in Varanasi an ein und demselben Tag einen hinduistischen Tempel, eine Moschee, eine Kirche, einen Guruduwara der Sikh und einen Jain-Tempel besuchte und zum Abschluss noch an einer Abendfeier an den Ufern des Ganges teilnahm. Seit damals habe ich diese Praxis in verschiedenen Teilen Indiens wiederholt. Am denkwürdigsten waren mein Besuch in der berühmten Jama Masjid, der großen Moschee in Delhi aus dem 14. Jahrhundert, und dann vor einigen Jahren in Kerala: an ein und demselben Tag nahm ich an den *Arti*-Riten und am Ganesh Yantra in einem hinduistischen Tempel teil, dann sang in einer christlichen Kirche Hymnen mit und nahm anschließend in einer Moschee am Gebet der Muslime teil.

Im Laufe der Jahre hatte ich das Privileg, viele der heiligsten Stätten der Welt besuchen zu können, von denen sich mir einige tief eingeprägt haben. Lourdes in Südfrankreich habe ich nicht als Tourist, sondern als Pilger besucht. Ich trank dort vom heiligen Wasser und stand vor der Marienstatue, und mich bewegte der Gedanke, dass hier, an dieser Stelle, Millionen von Menschen Segen oder Stille finden. Als ich so auf die Marienstatue blickte, stieg in mir ein tiefes Gefühl der Bewunderung und Wertschätzung des Christentums auf, einfach weil es Millionen von Menschen so viele Wohltaten erweist. Der praktische Wert der Hilfe und des Guten, das es bietet, ist offensichtlich. Ich betete: „Möge diese heilige Stätte weiterhin Millionen von Mitmenschen in der Zukunft und auch jetzt helfen." Wir waren damals eine interreligiöse Gruppe von Christen, Buddhisten und Muslimen, und wir standen einige Minuten in stiller Meditation vor dem Marienheiligtum. Auf der gleichen Frankreichreise kam ich auch nach Toulouse, wo man mir das Heiligtum mit dem Grab von Thomas von Aquin zeigte, dem großen Dominikanertheologen und christlichen Philosophen, der ein umfangreiches Kompendium des katholischen Glaubens geschrieben hat. Mich berührte der Gedanke, wie stark seine Rolle der von Tsongkhapa glich, dem großen Philosophen und Weisen im 14. Jahrhundert, der die Geluk-Schule gründete. Ich war stolz darauf, am Grab von Thomas von Aquin einen traditionellen tibetischen Schal niederlegen zu können. Später begab ich mich auf eine Wallfahrt zum Heiligtum der Jungfrau im portugiesischen Fatima. Dort machte ich eine geheimnisvolle Erfahrung. Nachdem ich unter der Statue einen tibetischen Schal niedergelegt hatte, hatte ich einige Zeit in stiller Meditation vor ihr verweilt, und als ich mich dann zum Weggehen wandte und ein letztes Mal zu ihr zurückblickte, sah ich tatsächlich Maria mir zulächeln – es sei denn, mit meinen Augen wäre etwas nicht in Ordnung gewesen. In diesem Augenblick empfand ich das kraftvolle Aufsteigen einer tiefen Erfahrung in mir.

Die für mich vielleicht bedeutsamste interreligiöse Pilgerreise war mein erster Besuch in Jerusalem. Nachdem ich mich mehrere Jahrzehnte lang darum bemüht hatte, konnte ich 1994 die Heilige Stadt endlich besuchen. Ich begann mit dem frühmorgendlichen Gebet an der Klagemauer, der letzten noch stehenden Mauer des Tempels, der im Jahre 70 zerstört wurde. Einige fromme Juden beteten dort bereits. Meine Organisatoren hatten mir freundlicherweise eine kastanienbraune Kippa besorgt, die zu meinem Gewand passte. Was mich besonders berührte, war der Anblick der vielen kleinen Papierröllchen mit Gebetsbitten, die man in die Risse dieser alten Mauer geschoben hatte. Mir kam für einen Augenblick meine eigene tibetische Tradition in den Sinn, Gebetssteine und Gebetsfahnen in die heilige Landschaft zu setzen. Später am Morgen besuchte ich dann die Grabeskirche, die als die Stätte des Todes und der Auferstehung Christi verehrt wird. Heute teilen sie sich die griechisch-orthodoxe und die römisch-katholische Kirche in Jerusalem. Am Nachmittag dieses Tages ging ich dann in die Al-Aqsa-Moschee und den Felsendom. Das ist die Stätte, an der nach dem Glauben der Muslime der Prophet in den Himmel auffuhr. Heute besteht sie aus einer wunderschönen Moschee mit einer goldenen Kuppel, die, wie man mir gesagt hat, von der königlichen Familie von Jordanien unterhalten wird, welche in der ununterbrochenen Stammlinie der Haschemiten bis auf den Propheten selbst zurückreicht.

Während ich darüber nachdachte, wie heilig diese Stadt Jerusalem für drei der großen Weltreligionen ist und wie diese Stätten physisch so nahe beieinander liegen, kam mir der Gedanke, dass die großen Propheten der drei Abrahamsreligionen vielleicht ihren Anhängern in der Gegenwart etwas Wichtiges über die Ko-Existenz sagen wollten. Ich betete darum, dass sich im Nahen Osten ein anhaltender Friede und die Verständigung zwischen den Völkern fest einwurzeln möge, angefangen mit einem echten Frieden zwischen den Israelis und den Palästinensern.

Mehrere Jahre danach organisierte die von meinem Freund Laurence Freeman geführte „Weltgemeinschaft für christliche Meditation" eine Reihe von christlich-buddhistischen Dialogen mit dem Titel „Way of Peace" („Weg des Friedens"), zu der ich auch eingeladen war. Wir hielten Friedens-Retreats in Florenz und zweimal in Nordirland. Umgekehrt war ich Gastgeber einer Begegnung in Bodh Gaya, der weltweit heiligsten Stätte der Buddhisten. Dort saß drei Tage lang jeden Tag eine Gruppe von uns – es waren buddhistische Mönche und Nonnen und christliche Mönche und Nonnen sowie praktizierende Laien – unter dem Bodhi-Baum. Am letzten Tag schlossen sich unserem stillen kontemplativen Gebet ortsansässige Hindus, Jains und Muslime an. Viele buddhistische Pilger, die aus der ganzen Welt hergekommen waren, wunderten sich über den Anblick von unter dem Bodhi-Baum sitzenden christlichen Mönchen und Nonnen. Als ich unlängst der Einweihungszeremonie einer wunderschönen goldenen Statue des Buddha vorstand, die im Innern des Buddha-Vihar-Komplexes in Gulbarga im Staat Karnataka in Südindien aufgestellt wurde, berührte es mich sehr, dass die Veranstalter diese Gelegenheit dazu genutzt hatten, zu einer interreligiösen Begegnung zu laden. So nahmen an dieser Einweihungsfeier nicht nur Buddhisten teil, sondern auch Hindus, Muslime und Jains. Wenn an der Basis die Anhänger der verschiedenen Religionen diejenigen aus anderen Traditionen zu ihren religiösen Festen einladen, trägt dies dazu bei, dass die Mitglieder der einzelnen Traditionen mit den Gebeten und Riten der anderen vertraut werden.

Mein Nobelpreis-Kollege und Freund Erzbischof Desmond Tutu hat vorgeschlagen, wir sollten auf diese Liste der vier Hauptelemente zur Förderung des Dialogs und der Harmonie zwischen den Religionen einen weiteren Punkt setzen. Er ließ mich versprechen – Erzbischöfe können oft recht gut andere überreden! –, dass ich immer, wenn ich mich über interreligiöser Harmonie äußere, auch diesen seinen Zusatz erwähne. Er lautet, dass sich hie und da die führenen Repräsentanten der Weltreligionen mit einer Stimme zu dringenden Themen wie etwa Naturkatastrophen und Tragödien äußern sollten. Ich halte dies für eine äußerst wichtige Anregung.

Mein Freund, der Imam von Ajmer, schlug mir einmal vor, ich solle eine Art Vereinte Nationen der Führer der Weltreligionen einberufen. Daraufhin sprach ich ihm von meinem etwas bescheideneren Wunsch nach Vereinigungen aller religiösen Führer auf nationaler Ebene. Eine solche Gruppe könnte zum Beispiel in Indien rasch in jeden religiösen Konflikt eingreifen. Im Laufe der letzten Monate haben wir in Richtung der Schaffung einer solchen Vereinigung religiöser Führer und Fachleute in Indien wichtige Fortschritte gemacht. Unser Plan ist, uns persönlich alle sechs Monate zu treffen, damit wir in engem persönlichem Kontakt miteinander bleiben und viele der Herausforderungen besprechen, vor die wir uns als Mitglieder der großen Weltreligionen gestellt sehen. Zu diesen Herausforderungen gehören unter anderem die Beziehungen zwischen den verschiedenen Glaubensrichtungen und auch zwischen den Religionen und den Nichtglaubenden, die Herausforderung durch den Säkularismus, ethische Fragen, die sich aus den Fortschritten in Wissenschaft und Technik ergeben, Gewalt, Konversionen und Umweltprobleme. Eine wichtige Wirkung dieser Art von Zusammenarbeit besteht darin, dass dadurch eindrucksvolle Signale an die gewöhnlichen Mitglieder der Glaubenstraditionen ausgesandt werden, damit auch sie deutlich merken, wie notwendig und – was noch wichtiger ist – wie wertvoll die Harmonie und die gegenseitige Verständigung zwischen den Religionen sind.

Auf der globalen Bühne können die Weltreligionen kraftvoll sprechen, sofern sie es fertigbringen, sich einstimmig zu einer kritischen Frage wie etwa der globalen Erwärmung zu äußern. Wir können uns auch energisch gegen jegliche Gewaltanwendung im Namen der Religion aussprechen. Damit die Glaubenstraditionen der Welt jedoch wirklich mit einer Stimme sprechen können, die sowohl glaubwürdig als auch substanziell ist, müssen sie meinem Empfinden nach zuerst einmal im eigenen Hause Ordnung schaffen. Der erste Schritt besteht darin, zu gewährleisten, dass die eigene Glaubenstradition nicht weiterhin zur Triebkraft von Konflikten und Leiden in der Welt wird. So lautet die Frage: „Ist jemals damit zu rechnen, dass die Glaubenstraditionen der Welt zu echter, auf gegenseitigem Verstehen beruhender Harmonie finden?" Ich bin davon überzeugt, dass das eine reale Möglichkeit ist. Um das jedoch auch zu erreichen, muss jede Glaubenstradition als Mitglied der Weltfamilie der Religionen die Frage angehen, wie sie in ihrem innersten Herzen wirklich und wahrhaftig die Realität und den vollen Wert der anderen Glaubenstraditionen anerkennen kann. Das ist die Herausforderung, der wir uns jetzt voll und ganz stellen müssen.

Kapitel 9

Das Problem des Exklusivismus

Die Herausforderung durch „andere" Religionen

Exklusivismus ist die Vorstellung, dass der eigene Glaube der einzig wahre und richtige sei und andere Glaubensrichtungen keinen Anteil an der Wahrheit haben. Für viele religiöse Menschen stellt es tatsächlich eine schwere Herausforderung dar, die Legitimität anderer Glaubenstraditionen zu akzeptieren. Wenn man akzeptiert, dass andere Religionen ebenfalls ihre Berechtigung haben, scheint man damit die Integrität des eigenen Glaubens zu kompromittieren, denn dies heißt ja, die Möglichkeit zuzulassen, dass es verschiedene, aber gleichermaßen wirksame spirituelle Wege gibt. Ein frommer Buddhist könnte das Gefühl haben: Wenn man andere spirituelle Wege als gültig akzeptieren würde, müsste es folglich auch andere Wege als denjenigen des Buddha geben, um die Erleuchtung zu erlangen. Ein Muslim könnte das Gefühl haben: Wenn man andere spirituelle Wege als gültig akzeptieren würde, müsste das heißen, den Glauben aufzugeben, dass Gottes Offenbarung an den Propheten, wie sie der Koran darstellt, die endgültige Offenbarung der höchsten Wahrheit sei. Genauso könnte ein Christ das Gefühl haben, dass das Akzeptieren der Legitimität anderer Religionen praktisch bedeuten würde, die zentrale

Glaubensaussage zu kompromittieren, den Weg zu Gott finde man nur durch Jesus Christus. So stellt die Begegnung mit einem völlig anderen Glauben, den man weder leugnen noch wegerklären kann, eine ernsthafte Infragestellung tief sitzender Überzeugungen dar. Das führt zu kritischen Fragen: „Ist es miteinander vereinbar, mit rückhaltloser Hingabe an den eigenen Glauben zu leben und zugleich andere Religionen als legitim zu akzeptieren? Ist aus der Sicht eines gläubigen Menschen, der sich stark und tief seiner eigenen Glaubenstradition verbunden weiß, religiöser Pluralismus möglich?" Aber ohne das Entstehen eines echten Geistes des religiösen Pluralismus besteht keine Hoffnung auf die Entwicklung einer auf echtem interreligiösem Verständnis füreinander beruhenden Harmonie.

In der Geschichte haben die Religionen sich größte Mühe gegeben, ja sogar Kriege geführt, um anderen ihre Ansicht darüber, was der einzig wahre Weg sei, aufzudrängen. Die Religionen haben sogar innerhalb ihrer eigenen Hürden diejenigen heterodoxen oder häretischen Stimmen streng bestraft, von denen die Vertreter der Tradition meinten, sie unterhöhlten die Integrität der unantastbaren Wahrheiten, die ihr jeweiliger Glaube vertritt. Das gesamte Ethos des missionarischen Wirkens, das heißt des intensiven Bemühens, Menschen mit einem anderen oder gar keinem Glauben aktiv zum eigenen Glauben zu bekehren, beruht auf dem Ideal, solchen, deren Augen für das wahre Licht noch verschlossen sind, den einzig wahren Weg zu erschließen. In gewisser Hinsicht könnte man sogar sagen, diesem Antrieb, andere zum eigenen Glauben zu bekehren, liege eine Art von altruistischem Motiv zugrunde. Angesichts dieser historischen

Vergangenheit und – was noch wichtiger ist – der Tatsache, dass viele gläubige Menschen es als starken Konflikt empfinden, zur Integrität ihres eigenen Glaubens stehen und zugleich den Pluralismus akzeptieren zu sollen, muss man sich fragen, ob es überhaupt je zum Entstehen einer echten Harmonie zwischen den Religionen kommen kann, die auf gegenseitigem Verstehen beruht.

Religionswissenschaftler sprechen von drei verschiedenen Weisen, wie die Anhänger einer bestimmten Glaubenstradition mit der Existenz anderer Glaubenstraditionen umgehen können. Die erste ist der direkte *Exklusivismus*, das heißt die Auffassung, die eigene Religion sei die einzig wahre, und zwar so, dass man die Legitimität anderer Glaubenstraditionen ausschließt, weil sie falsch seien. Das ist der Standpunkt, den die Anhänger der einzelnen religiösen Traditionen meistens einnehmen. Eine andere Auffassung ist der *Inklusivismus*. Dabei gesteht man anderen Glaubenstraditionen einen gewissen Wahrheitsgehalt zu, vertritt jedoch die Ansicht, deren Lehren seien weithin in der eigenen Glaubenstradition enthalten. Diese Auffassung findet sich historisch in einigen christlichen Stellungnahmen zum Judentum und bei der Position des Islam sowohl zum Judentum als auch zum Christentum. Sie ist zwar toleranter als die erstere, unterstellt aber letztlich, dass die anderen Glaubenstraditionen im Grunde genommen überflüssig seien. Und schließlich gibt es den *Pluralismus*, der allen Glaubenstraditionen ihren Wert zuerkennt.

Angesichts des scheinbar unlösbaren Konflikts zwischen der Bindung an den eigenen Glauben und dem vollen Akzeptieren des religiösen Pluralismus ist es verständlich, dass viele Menschen das Gefühl haben, eine echte Verständigung und Harmonie zwischen den Religionen setze die Überzeugung voraus, dass alle Religionen letztlich auf das Gleiche hinauslaufen. Manche verwenden in diesem Zusammenhang die Metapher von den vielen Flüssen, die alle in das gleiche große Meer münden. Damit wollen sie sagen, dass die Glaubenstraditionen der Welt mit ihren unterschiedlichen Glaubensvorstellungen und Praktiken letztlich alle das gleiche Ziel hätten, zum Beispiel das Einswerden mit der Gottheit, ganz unabhängig davon, wie unterschiedlich man diese Gottheit bezeichne – sei es als Jehova, Gott, Ishvara, Allah usw.

Ich bin da anderer Auffassung. Die Möglichkeit echter interreligiöser Verständigung und Harmonie sollte und muss nicht davon abhängen, ob man beweisen kann, dass letztlich alle Religionen auf das Gleiche hinauslaufen. Das Problem eines solchen Ansatzes besteht darin, dass er eine Voraussetzung macht, die die Mehrheit der Anhänger der großen Weltreligionen weiterhin für unannehmbar hält. Tatsächlich ist die Anerkennung der Unterschiedlichkeit der Weltreligionen nicht nur wesentlich, sondern in Wirklichkeit sogar der erste Schritt dazu, eine feste Grundlage für das tiefere gegenseitige Verständnis zu schaffen. Ein echtes Verstehen des „Anderen" muss von der echten Anerkennung der Realität des Anderen und dem Respekt vor ihr ausgehen. Es muss einer Geisteshaltung entspringen, bei der der Drang, den Anderen so zurechtzustutzen, dass er in das eigene Vorstellungsschema passt, bei der Interaktion mit dem Anderen nicht mehr die vorherrschende Denkungsart ist.

Ob es uns lieb ist oder nicht, müssen wir also zunächst sagen, dass die Existenz anderer Religionen eine unleugbare Tatsache ist. Es ist auch nicht zu leugnen, dass die Lehren der großen Religionen ihren Anhängern große Vorzüge bringen. Auch dem Buddha selbst ist es nicht gelungen, die gesamte Bevölkerung Zentralindiens zu Buddhisten zu machen, geschweige denn diejenige der ganzen Welt. Und auch dem Hinduismus ist es nicht gelungen, einen signifikanten Teil der Bevölkerung des indischen Subkontinents von der Überlegenheit des vedischen Wegs zur *moksha* (Erlösung) zu überzeugen. Und in ähnlicher Weise konnte, was die Christen betrifft, Jesus nicht die gesamte Bevölkerung des Heiligen Landes zu seinen Anhängern machen – und er versuchte das auch gar nicht. Auch aus der Sicht des Islam blieb selbst nach dem Auftreten des Propheten das Vorhandensein von Juden und Christen ein nicht wegzudenkender Teil der Landschaft des Nahen Ostens. Für die derzeit sechs Milliarden Menschen auf unserem Planeten ist es unmöglich, dass alle der gleichen Religion folgen. Erstens war die Vielfalt der mentalen Dispositionen, spirituellen Neigungen und jeweiligen Konditionierungen schon immer ein Grundzug der menschlichen Gesellschaft, sodass ein einziges System spiritueller Lehren schlicht und einfach nicht allen hilfreich sein würde. Zweitens zeigt die lange Geschichte der Religionen – die sich in manchen Fällen über Tausende von Jahren erstreckt –, dass sie sich im Rahmen komplexer, an den jeweiligen Ort gebundener Bedingungen entwickelt, an spezifische kulturelle Sensibilitäten und Umgebungen angepasst und dabei jeweils ganz bestimmte Denk- und Verhaltensgewohnheiten entwickelt haben. Das alles kann man nicht über Nacht ändern, und es ist auch gar nicht wünschenswert, das zu tun. So ist es grundsätzlich überhaupt nicht möglich, für die ganze Welt eine einzige Religion zu schaffen, sei es eine neue oder eine der alten.

In unserer heutigen globalisierten Welt, in der von Nation zu Nation und von Kontinent zu Kontinent unser aller Schicksal miteinander verwoben ist, wird es um des Friedens und des Glücks der Menschen willen besonders wichtig, dass man das Vorhandensein anderer Glaubensvorstellungen akzeptiert. Zudem sind dank der modernen Kommunikationsmittel, aufgrund des Tourismus und der globalen ökonomischen Verflechtung die Weltreligionen tagtäglich in Kontakt miteinander. Die Ära, in der ein bestimmter Glaube bequem in der Abschottung gegenüber den anderen existieren konnte, ist ein für allemal vorbei. Angesichts dieser neuen Realität unserer Welt bleibt als einzige Alternative zum religiösen Pluralismus das zunehmende Gefühl der Spaltung und des Konflikts. Kurz: Der Standpunkt des religiösen Exklusivismus stellt eine Sichtweise dar, die nicht mehr zur derzeitigen Realität passt.

Aus der Sicht des religiösen Menschen, der sein Leben nach den Richtlinien einer gut fundierten Ethik führen will, wird es für uns alle zur besonderen Pflicht, vor allen Glaubenstraditionen große Ehrfurcht zu haben. Diese Traditionen waren in der Vergangenheit eine tiefe Quelle der Inspiration und schenkten Millionen von Menschen Sinn und ethische Anleitung. Auch heute liefern diese Glaubenstraditionen trotz gewaltiger Fortschritte auf den Feldern der materiellen Entwicklung und des menschlichen Wissens Millionen unserer Mitmenschen großen Trost. In absehbarer Zukunft werden diese Traditionen weiterhin für Millionen eine Quelle tiefer spiritueller Inspiration sein. Ganz abgesehen davon, wie man die spezifischen Lehren anderer Glaubenstraditionen empfindet, macht sie schon allein diese Tatsache – dass sie Millionen unserer Mitmenschen so viel geben – unserer tiefen Hochachtung würdig. Ihre tief wohltuende Wirkung auf andere ist tatsächlich der Hauptgrund, weshalb wird alle, Gläubige und Nichtgläubige gleichermaßen, den großen Glaubenstraditionen der Welt tiefen Respekt zollen müssen. Für den Gläubigen besteht dabei ein zentrales Element darin, sich vor allem aufrichtig an die mit dem Mitgefühl verbundenen Werte im Kern seines eigenen Glaubens zu halten. Denn letztlich besteht der Grund, weshalb wir vor anderen Religionen Hochachtung haben sollen, darin, dass wir sehen, wie auch sie sich dahingehend auswirken, die besten Eigenschaften des menschlichen Herzens zu wecken und Mitgefühl und liebevolle Güte zu fördern, also genau die Qualitäten, die wir mittels unseres eigenen Glaubens zu verwirklichen versuchen.

Für wesentlicher als die metaphysischen oder theologischen Formulierungen dieser religiösen Lehren halte ich persönlich die jeweiligen spirituellen Praktiken. Diese sind interessanterweise in allen Traditionen einander sehr ähnlich. Alle tragen die Botschaft der Liebe, des Mitgefühls und der universalen Geschwisterschaft; alle lehren auf der Grundlage dieser Tugenden Vergebung, Nachsicht, Bescheidenheit, Einfachheit des Lebens und Selbstdisziplin.

Wenn es um die Frage der Pluralität der Religionen geht, halte ich persönlich es für wertvoll, das herauszustellen, was man als die drei Kernaspekte einer Religion ansehen kann: (a) *ethische Lehren*, (b) *Lehraussagen* oder eine Metaphysik und (c) *kulturelle* Eigenheiten wie etwa die Einstellung gegenüber Bildern.

Der erste Aspekt bezieht sich auf das Alltagsleben des Praktizierenden, in dem er oder sie gemäß den Richtlinien einer Ethik leben soll, die auf dem Prinzip der mitfühlenden Rücksichtnahme auf das Wohl anderer beruht. Das liefert den Gläubigen im Wesentlichen einen Leitfaden dafür, wie sie gemäß den spirituellen Idealen leben sollen, die sie sich im Kontext einer Gesellschaft zu eigen machen.

Im Gegensatz dazu bezieht sich der zweite Aspekt der Religion in erster Linie auf deren Verständnis der letzten Wahrheit, was unvermeidlich mit der Frage zusammenhängt, was mit dem Gläubigen im Leben nach dem Tod geschieht. Dieser zweite Aspekt liefert die denkerischen Grundlagen für die Lehre über die Ethik und religiöse Praxis, die den ersten Aspekt ausmacht.

Der dritte Aspekt, der oft eng mit kulturellen und historischen Umständen zusammenhängt, bestimmt, wie sich die Gläubigen an einem bestimmten Ort und zu einer bestimmten Zeit verhalten sollen.

Ist erst einmal diese Unterscheidung getroffen, so nimmt die Frage, wie man mit der Herausforderung umgehen soll, vor die sich angesichts der Pluralität der Religionen der gläubige Mensch gestellt sieht, eine andere Gestalt an. Wie ich ausführlicher im Kapitel über das

Mitgefühl gezeigt habe, gibt es da zum Beispiel auf der Ebene der ethischen Lehren eine große Konvergenz zwischen den großen Weltreligionen. Die zentrale Botschaft aller dieser Religionen heißt: Liebe, Mitgefühl und universale Geschwisterschaft. Sie mögen diese Botschaft auf unterschiedliche Weisen vorstellen – so mag zum Beispiel eine theistische Tradition ihre Anhänger ermahnen, „ihren Nächsten zu lieben", weil das Gott so wolle, während eine nicht-theistische Tradition vielleicht sagt, sofern man angesichts des Gesetzes von Ursache und Wirkung nicht wolle, dass einem selbst etwas Böses angetan wird, solle man sich auch davon enthalten, anderen Böses anzutun. Auf dieser Ebene bleibt der Zweck aller Religionen der gleiche: zur Verbesserung der Menschheit beizutragen und die Menschen zu größerem Mitgefühl und Verantwortungsbewusstsein zu erziehen. Nicht nur die ethischen Lehren der Religionen sind im Wesentlichen die gleichen, sondern auch die Früchte der Liebe und des Mitgefühls. Wie zum Beispiel Mutter Teresa von Kalkutta ein Produkt der großen Lehren des Christentums über das Mitgefühl war, so war auch eine große Seele wie Mahatma Gandhi (der die Kraft der Gewaltlosigkeit als wirksames politisches Mittel erwies) in erster Linie ein Produkt von Indiens großer Religion, dem Hinduismus.

Was nun die Ebenen der Metaphysik und Kultur angeht – den zweiten und dritten Aspekt einer Religion –, so gibt es hier ganz offensichtlich zwischen den Religionen Unterschiede, von denen manche tatsächlich ziemlich fundamental sind. Auf kulturellem Gebiet können Zeit und historischer Kontext sogar innerhalb einer einzigen Religion zu signifikanten Unterschieden führen, wie etwa dem, dass man in jüngster Zeit in der anglikanischen Kirche Priesterinnen eingeführt hat, oder wie es im Buddhismus je nach seinen traditionellen Heimatländern Unterschiede gibt, zum Beispiel zwischen demjenigen in Thailand, Sri Lanka, Japan und Tibet. Aber am tiefgreifendsten sind die Unterschiede im zweiten Bereich, demjenigen der Lehre oder Metaphysik. Denn wo die Lehre einer Religion aktiv im Spiel ist, kommt die Verschiedenheit der Glaubenstraditionen am deutlichsten zum Ausdruck. Zunächst einmal gibt es bereits sehr unterschiedliche Vorstellungen darüber, was nach dem Tod geschieht oder wie das Universum entstanden ist. Zweitens gibt es einen großen Unterschied in der Weise, wie man sich den Glückszustand im Leben nach dem Tod vorstellt. Drittens gibt es Unterschiede hinsichtlich der Methode – buddhistisch gesprochen des „Weges" – mittels deren man diesen künftigen Glückszustand erreichen kann. Angesichts dieser Unterschiede ist es kein Wunder, dass es fundamentale Differenzen darüber gibt, worin die letzte Wahrheit bestehe. Jeder Versuch, auf dieser doktrinären und metaphysischen Ebene eine Konvergenz zu finden, mutet – mit einem bekannten tibetischen Sprichwort gesprochen – wie das Unternehmen an, „auf einen Schafskörper den Kopf eines Yaks zu setzen". Daraus ergibt sich die Frage, was der Zweck dieser unterschiedlichen doktrinären und philosophischen Ansichten ist. Hierzu finde ich ein historisches Denkmodell aus meiner eigenen buddhistischen Tradition ausgesprochen hilfreich.

Die Divergenz von doktrinären und philosophischen Ansichten war schon immer ein wichtiger Teil des dem Buddhismus eigenen Selbstverständnisses. Bald nach dem Hinübergang des Buddha entwickelten sich unter den Jüngern Buddhas unterschiedliche Schulen, von denen jede etwas andere doktrinäre und philosophische Standpunkte vertrat. Jede dieser Lehren beruhte auf den Worten des Buddha, was heißt, dass ein und derselbe Lehrer seinen Schülern divergierende – in manchen Fällen im Widerspruch zueinander stehende – Ansichten über die Wirklichkeit vermittelt hatte. So wird zum Beispiel zwar von der üblichen buddhistischen Lehrmeinung her der Begriff eines unabhängigen Selbst abgelehnt, aber es gibt auch ein Sutra, in dem der Buddha aussagt, die physischen und mentalen Konstituenten eines Menschen seien die Last, während der Mensch der Träger dieser Last sei. Damit unterstellt er also, dass es einen Handelnden gebe, der unabhängig von den die Existenz des Menschen ausmachenden physischen und mentalen Elementen sei. Aber es gibt auch eine Aussage des Buddha, die lautet, dass karmische Handlungen und ihre Früchte existierten, während das Selbst als dasjenige, was die Handlungen ausübt und die Früchte des karmischen Handelns erfährt, generell als nicht existierend zu denken sei. Es gibt auch Aussagen des Buddha, dass die äußere materielle Welt keine Realität besitze, jedoch die Welt der Bewusstheit existiere. Schließlich gibt es Schriften, die die Vorstellung substanziell existierender Dinge schlichtweg ablehnen, und zwar sowohl materieller wie mentaler. Da lehrt der Buddha also, dass alle Dinge bar jeder substanziellen Realität seien und nur im Kontext der in Wechselwirkung stehenden Ereignisse von Ursache und Wirkung existierten. In buddhistischen Fachausdrücken gesprochen heißt das, alle bedingten Dinge seien unbeständig und alle Dinge und Ereignisse seien abhängigen Ursprungs, und folglich bar jeder objektiv identifizierbaren Essenz, die ihre reale Existenz definiere.

Wenn alle diese divergierenden, ja kontradiktorischen Lehren von ein und demselben Lehrer vertreten wurden, muss das dann heißen, dass sich der Buddha selbst bezüglich der eigentlichen Natur der Realität nicht im Klaren war? Oder heißt das, dass der Buddha vorsätzlich im Geist seiner Jünger Verwirrung stiften wollte? Für einen überzeugten Buddhisten bleiben natürlich beide Alternativen inakzeptabel. Zudem ist der voll erwachte Buddha für die Buddhisten die Verkörperung des Mitgefühls für alle Lebewesen, „ein großer Freund sogar derjenigen, die unkundig sind", wie es in einem klassischen Text heißt. Wie sollen also die Anhänger des Buddha diese divergierenden Lehren verstehen? Hier kommt die Hermeneutik ins Spiel.

Das Prinzip, das die Buddhisten beim Versuch anwenden, die einander widerstreitenden Lehren des Buddha zu interpretieren, hat mit der Vorstellung zu tun, dass das, was der Buddha lehrte, kontingent auf die Bedürfnisse eines vorgegebenen Kontexts und dessen Potenzial, sich wirksam aktivieren zu lassen, zugeschnitten ist. In gewisser Hinsicht hatte es der Buddha als Lehrer nicht frei in der Hand, was er lehren wollte. Seine Lehre, der *dharma*, war ein Heilmittel für die Gebrechen des Geistes und zielte darauf ab, diesen zu seiner höchsten Vollkommenheit aufwachen zu lassen; daher erforderte er die Anpassung an den spezifischen Kontext, in dem er gelehrt wurde. Der *dharma* ist in gewisser Hinsicht eine Arznei, deren Wirkung sich nur im Zusammenhang mit der Behandlung einer Krankheit einschätzen lässt. Das es nun aber unter den Menschen so viele unterschiedliche mentale Dispositionen und spirituelle und philosophische Neigungen gibt, sollte es auch eine entsprechende Anzahl von Lehren geben. Von daher gesehen ist die Vorstellung, dass es nur *eine* Lehre geben sollte, also eine Art Allheilmittel, das für alle Wesen passt, unhaltbar.

Für manche Menschen ist die Vorstellung, dass dieses Leben selbst von Gott geschaffen wurde, zutiefst inspirierend, und sie kann ihnen auch zuverlässig einen spirituellen Anker bieten; für andere dagegen ist der Begriff eines allmächtigen Schöpfers verwirrend, ja unhaltbar. Für manche ist die Vorstellung, dass das, was wir heute sind, das Ergebnis unseres eigenen früheren Karmas ist und das, was wir sein werden, davon determiniert wird, wie wir heute leben, ansprechend und heilsam, während andere die Vorstellung von künftigen Leben und früheren Geburten unverständlich finden. Wenn nun zum Beispiel der Buddha die Lehre vom Nicht-Selbst jemandem mitgeteilt hätte, dessen mentale Disposition so beschaffen war, dass er oder sie diese im nihilistischen Sinne als Leugnung der Existenz einer für ihre Willensakte verantwortlichen Person verstanden hätte, so wäre das nicht nur seitens des Buddha höchst ungeschickt gewesen, sondern, was noch wichtiger ist, diese Lehre wäre für diesen Menschen auch schädlich gewesen. Tatsächlich wäre es ein direkter Verstoß gegen eines der Gebote des Bodhisattva, die Lehre von der Leerheit jemandem beizubringen, dessen Geist für sie nicht bereit ist. Wenn ein erfahrener Arzt ein Medikament verschreibt, geht er immer von der spezifischen physischen Konstitution des Patienten aus, von seinem Alter, seiner aktuellen Verfassung, seiner Neigung zu negativen Reaktionen auf bestimmte Substanzen usw. Der Arzt wird es von all dem abhängig machen, welche Medizin er verschreibt. Sogar bei ein und demselben Patienten muss ein geschickter Arzt mit Feingespür darauf achten, wie er auf die Dosis und bestimmte Komponenten des Medikaments reagiert, und deswegen passt er sowohl die Dosis als auch die Zusammensetzung den Fortschritten des Patienten im Verlauf der Heilung an. Auf die gleiche Weise wird ein geschickter spiritueller Lehrer seine Lehren genau auf den Schüler oder die Schülerin abstimmen und dabei immer mit höchster Sensibilität auf die spezifischen Erfordernisse der vorgegebenen Situation achten. Daher kann ein Buddhist bezüglich der Lehre des Buddha nicht sagen: „Das ist die beste Lehre", so als könnte man solche Bewertungen unabhängig von den spezifischen Kontexten abgeben.

Ich spreche oft vom „Supermarkt der Religionen". Genau wie ein Supermarkt zu Recht stolz darauf ist, eine ungemein reiche Vielfalt von Nahrungsmitteln zum Verkauf anzubieten, so kann auch die Welt der Religionen stolz darauf sein, eine so reiche Vielfalt von Lehren zu bieten. Was nun die Frage betrifft, warum manche Menschen bestimmte religiöse Lehren ansprechender und wirksamer finden als andere, andere dagegen auf die gleichen Lehren ganz negativ reagieren, so kommt es dafür nach der buddhistischen und der klassischen indischen religiösen und philosophischen Ansicht zum großen Teil darauf an, in welcher Verfassung der jeweilige Mensch ist – zu der vor allem auch sein Karma gehört. Aus theistischer Sicht geht es hier um eine Frage des geheimnisvollen Wirkens Gottes. Das ist praktisch der Hauptgrund, weshalb ich persönlich den Menschen rate, bei ihrem eigenen traditionellen Glauben zu bleiben.

Ich persönlich finde dieses hermeneutische Prinzip für die Frage, weshalb es so viele verschiedene Religionen gibt, ausgesprochen hilfreich, denn es erklärt den Wert und den Reichtum der großen Vielfalt der Religionen. Jede Religion hat dank ihrer langen historischen Entwicklung, zu der die gelebte Erfahrung so vieler Generationen gehört, ihre eigene Schönheit, Logik und Einzigartigkeit. Am wichtigsten aber ist, dass diese Vielfalt die Weltreligionen in die Lage versetzt, einer so unermesslich großen Zahl von Menschen zu dienen. Wenn es im Gegensatz dazu in der Geschichte nur eine Religion gegeben hätte, wäre die Welt nicht nur ärmer, vor allem hinsichtlich ihrer spirituellen Ressourcen und Vorstellungsbilder, sondern diese Religion könnte auch den Bedürfnissen so vieler verschiedener Menschen überhaupt nicht gerecht werden. Von daher gesehen wird die relligiöse Vielfalt nicht zum lästigen Problem, sondern vielmehr zu einer Zier des menschlichen Geistes und seiner langen Geschichte. Statt sie zu beklagen, sollte man sie in Wirklichkeit feiern. So verstanden, verliert der Drang, andere zu seinem eigenen Glauben zu bekehren, seine Kraft. An seine Stelle tritt das echte Akzeptieren der Tatsache, dass es so viele andere Glaubenstraditionen gibt. Dann kann man, statt die anderen als Abirrung oder im schlimmsten Fall als Bedrohung zu sehen, offen auf sie zugehen, und

zwar aus dem Gefühl tiefer Wertschätzung für ihre tief-
gründigen Beiträge zur Welt.

Das Problem des Fundamentalismus

Angesichts der Pluralität der Glaubensvorstellungen, die
ein unausweichliches Faktum der heutigen Welt ist, gibt
es grundsätzlich in einer Glaubenstradition auch die
Möglichkeit, sich für eine fundamentalistische Einstel-
lung zu entscheiden. Dazu haben sich tatsächlich viele
Anhänger der Religion entschieden. Der Fundamentalismus ist in seinem Kern eine Art Reaktion, vor allem auf
den Eindruck, dass die Integrität der eigenen religiösen
Tradition bedroht sei. Genau wie in den abrahamitischen
Religionen gibt es auch in asiatischen Religionen wie dem
Buddhismus und Hinduismus den Fundamentalismus.
Grob gesprochen neigen die Fundamentalisten unabhängig von ihrer spezifischen religiösen Zugehörigkeit zu der
Überzeugung, dass die heutige Welt von Unmoral und
gottlosen Werten verdorben sei und die Rolle der Gläubigen darin bestehe, dass sie versuchen müssten, die
menschliche Gesellschaft wieder in ein goldenes Zeitalter
zurückzuführen, in dem die Welt nach den Diktaten eines
moralischen Gottes funktioniert. Bei ihrem Trachten
nach diesem Ziel glauben die Fundamentalisten insgesamt stark daran, dass ihre heilige Schrift die Totalität
all der Wahrheiten enthalte, die des Wissens wert sind,
und dass sie die Verantwortung hätten, die Wahrheiten
dieser Schrift gegen den Ansturm von pluralistischen
oder säkularen Ideen zu verteidigen, die unvermeidlich
die Wahrheit relativierten. So ist es ein wichtiger Be-

standteil der fundamentalistischen Einstellung, dass man die buchstäbliche Wahrheit seiner heiligen Schrift verteidigt und ihren definitiven Status behauptet. Für die Fundamentalisten sind also die Gebote Gottes, die sie als in der Schrift offenbart verstehen, absolut, zeitlos und nicht verhandelbar gültig.

Fundamentalismen müssen zwar nicht notwendigerweise in religiösen Extremismus führen, aber die Trennungslinie zwischen beiden bleibt dünn. Doch liegt der fundamentalistischen Einstellung eine Sorge zugrunde, die die Pluralisten ernst nehmen müssen. Es ist die Sorge, dass der religiöse Pluralismus eine Relativierung der Lehraussagen mit sich bringt. Auf diese Sorge können wir eingehen, indem wir auf die Unterscheidung zurückkommen, die ich weiter oben zwischen den drei Kernaspekten einer Religion gemacht habe: Ethik, Lehre und Kultur. Wenn man in Fragen der Praxis und Kultur, bei denen es in jedem Fall um Richtlinien für das Leben in einer Gesellschaft geht, Offenheit für unterschiedliche Interpretationen zulässt, kann sogar ein religiöser Pluralist akzeptieren, dass die sich in erster Linie auf die letzte Wahrheit beziehenden Lehren seiner eigenen heiligen Schrift definitiv gelten. Anders gesagt, man kann religiöser Pluralist sein und dennoch für sich selbst bei der Überzeugung bleiben, dass die doktrinären Aspekte der eigenen Tradition die definitive Wahrheit darstellen.

Die Versöhnung der Auffassung „eine Wahrheit, eine Religion" mit der Auffassung „viele Wahrheiten, viele Religionen"

Wie geht also mit diesen Überlegungen im Hintergrund der Anhänger einer spezifischen religiösen Tradition mit der Frage der Legitimität anderer Religionen um? Auf der doktrinären Ebene lautet hier die Frage, wie sich zwei offensichtlich widerstreitende Sichtweisen der religiösen Traditionen der Welt miteinander versöhnen lassen. Ich charakterisiere diese beiden Sichtweisen oft als die Auffassung „eine Wahrheit, eine Religion" gegen die Auffassung „viele Wahrheiten, viele Religionen". Wie versöhnt ein gläubiger Mensch die Ansicht „eine Wahrheit, eine Religion", die seine eigene Glaubenslehre zu verkünden scheint, mit der Ansicht „viele Wahrheiten, viele Religionen", nach der die Realität der Welt der Menschen von heute unleugbar verlangt?

Ich sehe mich mit dem Gefühl vieler religiös gläubiger Menschen darin einig, dass im Kern der meisten großen Weltreligionen irgendeine Spielart des Exklusivismus – also des Grundsatzes „eine Wahrheit, eine Religion" – steckt. Zudem erfordert das bewusste Bekenntnis zur eigenen Glaubenstradition die Anerkenntnis, dass der Glaube, den man gewählt hat, die am höchsten stehende religiöse Lehre darstellt. Für mich zum Beispiel ist der Buddhismus die beste; aber das muss nicht heißen, dass der Buddhismus für alle die beste ist. Ganz bestimmt nicht. Für Millionen meiner Mitmenschen stellen theistische Formen der Lehre den besten Weg dar. Daher bleibt im Kontext des einzelnen religiös Praktizierenden die Auffassung „eine Wahrheit, eine Religion" höchst relevant. Sie verleiht einem die Kraft für und die ungeteilte Konzentration auf den eigenen religiösen Weg. Zugleich habe ich das Gefühl, dass es von entscheidender Bedeutung ist, dass der religiös Praktizierende nicht egozentrisch an seinem Glauben hängt. Auf einer Konferenz in Argentinien sagte einmal der bekannte chilenische Biologe Humberto Maturana (der übrigens der Lehrer eines mit mir eng befreundeten Naturwissenschaftlers war, des inzwischen verstorbenen Francisco Varela), dass er als Naturwissenschaftler nicht zu sehr an seinem Feld haften dürfe, weil ihn dies sonst daran hindern würde, es mit Objektivität zu erforschen. Ich denke, das ist eine wichtige Einsicht, die wir auch in der religiösen Welt anwenden sollten. Das heißt also, ich als Buddhist sollte nicht egozentrisch an meinem buddhistischen Glauben hängen, denn wenn ich das täte, würde mich dies daran hindern, den Wert anderer Traditionen zu sehen.

Aber im Kontext der Gesellschaft wird die Vorstellung „viele Wahrheiten, viele Religionen" nicht nur relevant, sondern sogar notwendig. Ja bereits wo mehr als ein Mensch im Spiel ist, wird die pluralistische Einstellung „viele Wahrheiten, viele Religionen" relevant. Wenn wir folglich diese beiden scheinbar gegensätzlichen Einstellungen auf ihre unterschiedlichen Kontexte beziehen, nämlich denjenigen der Gesellschaft und den des Einzelnen, können wir keinen echten Konflikt zwischen beiden erkennen.

Damit bleibt immer noch die Frage unbeantwortet, wie wir uns gegenüber den unterschiedlichen und gegensätzlichen doktrinären Aussagen der Religionen verhalten sollten. Aus buddhistischer Sicht fällt man mit dem Glauben an einen transzendenten Gott, bei dem der Gedanke einer Erstursache, die selbst nicht verursacht ist, betont wird, ins Extrem des Absolutismus, also einer Ansicht, von der man glaubt, dass sie das Erreichen der Erleuchtung verhindert. Im Gegensatz dazu fällt aus Sicht der monotheistischen Religionen die Nicht-Akzeptanz Gottes und einer Schöpfung durch Gott ins Extrem des Nihilismus, also in eine Ansicht, die gefährlich nahe an eine amoralische und materialistische Weltsicht herankommt.

Aber wenn man andererseits aus der Sicht der theistischen Religionen glaubt, dass der gesamte Kosmos einschließlich der empfindenden Lebewesen in ihm eine Schöpfung des einen mächtigen und mitfühlenden Gottes ist, dann folgt daraus auch unvermeidlich, dass auch die Existenz von anderen Glaubenstraditionen als der eigenen eine Schöpfung Gottes ist. Wollte man dies leugnen, so würde das in eine von zwei Konsequenzen führen. Entweder man gibt Gottes Allmacht auf – das heißt, dass diese anderen Glaubensvorstellungen zwar falsch sind, aber Gott unfähig bleibt, ihr Entstehen zu unterbinden – oder, falls man dabei bleibt, dass Gott zwar durchaus imstande wäre, das Entstehen dieser „falschen" Wege zu unterbinden, aber er sich entschlossen habe, das nicht zu tun, so spricht man Gott sein allumfassendes Mitgefühl ab. Denn das würde implizieren, dass Gott aus welchen Gründen auch immer beschlossen hätte, manche – ja in Wirklichkeit Millionen seiner Kinder – auszuschließen und sie falsche Wege gehen zu lassen, die zu ihrer Verdammung führen. So steckt in der Logik des Monotheismus, namentlich jener Standardversion, die Gott Allmacht, Allwissen und allumfassendes Mitgefühl zuschreibt, unausweichlich die Anerkenntnis, dass die vielen religiösen Traditionen der Welt auf die eine oder andere Weise mit Gottes göttlichen Absichten für das letztendliche Wohlergehen seiner Kinder zusammenhängen. Das heißt dann, dass man als gläubiger Anhänger Gottes allen Religionen Respekt und, falls möglich, Ehrfurcht entgegenbringen muss.

Angesichts der gewaltigen Vielfalt unter den empfindenden Lebewesen und der unendlich vielen Individuen und Gruppen mit einer langen Geschichte von Neigungen und Vorlieben ist es aus buddhistischer Sicht besser, dass es verschiedene Ansatzweisen gibt, die den verschiedenen spirituellen Neigungen entsprechen und folglich für die spirituelle Entwicklung der Betreffenden effizienter sind. Das allein ist schon ein hinreichender Grund dafür, ein Gefühl der Wertschätzung gegenüber allen Glaubenstraditionen zu entwickeln. Auch vom Standpunkt der liberalen Demokratie her ist man auf diesen Grundsatz verpflichtet, die Glaubenstradition zu respektieren, die viele dieser Individuen als wichtige Grundlage ihres Selbstverständnisses als Person betrachten, solange man zu dem Ideal steht, dass ausnahmslos jeder Bürger und jede Bürgerin einer Nation mit ihren je eigenen Rechten respektiert werden müssen.

Angesichts der Notwendigkeit, in Kontext der größeren Gesellschaft die Vorstellung „viele Wahrheiten, viele Religionen" aufrechtzuerhalten, während der eigene Glaube von einem verlangt, die Ansicht „eine Wahrheit, eine Religion" zu vertreten, glaube ich, dass hier ein kreativer Ansatz gefragt ist, sofern man eine Möglichkeit finden will, um auf integre Weise beide Sichtweisen gelten lassen zu können. Hier ließe sich vielleicht die Unterscheidung zwischen *Glauben* und *Hochachtung* machen, denn das wären zwei unterschiedliche innere Einstellungen zu den Weltreligionen. Der „Glaube" hat mit psychologischen Haltungen wie dem kognitiv ausgerichteten „Fürwahrhalten" sowie dem stärker affektiv ausgerichteten „Trauen" und „Vertrauen" zu tun. Im Gegensatz dazu geht es bei der „Hochachtung" eher um Wertschätzung und Ehrfurcht, die man vor allem aus einer Anerkennung des Wertes und der Bedeutung dessen ableitet, was der Gegenstand der Hochachtung ist.

Im Kontext der Religion würde dann also der Glaube sich auf die Wahrheiten – insbesondere auf Lehrwahrheiten – beziehen, wie sie die eigene Religion vorlegt. Daher wäre es für den gläubigen Menschen wichtig, den *Glauben* seiner eigenen Religion vorzubehalten, dagegen anderen Religionen *Hochachtung*, ja tiefe Ehrfurcht entgegenzubringen.

In der buddhistischen Sanskrit-Tradition unterscheidet man zwischen drei Arten von Glauben (*shradda*): Glauben in der Form der Bewunderung, in der Form der Überzeugung und schließlich in der Form des Nacheiferns. Unter diesen entspricht die erste Form des Glaubens dem Respekt oder der Hochachtung, die man, wie gesagt, voll und ganz anderen Religionen gegenüber pflegen kann. Es gibt grob gesprochen zwei Argumente für diese Vorstellung vom Respekt vor anderen Traditionen. Das eine ist die bereits genannte unleugbare Tatsache, dass diese Traditionen Millionen von Menschen Trost und spirituelle Entwicklung und auch ein lobenswertes ethisches System geschenkt haben und das auch in absehbarer Zukunft weiterhin tun werden. Das zweite, vielleicht stärkere Argument ist, dass trotz der Lehrunterschiede zwischen den Religionen (die sich nicht überbrücken lassen) dennoch gilt: So wie die Lehren meines eigenen Glaubens auf bewundernswerte Weise die ethische Lebensweise meines eigenen Glaubens inspirieren, so inspirieren die Lehrgebäude anderer Glaubenstraditionen nicht weniger gültige ethische Lebensweisen in den anderen Religionen. Die Doktrinen selbst lassen sich nicht miteinander versöhnen, aber die Art und Weise, wie sie es ermöglichen, verblüffend parallele und anerkennenswerte ethische Systeme zu begründen, ist eine wunderbare Tatsache. Von daher darf man die tiefe und aktive Ehrfurcht vor anderen Glaubenstraditionen bestimmt fördern. Und das ist auch das, was ich selbst praktiziere.

Kapitel 10

Die Herausforderung, vor der wir stehen

Wenn ich mit meiner Überzeugung richtig liege, dass eine harmonische Koexistenz der Weltreligionen möglich ist, ergeben sich daraus drei Konsequenzen. Erstens haben es die Anhänger der großen Weltreligionen tatsächlich in der Hand, zu gewährleisten, dass die Religion nie mehr zur Quelle der Zwietracht oder zur Ursache von Konflikten in unserer Menschheitsfamilie wird. Zweitens können wir durchaus zugeben, dass wir in metaphysischen Fragen unterschiedlicher Auffassung sind – denn falls wir es wirklich zu schätzen verstehen, dass das Mitgefühl unser gemeinsamer und grundlegender spiritueller Wert ist, können wir mit einer Stimme sprechen. Das heißt: Wir können wirklich als Kraft zum Guten hin zusammenwirken und die ungeheure Kraft und Energie von Millionen von Gläubigen in die Richtung der Sache des Friedens und des Glücks der Menschen lenken. Das Dritte ist am wichtigsten, aber vielleicht auch am schwierigsten: Falls wir uns darauf einigen können, dass eine der dringendsten Aufgaben der heutigen Menschheit darin besteht, weltweit zwischen den Völkern eine echte friedliche Koexistenz herbeizuführen, haben die Weltreligionen dabei eine entscheidende Rolle zu spielen. Hier können diese Religionen etwas von der demokratischen Politik lernen. Denn wenn unterschiedliche demokratische Par-

teien Ansichten und auch diesen zugrunde liegende Ideo-
logien vertreten können, die bemerkenswert unterschiedlich sind, und dennoch im Rahmen eines politischen Sys-
tems koexistieren und sich vereint in den Dienst der
Gesellschaft stellen können – warum sollen die Weltreligionen das dann nicht genauso fertigbringen? Um so
weit zu kommen, muss erst eine Voraussetzung erfüllt
werden: Sie müssen aus vollem Herzen den Pluralismus
bejahen, der auf respektvoller gegenseitiger Akzeptanz
beruht. Das ist aus zwei Gründen besonders schwierig.
Erstens ist das Ziel des Weltfriedens nur sehr schwer zu
erreichen; und zweitens besteht die Herausforderung
nicht nur darin, dass sich die Anhänger der Glaubenstraditionen alle gegenseitig und auch die Menschen ohne
Religion akzeptieren, sondern auch umgekehrt, dass die
Säkularisten die gläubigen Menschen akzeptieren.

Religion und Gewalttätigkeit

Angesichts der Tatsache, dass die Religionen in der Geschichte mit Konflikt und Spaltung verbunden waren, ist
für jede größere Glaubenstradition der erste Schritt ganz
wichtig: anzuerkennen, dass sie als Faktor von Spaltung,
Konflikt und Leiden gedient hat und dieses Potenzial
auch weiterhin hat. Dieses Eingeständnis muss mit einem
kritischen Prozess der Selbsterziehung einhergehen, denn
die Anhänger jeder bestehenden Tradition müssen gegen
die Tendenz zu Chauvinismus, Intoleranz, Bigotterie und
Gewalttätigkeit wachsam bleiben. Es ist von grundlegender Wichtigkeit, dass die lokalen und internationalen
Führer der Weltreligionen sich regelmäßig kategorisch

gegen jegliche Verwendung ihres Glaubens zur Rechtfertigung von Gewalt aussprechen. Das muss begriffen und soweit wie möglich als Praxis von den Einzelnen und den Gemeinden übernommen werden. Die Möglichkeit wird sicher weiterbestehen, dass manche verirrte Gruppen und Einzelne es unternehmen, im Namen von irgendetwas, das sie sich in den Kopf gesetzt haben, Akte des Terrors zu begehen. Aber es liegt im Interesse der Anhänger der Glaubenstraditionen (ganz zu schweigen von der Welt als ganzer), eine entschlossene Position gegenüber der Gewalttätigkeit einzunehmen und darauf zu bestehen, dass ihre Religion von solchen Extremisten nicht für ihre Zwecke gekidnappt wird.

Wenn man genauer verstehen will, warum es immer wieder einmal im Namen der Religion zu Gewalttaten kommt, ist es wichtig, zwischen mehreren Faktoren zu unterscheiden. Zunächst einmal kann der Exklusivismus selbst – also eine chauvinistische Einstellung bezüglich seines eigenen Glaubens – zur Primärursache von Zwietracht werden. Zweitens kann, wie ich schon früher erwähnt habe, das, was vordergründig wie religiöse Gewalt aussieht, in Wirklichkeit das Produkt komplexer historischer, sozialer, politischer und wirtschaftlicher Umstände sein. In beiden Fällen erhebt man die Glaubenstradition zum Identitätsmerkmal und rechtfertigt seine Gewalttätigkeit damit, dass man diese Identität verteidigen müsse. Dabei wird die eigene Glaubenstradition also nicht mehr als spiritueller Weg zur eigenen Menschlichkeit angesehen, sondern als Merkmal benutzt, mit dem man sich gegen andere abgrenzt. Das Problematische an der Umfunktionierung der Religion zum Identitätsmerkmal ist, dass man auf diese Weise – um eine klassische buddhistische Formulierung zu verwenden – aus dem Medikament ein Gift macht. Der oberste Zweck der Lehren der Religion ist aber der, den Geist zu zähmen und das Herz zu öffnen. Wenn jedoch die Anhänger einer bestimmten Religion deren Lehren mit den Giften ihrer eigenen negativen Impulse aufladen, führt das zu dem Ergebnis, dass diese solchermaßen missbrauchten Lehren ihrerseits wieder zu einer Quelle von Anhänglichkeit und Abneigung werden, was dann zu noch mehr Spaltung, Konflikt und Täuschung führt. Daher ist es die zentrale Aufgabe der in ihrer Glaubenstradition für die Führung Verantwortlichen, dagegen auf der Hut zu sein. Die Lehren des eigenen Glaubens sollten nicht zur Rechtfertigung von Gewalt verwendet werden, sondern als Gegengift gegen jegliche Tendenzen zur Gewalttätigkeit, die latent im eigenen Geist vorhanden sind.

Hierin liegt eine tiefe Herausforderung. Tatsache ist, dass alle großen Religionen ausdrücklich das Mitgefühl und die Rücksichtnahme gegenüber den Mitmenschen betonen, weil sie – mit Formulierungen aus verschiedenen Traditionen gesprochen – seine Brüder und Schwestern sind, die Kinder ein und desselben Gottes, mütterlich empfindende Wesen. Aber die Geschichte der interreligiösen Beziehungen trägt die Last von viel Konflikt und Zwietracht. Hier fehlt offensichtlich etwas. Wenn man von den Menschen als Kindern Gottes spricht, vergessen viele, was das heißt, wenn es um den Umgang mit den Anhängern einer anderen Tradition geht. Die Buddhisten mögen von allen als mütterlich empfindenden Lebewesen sprechen, aber sie vergessen das, wenn sie mit Mitgliedern anderer Religionen zu tun haben. Woher kommt diese Abspaltung? Es besteht die Notwendigkeit, dass jeder einzelne Praktizierende für sich ganz entschieden den Willen hat, diese Lehren tief in sein Alltagsleben zu integrieren. Wir müssen es zulassen, dass unsere Herzen vom Wesentlichen unserer jeweiligen Glaubenstradition erweicht werden. Diejenigen unter uns, die einen spirituellen Weg gewählt haben, haben sich damit auch für die hohe Messlatte der moralischen Verpflichtungen unseres Glaubens entschieden und müssen auf eine dieser Verpflichtung entsprechende Weise leben. Welchen religiösen Weg man wählt, ist eine Frage der persönlichen Vorliebe; aber hat man ihn einmal gewählt, so steht man in der Pflicht, diesen voll und ganz, durchgängig und auf integre Weise zu gehen. Anders gesagt, man muss seinen Glauben ernsthaft leben. Bei wem dagegen die Lehren seiner Religion in seinem Alltagsleben keinerlei signifikante Rolle spielen, der hat schlicht und einfach keine Religion, sosehr er das auch behaupten mag.

Ganz praktisch gesprochen schulden wir Gläubigen es der Menschheit, zu gewährleisten, dass unsere eigene Glaubenstradition nicht länger eine Ursache für Konflikten oder Disharmonien in der Welt ist, gleich welcher Art diese auch sind. Das ist der mindeste Beitrag, den wir zum Weltfrieden leisten können. Von daher gesehen ist ein heikles Thema die Frage des Missionierens und der Konversion. Ich verstehe, dass man seitens des Christentums und Islams einwenden könnte, der Gläubige sei ausdrücklich dazu berufen, andere zu bekehren. Aber in diesem Fall müssen diese Religionen unbedingt anerkennen, dass die religiöse Bekehrung immer in aller Freiheit, also ohne jeden Druck und ohne Bestechung, erfolgen muss. In der heutigen globalisierten Welt, in der alle großen Weltreligionen so eng zusammenleben, führt die Praxis des Gewinnens von Proselyten, vor allem in ihren aggressiveren und rücksichtsloseren Formen, zu unnötigen Spannungen und birgt das Potenzial für Konflikte in sich. Wenn ich Einladungen in den Westen folge, um den Buddhismus zu lehren, erinnere ich aus dieser Erkenntnis heraus die Menschen immer daran, dass ihr traditionelles religiöses Erbe jüdisch-christlich ist und es für sie im Allgemeinen besser sei, bei ihrem eigenen ererbten Glauben zu bleiben. Ähnlich sage ich auch den Menschen in traditionell buddhistischen Ländern wie der Mongolei, es sei besser für sie, weiterhin zu ihrem ererbten Glauben zu stehen, als zu einem anderen zu konvertieren. Da Glaubensüberzeugungen sich im Laufe eines langen Zeitraums in bestimmten historischen, kulturellen und sozialen Umfeldern entwickeln, ist es gewöhnlich so, dass die auf diese Weise entstandenen Begriffe und Lehren am besten den spirituellen Neigungen und Dispositionen der Mehrheit der Menschen in der betreffenden Kultur entsprechen. Natürlich gibt es in jedem Kontext Ausnahmen. Aber selbst wenn man sich nach langer Selbstprüfung dafür entscheiden sollte, einen anderen Weg einzuschlagen, ist es ganz wichtig, dass man der Neigung widersteht, seinen eigenen Religionswechsel damit zu rechtfertigen, dass man gegenüber seinem eigenen religiösen Erbe überkritisch oder negativ eingestellt wird.

Was die Wohlfahrt der Welt insgesamt angeht, beschränkt sich die Rolle der Weltreligionen nicht darauf, dafür zu sorgen, dass die Zwietracht, zu der ihre Verschiedenheit verführt, aufhört. Die großen Religionen verfügen aus ihrem gemeinsamen Grund einer auf dem Mitgefühl beruhenden Ethik heraus sowohl als Institutionen als auch als Gemeinschaften persönlich engagierter Individuen über ein großes Potenzial zum gemeinsamen Handeln zugunsten des Guten. Es ist nicht zu leugnen, dass der Glaube ein gewaltig motivierender Faktor sein und den gläubigen Menschen zu übermenschlichen Anstrengungen anstacheln kann. Mit dem heiligen Paulus gesprochen: „Der Glaube kann Berge versetzen."

Die Stärke der Religion als motivierender Kraft liegt in ihrem besonderen Appell an das gesamte Spektrum der menschlichen Psyche, darunter vor allem an unsere Emotionen, und zwar auf dem Hintergrund einer Vision der letzten Wahrheit, die einen Sinn und ein Ziel verleiht. Es ist an der Zeit, diese Stärke zu kanalisieren, damit sie sich auf die vielen Bedürfnisse und Herausforderungen richtet, vor denen die Menschheit heute steht. Und es ist offensichtlich, dass die Religionen, um dazu in der Lage zu sein, zusammenarbeiten müssen. Die Voraussetzung dafür ist, dass sie dem Exklusivismus abschwören, sich das Mitgefühl als zentrales spirituelles Prinzip zu eigen machen und, was noch wichtiger ist, dieses Mitgefühl im praktischen Leben der einzelnen Gläubigen aktiv umsetzen.

Zu den Herausforderungen, die sich uns derzeit vor allem stellen, gehört die Notwendigkeit, sich mit Spaltungen zwischen den Menschen auseinanderzusetzen, die auf irgendeiner Art von Vorurteilen, auf der Umweltkrise, auf den schrecklichen Ungleichheiten infolge von Armut und den ethischen Dilemmata beruhen, in die die neuen wissenschaftlichen Erkenntnisse und technologischen Innovationen geführt haben. Die Tatsache, dass die Religion so oft Anlass zur Zwietracht gegeben hat, liefert uns die Grundlage für unser Verständnis, wie Differenzen, wenn man nicht klug mit ihnen umgeht, zu Spaltung und Konflikt zwischen Einzelnen und ganzen Volksgruppen führen können. Im Falle von Nordirland zum Beispiel, den ich etwas näher kennengelernt habe, indem ich dort an mehreren interreligiösen Friedenstreffen teilgenommen hatte, mussten sich zuerst einmal die wichtigsten Protagonisten zusammensetzen, um im Geist der Versöhnung und mit weniger Exklusivitätsdenken miteinander über ihre Differenzen zu sprechen, bis es möglich wurde, die tiefer liegenden sozialen, politischen und wirtschaftlichen Ursachen zu besprechen, die sich in der Gestalt von religiös gefärbter Gewalttätigkeit ausgewirkt hatten.

Falls wir die außerordentlichen Ressourcen zu nutzen verstehen, die die Glaubenstraditionen bieten, lassen sich Probleme wie rassische und religiöse Vorurteile lindern und vielleicht sogar beheben. Was kann zum Bespiel stärker einem Vorurteil entgegenwirken als die aus dem Herzen kommende Überzeugung, dass alle Menschen Kinder ein und desselben Vaters im Himmel sind? Aus historischer Sicht besteht eine der Stärken der Weltreligionen darin, dass jede mit ihren Mitgliedern ein breites Spektrum von Ethnien und geografischen Landschaften umfasst hat. Jetzt ist es notwendig, dieses Spektrum noch mehr auszuweiten, ohne irgendjemanden auszuschließen, seien es Mitglieder anderer Religionen oder Nichtgläubige. Im Wesentlichen geht es darum, dass die Gläubigen die Kraft ihrer eigenen religiösen Lehren nutzen und lernen, die gesamte Menschheit als ein kollektives „Wir" in den Blick zu nehmen. Wenn gewaltige Katastrophen wie der Tsunami Ende 2004 im indischen Ozean passieren, ist es ja jetzt schon tatsächlich so, dass wir spontan kollektiv als die eine große Menschheit reagieren. Wir müssen jetzt eine Möglichkeit finden, diese Art von kollektivem Menschheitsbewusstsein ständig beizubehalten, und ebenso auch die sich daraus ergebenden Akte des Mitgefühls, damit wir uns Herausforderungen wie der globalen Erwärmung, der zunehmenden Verknappung der natürlichen Ressourcen und der Notwendigkeit einer anhaltenden friedlichen Koexistenz stellen können.

Ein Gebiet, auf dem die Anhänger der großen Weltreligionen eine wichtige Rolle spielen müssen, ist die Krise, welche die Umwelt bedroht. Einfach gesagt heißt das: Wenn unser Planet überleben soll, müssen wir unser Verhalten und unsere grundsätzliche Einstellung gegenüber der Natur grundlegend ändern. Ich bin der Überzeugung, dass in diesen beiden Bereichen die traditionellen Weltreligionen eine wichtige Rolle zu spielen haben. Was unser Verhalten angeht, müssen wir Menschen als Spezies es lernen, unseren Lebensstil in signifikantem Maß einzuschränken, denn sonst besteht offen gesagt recht wenig Hoffnung. Die Glaubenstraditionen betonen alle ein Leben der Einfachheit auf persönlicher Ebene und die Notwendigkeit, unser Begehren zu mäßigen. Damit bieten sie eine tragfähige Grundlage, auf der eine so radikale Verhaltensänderung stattfinden kann. Zudem bedarf es tatsächlich der emotionalen und rationalen Kraft der Religion, um uns so weit zu bringen, dass wir diese Änderungen unseres Lebensstils tatsächlich durchführen. Man stelle sich vor, wie es sich auswirken würde, wenn alle Anhänger des Christentums, des Islam und des Hinduismus hier spürbar ihr Verhalten ändern würden! Zusammengenommen wären sie mehr als eine Milliarde Menschen, also ein schon sehr signifikanter Teil der Weltbevölkerung. Die Heldengestalten der Weltreligionen – angefangen bei ihren Gründern bis zu den zahllosen Heiligen und anderen heiligen Männern und Frauen –, deren Biografien wir uns vornehmen könnten, weil sie uns die Maßstäbe eines von der Religion geprägten Lebens vor Augen führen, liefern uns zahllose Beispiele für Einfachheit und Mäßigung des Begehrens.

Wenn es darum geht, im Hinblick auf die Umwelt unsere Einstellung zur Welt zu ändern, kann die bei den Religionen allgemein vorherrschende Sicht der Welt als Mutter, die uns ernährt – im Buddhismus als die alles enthaltende Welt, mit der wir karmisch verknüpft sind, aus theistischer Sicht als die Erde, auf die uns der Schöpfer gestellt hat – eine zutiefst verwandelnde Wirkung haben, falls wir diese Weisheit voll zu erfassen vermögen. Hier haben wir von den spirituellen Traditionen der Naturvölker einiges zu lernen, vor allem bezüglich der Verknüpfung eines ethischen religiösen Lebens mit einer angemessenen und einfühlsamen Beziehung zur Umwelt. Für viele dieser Traditionen sind die Erde und ihr Wohlbefinden zentraler Gegenstand der Sorge, und das auf eine Weise, die für alle Bewohner unseres Planeten von entscheidender Bedeutung ist. So stellen sich zum Beispiel die Hopi-Indianer im Südwesten der USA, deren Älteste ich wiederholt getroffen habe, den Kosmos als die Erde vor, die „unsere Mutter ist" und eine obere und eine untere Welt umfasst, aus der die Hopi kamen und wohin ihr Geist nach dem Tod wieder zurückkehrt. Die Ehrfurcht vor der Mutter Erde ist bei zahlreichen Stämmen von den Pueblo-Indianern bis zu den Sioux in den USA und Kanada und auch bei den Indios in Mittel- und Südamerika zentraler Bestandteil einer Reihe von Ritualen, darunter auch Tänzen. Eine ähnliche Ehrfurcht findet sich bei den Maori und den Völkern Polynesiens, die die Mutter Erde und den Vater Himmel als ihre Vorfahren verehren. Auch in den Glaubensvorstellungen und Riten der japanischen Shinto-Praxis hat die Ehrfurcht vor der Natur eine große Bedeutung. Wann immer ich Gelegenheit habe, an einem Eingeborenenritual mit seinem Weihrauch, seinen Tänzen und seiner Anrufung der Mutter Erde teilzunehmen, bewegt mich diese Sicht des Daseins, die die tiefe wechselseitige Abhängigkeit von Menschen, Tieren und Natur ernst nimmt.

Als beispielhaft für den religiösen Einsatz für die Umwelt möchte ich insbesondere die Bemühungen des griechisch-orthodoxen Patriarchen Bartolomaios I. beglückwünschen, der es sich zur Aufgabe gemacht hat, den Auftrag, sich unserer natürlichen Welt anzunehmen, als für einen guten Christen wesentliches Gebot herauszustellen. Der Patriarch verknüpft Glauben und Ökologie und vertritt, wenn man ein Verbrechen gegen die Natur begehe, sei das nichts anderes als Sünde. Das ist ein wunderschönes Beispiel dafür, wie ein religiöser Führer seine Glaubenstradition in den umfassenderen Dienst der Menschheit stellen kann. Damit nimmt das bewusste Leben aus dem eigenen Glauben eine signifikante globale Dimension an. Ich zögere nicht, zum Echo dieser Botschaft zu werden und alle meine Mitbuddhisten dazu aufzurufen, das Gleiche zu tun. Ich weiß von einigen Thai-Mönchen, die ihre gelben Gewänder um Bäume schlugen, um Dorfbewohner und Holzfäller daran zu hindern, sie umzusägen. Das ist ein Beispiel dafür, wie man den Sinn der Menschen für den *dharma* als Mittel zum Umweltschutz einsetzen kann. Ich erinnere meine Mitbuddhisten oft daran, dass der Buddha nicht nur unter freiem Himmel unter einem Baum geboren, sondern auch im Schatten eines Baums erleuchtet wurde und später unter einem Baum verschied. Von daher reicht das Bild der Natur tief in die paradigmatische Geschichte der buddhistischen Spiritualität hinein.

Angesichts der durch Armut bewirkten Ungleichheiten ist die Aufforderung zum Mitgefühl in allen großen Weltreligionen ein offensichtlicher und direkter Ansporn, aktiv etwas dagegen zu unternehmen. Hier sind der Islam mit seiner Betonung des *zakat,* also des Almosengebens als einer der fünf Säulen dieser Religion, und das Christentum mit seiner bemerkenswerten Tradition der Nächstenliebe inspirierende Beispiele dafür, wie eine Weltreligion ihre Aufmerksamkeit der moralischen Herausforderung durch Armut und Ungleichheit zuwenden kann. In den Mönchstraditionen der Christen, Buddhisten, Jains und Hindus wird allgemein das einfache Leben betont, bei dem man möglichst wenig selbst besitzen sollte. In der mir am besten bekannten buddhistischen Form lautet das Gebot, dass sich die Gegenstände, die wirklich mein persönliches Eigentum sind, auf das beschränken sollen, was ich unmittelbar brauche. Wenn ich als buddhistischer Mönch einen treffe, der bedürftiger ist als ich, sollte ich ihm sogar mein eigenes Reservegewand geben. Ich persönlich habe immer die gewaltige Ungleichheit in der Verteilung des Reichtums, diesen alles durchdringenden Zug unserer modernen Welt, als zutiefst besorgniserregend empfunden. Wir Anhänger einer religiösen Sicht des Lebens und auch alle Menschen, die der Überzeugung sind, dass das Mitgefühl eine besonders typische Qualität des Menschen ist, müssen diesem Zustand ständig die Stirn bieten und müssen uns die Frage stellen, ob wir gegenüber dieser Kluft nicht allzu nachgiebig und tolerant sind. Sie verbreitet sich nicht nur global zwischen Nord und Süd immer mehr, sondern auch innerhalb der einzelnen Nationen, und dieses Phänomen des wirtschaftlichen Ungleichgewichts scheint sogar noch zuzunehmen. Es ist zum Beispiel erschütternd, dass es in Washington, der Hauptstadt der reichsten Nation der Erde, Armutsviertel gibt, in denen Menschen unter Wohn- und hygienischen Bedingungen leben müssen, die man nicht einmal in einigen der armen Ländern der Dritten Welt tolerieren würde. Paradoxerweise reißen sogar in angeblich kommunistischen Ländern wie China die klaffenden Risse zwischen den Reichen und Armen rasch immer weiter auf. Dieser Trend nimmt weltweit zu, und falls wir nicht bald handeln, könnte ein Punkt kommen, an dem er unerträglich wird. Angesichts der Frage, wie wir dieser Tendenz entgegenwirken können, müssen die Führer der Weltreligionen beharrlich und nachdrücklich darauf hinweisen, dass dies ein unmoralischer Zustand ist. Hier habe ich das Gefühl, dass Papst Johannes Paul II. in den langen Jahren seines Episkopats als das Gewissen des wohlhabenden Nordens fungierte, denn er hat wiederholt zur Hilfe für Afrika, Asien und

Südamerika aufgerufen. Aber auch jeder einzelne Gläubige muss den aus seiner eigenen Glaubenstradition heraus ergehenden Aufruf zum Mitgefühl ernst nehmen und ganz praktisch tun, was immer er oder sie tun kann, um den Ärmsten unserer Mitbrüder und Mitschwestern zu Hilfe zu kommen. Alle Religionen können hier etwas vom Islam lernen, der dies als Verpflichtung für die Gläubigen festgelegt hat, und vom Sikhismus, der so stark den Wert des Dienstes an anderen betont.

Besonders schwer zu lösen sind für die Glaubenstraditionen die Fragen, die der naturwissenschaftliche Fortschritt aufgeworfen hat, und die neuen ethischen Herausforderungen, vor die er uns gestellt hat. Hier stehen sowohl die Religionen als Institutionen als auch ihre Anhänger als Einzelne vor dem speziellen Problem, wie man sich auf die unausweichlichen neuen Realitäten so einstellt, dass man seine fundamentalen ethischen Grundsätze nicht kompromittiert. Die Gläubigen müssen zwar zur Formulierung ihrer Antworten auf die neuen moralischen Fragestellungen auf ihre heiligen Schriften als Anleitung zurückgreifen, aber die Religionen können nicht erwarten, in diesen alten Schriften explizite oder spezifische Aussagen über eine bestimmte technologische Innovation zu finden. Aber bereits das Alter unserer Religionen zeigt, dass sie die gesamte Geschichte hindurch besonders erfolgreich darin waren, sich an neue Herausforderungen anzupassen, ohne ihre fundamentale Natur zu untergraben. Wenn sich die Glaubenstraditionen im Laufe der Geschichte auf die Fragen eingelassen haben, die von neuen Realitäten ausgingen, verließen sie sich dabei auf die Kombination von drei Faktoren: Sie nahmen die Schrift als Vorbild dafür, wie man im Wesentlichen in der eigenen Tradition verwurzelt bleibt; sie hielten sich an das Mitgefühl als den fundamentalen Wert, der das eigene Handeln begründet; und sie setzten den Verstand ein, um sich mit den besonderen Problemen zu befassen, die von neuen Umständen aufgeworfen wurden. Die derzeitigen Herausforderungen sind ihrer Art nach nichts Neues, jedoch ungemein komplex, und zwar wegen der Schnelligkeit des Wandels und der enormen Macht, die dem Menschen zugefallen ist. Diese Macht äußert sich zum Beispiel in der Möglichkeit, im Laboratorium Leben zu zeugen, neue Arten von Bio-Organismen herzustellen und die Codes des Lebens selbst zu manipulieren. Es braucht nicht eigens gesagt zu werden, dass dies alles weitreichende Folgen mit sich bringt.

Ich sehe zwei Weisen, wie die großen Weltreligionen hier einen signifikanten Beitrag leisten können. Erstens können die Weltreligionen angesichts ihrer stark auf Selbstbeschränkung und Mitgefühl beruhenden Ethik der menschlichen Spezies vor Augen halten, dass wir umso mehr Verantwortung an den Tag legen müssen, je mehr Wissen und folglich je mehr Macht wir erlangen. Das ist lebensnotwendig, denn einer der Grundmechanismen der Ethik besteht darin, dass die Verantwortung dem Wissen und der Macht die Waage hält. Ihrem Wortsinn nach bedeutet „Verantwortung", die angemessene Antwort auf eine gegebene Situation zu liefern, was sowohl im Kontext einer in der Religion gegründeten als auch einer nicht-religiösen Ethik heißt: mit Mitgefühl. Zweitens können unsere Glaubenstraditionen als die reichste und tiefste spirituelle Ressource der Menschheit beim Versuch, ein für diese Umstände angemessenes ethisches Modell zu entwickeln, gemeinsam ihre Dienste leisten. Angesichts der Tatsache, dass jede Religion großen Wert auf die Verantwortung legt und das Mitgefühl betont, müssen wir unsere doktrinären Differenzen zurückstellen und stattdessen versuchen, eine gemeinsame Stimme zu finden, mit der wir einen ethisch begründeten konzeptionellen Rahmen formulieren können, der den Anforderungen der neuen Wissenschaft gerecht werden kann. Auf diese Weise können die Weltreligionen dank ihrer ethischen Ressourcen einen wichtigen Beitrag zur Klärung der wichtigsten Anliegen der Menschheit leisten. Auch die nicht-religiösen Menschen müssen für die gemeinsamen ethischen Lehren der Glaubenstraditionen der Welt offen sein, da diese für fundamentale menschliche Werte ganz wesentlich sind.

Religiöse und Säkulare: Können beide zueinander finden?

Bis jetzt ging es in diesem Buch hauptsächlich um die Beziehungen zwischen den Weltreligionen, die Möglichkeit der nicht-exklusivistischen interreligiösen Verständigung zwischen ihnen und ihr gemeinsames, auf einer gemeinsamen Ethik des Mitgefühls beruhendes Handeln. Aber es gibt noch einen weiteren Teil des Bildes, der genauso wichtig ist, wenn es um das Wohl der Menschheit und das Schicksal der Welt geht, in der wir leben. Ich meine damit die Beziehung zwischen der religiösen und der nicht-religiösen Welt. Im Wesentlichen geht es hier um die Überschneidung zwischen zwei Sichtweisen. Die eine beruht auf einer Weltsicht, die eine überweltliche Dimension mit einschließt, die andere wurzelt in dem Verständnis, dass das Dasein des Menschen auf unsere physische und biologische Realität begrenzt ist. Wenn ich hier Religiöse und Säkulare einander gegenüberstelle, verwende ich diese Begriffe in dem Sinn, wie ihn aktive Nichtgläubige als Selbstbezeichnung verwenden. Eines der großen Probleme in der Welt – nicht nur hinsichtlich der verschiedenen Herausforderungen der Moderne, sondern vor allem auch was den Weltfrieden angeht – ist, dass diese beiden Parteien, die Religiösen und die Säkularen, es bislang schwierig, wenn nicht unmöglich gefunden haben, miteinander ins Gespräch zu kommen. Oft definiert sich sogar jede Seite als das Gegenteil oder der Gegner der anderen.

Die gegenseitige Abneigung zwischen den Religiösen und den Säkularen wird noch verschärft durch gegenseitige Verdächtigung, Feindseligkeit und Diskriminierung, wobei jede Seite der anderen die Schuld an den Übeln der Welt zuschiebt. In den Augen des Säkularisten steht die Religion für Dogmatismus, Starrsinn und Ablehnung dessen, was ihnen als definierender Zug des menschlichen Geistes gilt, nämlich der kritischen Vernunft. Für den Religiösen ist der Säkularismus die Ursache dafür, dass sich ein übertriebener Individualismus breitgemacht hat, eine in einer materialistischen Weltsicht wurzelnde zügellose Habgier eingezogen ist, die traditionellen Familienstrukturen zusammengebrochen sind und der Respekt vor allem Heiligen verlorengegangen ist. In gewisser Hinsicht könnte man sagen, dass in beiden Ansichten ein Stück Wahrheit steckt. Aber die Behauptung, dass die Vernunft in der Religion keinen Platz habe, ist grundlos. Wenn man ganz nach den Vorschriften einer religiösen Lehre leben will, gehört dazu eine kunstvolle Ausgewogenheit zwischen Glaube und Vernunft, wobei man sich von der Tradition inspirieren lässt, jedoch deren Lehren mithilfe des Gebrauchs seines eigenen kritischen Urteils in die Praxis umsetzt. Diesbezüglich hat Papst Benedikt XVI. zu Recht die Notwendigkeit betont, dass Glaube und Vernunft im persönlichen religiösen Leben miteinander verknüpft werden müssen. In der Sprache des Buddhismus wird das als die Einheit von Mitgefühl und Einsicht bezeichnet. Zugleich ist der Vorwurf, dass alle Mängel der Moderne der Säkularismus mit sich gebracht habe, zu einfach, denn Habgier und Selbstsucht begleiten uns seit unvordenklichen Zeiten.

Das Problem an der Atmosphäre gegenseitiger Anklage zwischen Religiösen und Säkularen ist nicht nur, dass sie eine weitere Entfremdung der Menschen voneinander zur Folge hat, sondern auch – was noch wichtiger ist –, dass die Welt vor einer Reihe von Krisen steht, deren Bewältigung sie aktiv im Weg steht. Auf der persönlichen Ebene gehen uns die Herausforderungen, vor denen wir heute stehen, alle an, mögen wir säkular oder religiös eingestellt sein. Letztlich geht es darum, dass eine friedvolle Koexistenz und die hilfreichen Aktionen, die sich nur aus ihr ergeben können, ohne ein gewisses Maß an Toleranz auf allen Seiten nicht zu verwirklichen sind.

Wenn sich die Anhänger der Weltreligionen den Geist des Pluralismus zu eigen machen und diesen mit der Ethik des Mitgefühls verbinden, besteht für sie kein Grund mehr, denjenigen, die eine säkulare Lebensweise vertreten, das gemeinsame Menschsein abzusprechen. Wir mögen uns einig darin sein, dass unsere jeweiligen Glaubensvorstellungen unterschiedlich sind (weil die verschiedenen Glaubenslehren auf metaphysischer Ebene unterschiedlich sind); aber darauf kommt es nicht an, sondern das Entscheidende ist, wie wir unser Leben führen und welchen Herausforderungen wir uns gemeinsam stellen. Die Säkularisten stehen in der Pflicht, die Intelligenz und die Sensibilitäten der Millionen von Menschen zu respektieren, denen ihre Glaubenstradition weiterhin im Tiefsten sagt, worin das Menschsein besteht. In den Lagern der Vertreter beider Seiten muss die Härte der gegenseitigen Ablehnung gemildert werden, mit der man sich gegenseitig engstirnige Intoleranz vorwirft. Statt immer nur auf die historischen Ereignisse hinzuweisen, die in den Religionen zu Spaltungen geführt haben, sollten die Nichtgläubigen anerkennen, dass die Religion auch für die Entwicklung der menschlichen Kultur, die Philosophie und die Weitergabe des Wissens eine konstruktive und positive Rolle gespielt hat. Auch auf den Gebieten der sozialen Gerechtigkeit und Freiheit – angefangen von der Abschaffung der Sklaverei bis zur Konfrontation mit dem kommunistischen Totalitarismus in Europa zu meinen Lebzeiten – lassen sich die signifikanten Beiträge der Glaubenstraditionen nicht übersehen. Die Säkularisten setzen oft die religiöse Überzeugung mit einem Mangel an naturwissenschaftlichem Wissen gleich und unterstellen, dass der religiöse Glaube mit zunehmendem Fortschritt des rationalen Verstehens nach und nach verschwinden werde. Aber das beruht auf einer falschen Voraussetzung. Solange die menschliche Natur so bleibt, wie sie ist, mit ihren Bedürfnissen und vielfältigen Schwächen von Anhaftung, Abneigung, Stolz und Selbsttäuschung, die uns seit unvordenklichen Zeiten eigen sind, wird die Religion weiterhin eine relevante Rolle spielen. Der indische Weise Vasubandhu schrieb im 4. Jahrhundert in seinem *Schatz des höheren Wissens*, zwei der Wesensbestandteile des menschlichen Geistes seien besondere Konfliktquellen: die *Gefühle* (oder Emotionen) als die Wurzel von Streit auf der Ebene des Alltagslebens und das *Unterscheiden* (oder Denken) als die Wurzel der Argumente auf der intellektuellen Ebene.

Auf praktischer Ebene können wir ohne Verständigung zwischen den Religionen und ohne Frieden zwischen den Säkularisten und den Anhängern der Religionen keine wirklich mitfühlende und glücklichere Menschheit schaffen. So ist es auch im Interesse derjenigen mit einer säkularen Disposition, sich um eine friedliche Koexistenz der Religionen zu bemühen sowie aktiv daran zu arbeiten, dass die religiöse Welt mit Toleranz akzeptiert wird. Es geht dabei ganz einfach gesagt um das Glück der Menschen, den Weltfrieden und das Überleben der Menschheit als Spezies.

Sagen wir es noch einmal deutlich: Die größte Herausforderung, vor der die Menschheit heute steht, ist die Frage der friedlichen Koexistenz. Wie der von mir bereits im Vorwort zitierte Rabindranath Tagore 1930 bemerkt hat, kann weltweit keine Kultur in ihrer isolierten Burg bleiben. Heute sind die Kräfte, die die Menschheit immer enger zusammenschweißen, viel stärker, als Tagore sie sich hätte vorstellen können: Man denke nur an das globalisierte Wirtschaftssystem und die intensiv vernetzten, weite Räume in einem Augenblick überbrückenden modernen Kommunikationsmittel, an die massenhafte Bewegung von Menschen und Ideen und an die Herausforderungen, vor die uns alle gemeinsam die ökologische Krise stellt, an die Schaffung der Nukleartechnologie und die biochemischen Eingriffe in die Grundbausteine des Lebens selbst. Wohin wird dieser Druck letztlich führen? Es scheint mir klar: Entweder wird es zu einer Implosion kommen mit katastrophalen Folgen nicht nur für die menschliche Spezies, sondern auch für den Planeten selbst und alle anderen Lebewesen, mit denen wir die Erde teilen. Oder diese Kräfte wecken uns in dieser späten Stunde auf zur Vision einer Welt, in der wir mit ehrlich offenem Herzen aufeinander zugehen und die Unterschiede zwischen uns im Geist des Einsseins der Menschheitsfamilie gelten lassen.

Für eine wahrhaft friedliche Koexistenz in der Welt ist die Harmonie zwischen den großen Weltreligionen unverzichtbar. Von daher gesehen ist die Frage der Verständigung zwischen den Glaubenstraditionen nicht mehr nur ein Thema, das lediglich die religiös Gläubigen angeht. Es geht dabei um das Wohl eines jeden auf diesem Planeten. Es bleibt auch kein Raum mehr dafür, dass sich die Säkularisten und die Religiösen den Luxus leisten, miteinander zu zanken. Ich bin schon immer der Überzeugung gewesen, dass die Förderung der Verständigung zwischen den Religionen nicht nur eine Antwort auf den Aufruf zum Mitgefühl ist, der aus meiner eigenen Glaubenstradition kommt, sondern auch ein Dienst am Wohl der Menschheit als ganzer.

In diesem Buch wurde der Weg eines buddhistischen Mönchs nachgezeichnet, der die kostbare Möglichkeit hatte, Einblicke in das gewaltige Ausmaß und den vielgestaltigen Reichtum der großen Weltreligionen zu gewinnen. Dieser Weg hat zweifellos meine Praxis innerhalb meines eigenen buddhistischen Glaubens bereichert. Vor allem aber hat mich die tiefe Übereinstimmung aller großen Religionen darüber, dass das Mitgefühl als universaler spiritueller Wert von zentraler Bedeutung ist, in meiner eigenen Überzeugung bestärkt. Angesichts der vielfältigen Wege, Glaubensvorstellungen und Praktiken, die die Glaubenstraditionen der Welt bieten, sah ich mich als Gläubiger vor die Frage gestellt, welche Einstellung ich den anderen Glaubensrichtungen gegenüber einnehmen sollte. Ich bin zu der Überzeugung gekommen, dass dies eine Frage ist, die alle aufrichtigen Anhänger einer Religion sich stellen müssen, ganz gleich, wie beschaffen ihr eigener Glaube ist. Ich habe entdeckt, dass man sich persönlich intensiv auf die Suche begeben muss, wie man das Gleichgewicht zwischen dem entschiedenen Engagement für seine eigene Glaubenstradition und der echten Offenheit für den Wert anderer Glaubenstraditionen finden kann. Im Laufe der fünfzig Jahre, die ich in Indien verbracht habe, einem Land, in dem die friedliche Koexistenz zwischen verschiedenen Religionen mehr als zweitausend Jahre lang erfolgreich gewesen ist, bin ich zu der Einsicht gekommen, dass die Förderung des Verständnisses zwischen den Weltreligionen eine der ernsthaftesten und wichtigsten Aufgaben ist, vor denen die heutige Welt steht. So hat diese Aufgabe neben meinem Eintreten für fundamentale menschliche Werte einen großen Teil meiner Zeit eingenommen, vor allem wenn ich in verschiedene Teile der Welt unterwegs bin.

Eine zentrale Frage dieses Buches betraf die friedliche Koexistenz zwischen den Menschen und ihren Religionen. Niemand von uns kann weiterhin sicher hinter den Mauern und engen Grenzen seiner spezifischen Kultur und Glaubenstradition bleiben. Die Welt, in der wir leben, ist heute zu einem ganz engen Platz geworden. Angesichts dessen könnten wir nur noch händeringend über die vielen Komplikationen jammern. Aber wenn unsere Welt auf allen Ebenen immer noch komplexer und enger vernetzt wird, lässt sich vielleicht in Wirklichkeit die Lösung für ihre Probleme in etwas ganz Einfachem finden. Was aber könnte einfacher und nachhaltiger sein, als uns wieder auf unsere grundlegende menschliche Fähigkeit zu Empathie und Herzensgüte zu besinnen? Auf dieser Ebene fallen alle Unterschiede weg. Wir mögen reich oder arm sein, gebildet oder ungebildet, religiös oder nicht gläubig, Mann oder Frau, schwarz, weiß oder braun – wir sind alle gleich. Physisch, emotional und mental sind wir alle auf gleicher Ebene. Wir alle haben dieselben Grundbedürfnisse: nach Nahrung, Obdach, Sicherheit und Liebe; wir alle sehnen uns nach Glück und scheuen das Leiden. Jede und jeder von uns hat Hoffnungen, Sorgen, Ängste und Träume. Jeder und jede von uns möchte für seine Familie und seine Lieben das Beste. Wir alle empfinden Schmerz, wenn wir einen Verlust erleiden, und Freude, wenn wir erlangen, wonach wir uns sehnen. Auf dieser fundamentalen Ebene unseres Seins machen Religion, ethnische Zugehörigkeit, Kultur und Sprache keinen Unterschied. Die heutige große Herausforderung, in friedlicher Koexistenz zu leben, macht es notwendig, dass wir mit diesem grundlegenden Teil unserer Natur in Kontakt bleiben.

Ein Aspekt dieses Ansatzes ist, dass man jedes spezifische Problem in seinen größeren Kontext stellt. Wenn man sich zum Beispiel mit jemandem in einer Meinungsverschiedenheit befindet, hat man immer die Option von Zwietracht und Konflikt. Man kann die Tatsache, dass es einander entgegengesetzte Ansichten gibt – die eigene und diejenige des anderen –, aber auch so sehen, dass der Grund dafür unterschiedliche mentale Dispositionen und Anliegen sind, die gemeinsam erst die wunderbare Vielfalt der Menschheitsfamilie ausmachen. Was im Wesentlichen erforderlich ist, ist die Fähigkeit, die Wahrheit der Verbundenheit aller Dinge untereinander anzuerkennen, selbst derjenigen unserer unterschiedlichen Meinungen. Dabei geht es nicht unbedingt darum, alle spezifischen und komplizierten Einzelheiten dieser wechselseitigen Verknüpfungen zu erkennen oder sich genauer auf sie einzulassen, sondern man sollte die Tatsache anerkennen, dass es ein größeres Gesamtbild gibt, und dann jedes vorkommende Ereignis im Rahmen dieser umfassenderen Sicht sehen. So gehört zu diesem Prozess sowohl, dass wir uns auf die grundlegende Einfachheit unserer gemeinsamen Menschennatur besinnen, als auch, dass wir zugleich alles unter einem möglichst weiten Blickwinkel sehen. Oft bedarf es einfach nur der Veränderung unseres Blickwinkels, damit die Tür unseres Herzens aufgeht.

Ich will mit einem Aufruf schließen. Alle, die so wie ich einem religiösen Glauben verbunden sind, bitte ich: Gehorchen Sie den Anforderungen Ihres eigenen Glaubens; dringen Sie zu dem Kern vor, zu dem Ihre religiöse Lehre Sie hinführen will: zum fundamentalen Gutsein des menschlichen Herzens. Hier ist der Raum, in dem wir alle trotz aller doktrinären Unterschiede schlicht und einfach Menschen sind. Falls Sie an Gott glauben, betrachten Sie die anderen als Kinder Gottes. Falls Sie Nicht-Theist sind, betrachten Sie alle Wesen als Ihre Mutter. Wenn Sie das tun, gibt es keinen Platz für Vorurteile, Intoleranz oder Exklusivität. Machen Sie heute das Gelöbnis, dass Sie es nie zulassen werden, dass Ihr Glaube als Instrument der Gewalttätigkeit benutzt wird. Machen Sie heute das Gelöbnis, dass Sie zum Instrument des Friedens werden und gemäß den ethischen Lehren Ihrer eigenen Religion über das Mitgefühl leben wollen. Öffnen Sie Ihr Herz so weit, dass die Segnungen Ihres Glaubens in seine tiefsten Winkel eindringen können. Ich richte diesen Aufruf an alle Menschen, Gläubige wie Nichtgläubige. Halten Sie sich immer an das gemeinsame Menschsein, das im Herzen von uns allen steckt. Bejahen Sie immer das Einssein der Menschenfamilie. Lassen Sie ihr Herz vom Balsam des Mitgefühls aufweichen, indem Sie über die Bedürfnisse und Sehnsüchte nachdenken, die Sie selbst und die anderen haben. Lassen Sie sich davon, dass Ihre Ansichten sich von denjenigen anderer unterscheiden, nicht an dem Wunsch hindern, diese anderen möchten in Frieden, Glück und Wohlbefinden leben.

Wenn wir einen anderen Menschen sehen, dann lassen Sie uns das Empfinden wecken, dass wir im Grund miteinander verwandt sind. Hier gibt es keine Fremden; alle sind auf ihrem Weg durchs Leben Brüder und Schwestern. Wir sind auf dieser Erde nur Gäste für eine gewisse Zeit. Unser Leben umfasst bestenfalls hundert Jahre. Angesichts des hohen Alters des uns gemeinsamen Planeten ist dies nur ein Schluckauf oder ein Atemzug. Wie sinnlos wäre es, die kurze uns zugemessene Zeit nur dazu zu verwenden, in unseren Spaltungen festzusitzen und unsere Zwietracht zu verewigen. Die Zeit steht niemals still. So lassen Sie uns unsere Zeit mit Weisheit im Dienst für andere verbringen oder wenigstens so, dass wir nicht zur Mühsal anderer beitragen. Wenn dann der letzte Tag naht, können wir froh zurückblicken und sagen: „Ja, ich habe mein Dasein mit Sinn erfüllt." Wir werden dann zumindest nichts bereuen.

Dass wir Menschen einen Weg finden, auf dem wir unsere Differenzen überwinden können, um in friedlicher Koexistenz zu leben können, ist ein Bedürfnis von höchster Dringlichkeit. Denn wenn uns das nicht gelingt und wenn uns unsere Differenzen weiterhin in Zwietracht führen und die Zwietracht uns gewalttätig werden lässt, könnten die Folgen katastrophal werden. Heute steht mehr denn je auf dem Spiel: nicht nur das Überleben unserer Spezies, sondern auch unser Planet als ganzer; und auch die Myriaden anderer Geschöpfe, die unsere Heimstatt mit uns teilen, sind in Gefahr. Die große Macht und das gewaltige Wissen, über die wir verfügen, versetzen uns Menschen in eine Position, die eine einzigartige Verantwortung mit sich bringt. Heute hat das, was wir über diejenigen denken, die anders sind als wir, und die Weise, wie wir leben, Auswirkungen weit über unsere unmittelbare Umgebung hinaus, letztlich in einem globalen Ausmaß. Das ist die Realität der Welt, in der wir leben.

Die einzig angemessene, verantwortungsvolle und effiziente Weise, in dieser unbestreitbaren Realität zu leben, ist die, sich an die Grundsätze des Mitgefühls zu halten. Mindestens muss jede und jeder von uns so leben, dass für sie oder ihn die Rücksicht auf andere im Zentrum steht. Ich will schließen mit den folgenden wunderbaren Worten von Shantideva:

> Mögen die Furchtvollen furchtlos werden;
> Mögen die Unterdrückten in der Trauer Freude finden;
> Mögen die, welche ängstlich sind,
> Ihre Angst verlieren und sich sicher fühlen.

> Möge zu den Kranken Gesundheit kommen;
> Mögen sie frei werden von jeder Fessel;
> Mögen die Schwachen Stärke finden,
> Möge ihr Denken übereinander zärtlich sein.

> Solange noch der Raum besteht,
> Solange es noch empfindende Wesen gibt,
> So lange möge auch ich bleiben
> Und das Elend der Welt vertreiben helfen.
> (*Bodhicaryavatara*, Kap. 10)

Mögen überall Frieden und Glück die Oberhand gewinnen!

Der vom Dalai Lama auf Tibetisch verfasste Text wurde von einem ungenannten Übersetzer – vermutlich Thupten Jinpa – ins Englische übertragen. Auf dieser englischen Fassung beruht die vorliegende deutsche Übersetzung.

Die Bibelzitate sind der deutschen Übersetzung der Herder-Bibel entnommen (Freiburg i. Br. 2005).

Das Zitat von Johannes vom Kreuz (S. 112) stammt aus *Des Heiligen Johannes vom Kreuz Sämtliche Werke in fünf Bänden*, Bd. 4 (übers. von Weinhart), München 1925.

Die Zitate aus dem Koran sind einer autorisierten deutschen Übersetzung von Scheich Abdullah As-Samit (Frank Bubenheim) und Nadeem Elyas in http://islam.de/25.php entnommen.

Alle anderen Zitate wurden direkt und ihrem Wortsinn nach aus der englischen Vorlage übersetzt. Darüber hinaus werden im Folgenden, wo das opportun erschien, deutsche Übersetzungen der betreffenden Texte genannt.

Schriften (nach Religionen geordnet):

HINDUISMUS

The Upanishads – Die neueste Übersetzung bei Penguin von Valerie J. Roebuck, New Delhi 2000

Upanischaden. Arkanum des Veda, übersetzt und hrsg. von Walter Slaje, Frankfurt am Main/Leipzig 2009

Hinduismus – die klassischen Schriften, übers. von Alfred Hillebrandt u. a., Kreuzlingen 2005 (Die heiligen Schriften der Welt, hrsg. von Hans Küng)

The Ramayana – Die Übersetzung von Hari Prasad Shastri, London 1952–1959

Valmiki, *Ramayana. Die Geschichte vom Prinzen Rama, der schönen Sita und dem Großen Affen Hanuman*, übers. von Claudia Schmölders (Teilausgabe), München 2004

Eine deutsche Gesamtübersetzung (von Undine Weltsch) auch unter www.ramayana.pushpak.de.

The Bhagavad Gita – Die Übersetzung in The Oxford World's Classics von Will J. Johnson, 2009

Bhagavad Gita – Der Gesang des Erhabenen, übersetzt und hrsg. von Michael von Brück, Frankfurt am Main/Leipzig 2007

JAINISMUS
Tattvarthasutra

SIKHISMUS
Der Adi Granth
Leben aus der Wahrheit. Texte aus der heiligen Schrift der Sikhs, ausgewählt, eingeleitet und aus dem Original übers. von Monika Thiel-Horstmann, Zürich 1988

JUDENTUM
Der Talmud – nach der englischen Website mit dem Babylonischen Talmud http:// www.come-and-hear.com/navigate.html
Der babylonische Talmud, übers. von Lazarus Goldschmidt, 12 Bände, Berlin 1929–1936, ND Darmstadt 2007 (u. a.)

KORAN
Der Koran – nach der deutschen Übersetzung von Scheich Abdullah As-Samit (Frank Bubenheim) und Nadeem Elyas in http://islam.de/25.php
Der Koran, übers. von Ahmad Milad Karimi, Freiburg u. a. 2009
Die Hadithe – nach den englischen Websites www.iiu.edu.my/deed/hadith/ und http://www.usc.edu/schools/college/crcc/engagement/resources/texts /muslim/hadith
Der Hadith. Urkunde der islamischen Tradition, ausgewählt und übers. von Adel Theodor Khoury, 4 Bände, Darmstadt 2008–2010

DAOISMUS
Laozes *Daodejing* – nach der Übersetzung von E. Ryden, Oxford World's Classics 2008
Laotse, *Tao-te-king. Das Buch vom Sinn und Leben*, übers. von Richard Wilhelm, Kreuzlingen/München 2008

KONFUZIANISMUS
Konfuzius, *The Analects* – nach der Übersetzung in *A Source Book in Chinese Philosophy*, translated and compiled by Wing-Tsit Chan, Princeton 1963
Konfuzius, *Gespräche*, ausgewählt, übers. und kommentiert von Wolfgang Kubin, Freiburg 2011.

BUDDHISMUS
The Dhammapada – nach der Übersetzung bei Penguin von Valerie J. Roebuck, London 2010
Dhammapada – die Weisheitslehren des Buddha, übers. von Munish B. Schiekel, Freiburg 2005
Metta Sutta – nach der Übersetzung von Thanissaro Bikkhu in http://www. accesstoinsight.org

Texte aus dem *Pali-Kanon* der Buddhisten, die im Theravada-Buddhismus verwendet werden, finden sich auf der folgenden nützlichen Website mit zahlreichen verlässlichen Übersetzungen: www.accesstoinsight.org, sowie Texte und Übersetzungen frühbuddhistischer Schriften in anderen Sprachen als Pali (einschließlich Udana) in http://www.ancient-buddhist-texts. net/Textsand-Translations/TT-index.htm

Buddhismus – die klassischen Schriften, Kreuzlingen 2005 (Die heiligen Schriften der Welt, hrsg. von Hans Küng) (enthält u. a.: *Die Reden des Buddha*, aus dem Pali-Kanon übers. von Hermann Oldenberg)
Vgl. auch www.palikanon.com.

Alle Zitate aus klassischen indischen und tibetischen buddhistischen Quellen wie *Uddanavarga* und dem *Gandavuhyasutra* wurden von Thupten Jinpa ins Englische und daraus ins Deutsche übersetzt.

Weitere Texte (alphabetisch):

Ashokas Inschriften – übersetzt von Romila Tharpar in *Asoka and the Decline of the Mauryas*, New Delhi 1997, Appendix V
Die großen Felsenedikte Aslyokas, hrsg. und übers. von Ulrich Schneider, Wiesbaden 1978.
Mirabai's *Songs* – Übersetzungen von Robert Bly und Jane Hirschfield in *Mirabai: Ecstatic Poems*, Boston 2004.
Nagarjunas *Kostbare Girlande* – Zitate übersetzt von Thupten Jinpa
Nagarjunas Juwelenkette. Buddhistische Lebensführung und der Weg der Befreiung, hrsg. von Jeffrey Hopkins, übers. von Elisabeth Liebl, Kreuzlingen/ München 2006.
Pirke Avot (The Sayings of the Fathers) in http://www.shechem.org/torah /avot.html
Pirqe avot = Sprüche der Väter, übers. von Annette Böckler, Berlin 2001.
Rumi's *Songs for Shams* – nach einer deutschen Übersetzung von Annemarie Schimmel mit leichten Abwandlungen ins Englische übertragen und hier in der wörtlichen Übersetzung aus dem Englischen wiedergegeben
Maulana Dschelaladdin Rumi, *Aus dem Diwan*, hrsg. und übers. von Annemarie Schimmel, Stuttgart 1964 u. ö.
Shiva-Mahapurana – Übersetzung von Shanti Lal Nagar, Delhi 2007.
Shantidevas *Bodhicaryavatara* – Übersetzung von Kate Crosby und Andrew Skilton, Oxford World Classics 1995, mit Abwandlungen von Thupten Jinpa, um dem Versmaß der tibetischen Fassung zu entsprechen
Buddhismus – die klassischen Schriften, Kreuzlingen 2005 (Die heiligen Schriften der Welt, hrsg. von Hans Küng) (enthält u. a.: Shantideva, *Der Weg des Lebens zur Erleuchtung [Bodhicaryavatara]*, übers. von Ernst Steinkellner).
Sohar – Übersetzung in vier Bänden von Daniel C. Matt, Stanford CA 2004
Der Sohar. Das heilige Buch der Kabbala, hrsg. und übers. von Ernst Müller, Kreuzlingen 2005.